新闻评论
不神秘

汪言海 著

北京师范大学出版集团
安徽大学出版社

图书在版编目(CIP)数据

新闻评论不神秘/汪言海著. —合肥:安徽大学出版社,
2014.7(2015.2 重印)
ISBN 978-7-5664-0802-0

Ⅰ.①新… Ⅱ.①汪… Ⅲ.①评论性新闻－新闻写作 Ⅳ.①G212.2

中国版本图书馆 CIP 数据核字(2014)第 167768 号

新闻评论不神秘

Xinwen Pinglun bu Shenmi

汪言海 著

出版发行：北京师范大学出版集团
　　　　　安 徽 大 学 出 版 社
　　　　　(安徽省合肥市肥西路 3 号 邮编 230039)
　　　　　www.bnupg.com.cn
　　　　　www.ahupress.com.cn

| 印　　刷：合肥远东印务有限责任公司
| 经　　销：全国新华书店
| 开　　本：170mm×240mm
| 印　　张：16.25
| 字　　数：256 千字
| 版　　次：2014 年 7 月第 1 版
| 印　　次：2015 年 2 月第 2 次印刷
| 定　　价：29.00 元
| ISBN 978-7-5664-0802-0

策划编辑：马晓波　　　　　　　　　装帧设计：戴　丽
责任编辑：马晓波　朱　楠　　　　　美术编辑：李　军
责任校对：程中业　　　　　　　　　责任印制：陈　如

版权所有　侵权必究
反盗版、侵权举报电话：0551－65106311
外埠邮购电话：0551－65107716
本书如有印装质量问题，请与印制管理部联系调换。
印制管理部电话：0551－65106311

目 录

序 一 1

序 二 1

前 言 1

讲座篇

第一讲 我理解的新闻评论
　什么是新闻评论？.. 3
　新闻评论与新闻的区别和联系 6
　新闻评论的三大特点 8
　新闻评论的地位和作用 10

第二讲 编辑记者学写评论好处多
　我写评论始于"自拉自唱" 12
　编辑记者学写评论好处多 16
　评论不神秘　苦战能过关 21

第三讲 选题从哪里来？
　选题来自"三头" 23
　处处留心皆选题 26
　调查研究选题多 28
　关键在于提高洞察力 31

· 1 ·

第四讲 规定动作和自选动作
"规定动作"的三种情况 ……………………………………… 32
"规定动作"要努力做好 …………………………………… 33
更注重"自选动作" ………………………………………… 35
"自选动作"的背后是韧性和执着 ………………………… 36

第五讲 立论要有新意
确立新观点 ………………………………………………… 40
选择新角度 ………………………………………………… 43
寻找新材料 ………………………………………………… 44
运用新语言 ………………………………………………… 46

第六讲 论点、论据和论证
新闻评论三要素关系示意图 ……………………………… 48
论点、论据和论证 ………………………………………… 49
剖析一篇评论的论证方法 ………………………………… 51
四种常用的逻辑推理形式 ………………………………… 53
论证方法两大类：立论和驳论 …………………………… 57

第七讲 立论法中常见的四种论证方法
例证法 ……………………………………………………… 59
引证法 ……………………………………………………… 61
比较法 ……………………………………………………… 64
喻证法 ……………………………………………………… 65

第八讲 驳论法
什么是驳论？ ……………………………………………… 67
三种常用的驳论法 ………………………………………… 69

第九讲 新闻评论的文风
评论要有个人风格 ………………………………………… 74
放下架子，平等待人 ……………………………………… 75

通俗易懂,平淡自然 ································· 76
　　生动形象,幽默风趣 ································· 78

第十讲　评论偏爱积累和思考——评论员素养之我见

　　从一篇评论的写作看积累 ····························· 80
　　评论员必备的"知识圈" ····························· 84
　　像"拾穗"的老妇那样 ······························· 87
　　做一个思想者 ······································· 89

评析篇

单篇评析

　　由此及彼的联想 ····································· 97
　　作品:"贷款期一天"的启示 ·························· 98
　　要有一双锐利眼 ····································· 99
　　作品:谨防把问题掩盖掉——从黄墩大闸出险谈起 ······ 100
　　妙用典故说理 ······································ 101
　　作品:他们更应得到表彰 ···························· 102
　　找一个切口评大事 ·································· 103
　　作品:今年没开秋种会 ······························ 104
　　为农民说话　向政府献策 ···························· 106
　　作品:粮农呼唤保护价 ······························ 108
　　评有文势　一气呵成 ································ 109
　　作品:社会主义经济理论的重大突破——四论学习贯彻党的
　　　　　十四大精神 ·································· 111
　　重在具体分析 ······································ 113
　　作品:可以,可以,也可以 ·························· 114
　　敏感话题　中肯分析 ································ 115
　　作品:实事求是话"水分" ·························· 115
　　逼出来的"假如法" ································ 117
　　作品:假如都像朱永祥 ······························ 119
　　"引凤还巢"第一腔 ································ 121

作品:做好"引凤还巢"大文章 ……………………………… 121
敢与权威论是非 ……………………………………………… 122
作品:多一些探索 少一点批判——对《为了把小企业搞得更好》
　　一文的不同看法 ………………………………………… 125
此评有了前瞻性 ……………………………………………… 128
作品:勿把金钱土中埋 ………………………………………… 129
为文要有霹雳声 ……………………………………………… 130
作品:为"工者有其股"叫好 …………………………………… 131
由表及里的深层次思考 ……………………………………… 132
作品:有感于省城"买水喝" …………………………………… 133
评到问题的另一面 …………………………………………… 134
作品:"板车女孩",期待政府更大作为 ……………………… 135
说个"不"字又何妨? ………………………………………… 136
作品:"小老板"是官员帮扶出来的吗? ……………………… 137
用数据说理 …………………………………………………… 138
作品:此贫困非彼贫困:中国扶贫任重道远 ………………… 139
绕道建言的背后 ……………………………………………… 140
作品:赶超目标留有余地为好 ………………………………… 141
"驳论"也可以活起来 ………………………………………… 143
作品:为农村经纪人喝彩 ……………………………………… 143
一付修身养性的良方 ………………………………………… 144
作品:领导要有亲和力 ………………………………………… 144
西方新闻学中的好东西也可以为我所用 …………………… 146
作品:"走基层"怎样深入?从"冰山理论"说起 …………… 146

系列评析

关键时刻发出自己的声音——坚持大包干改革系列评论回顾 …… 148
作品:
(1)家庭经营承包制要长期稳定不变 ………………………… 149
(2)"统",不是"归大堆" …………………………………… 152
(3)"统",就是服务 …………………………………………… 153
(4)家庭经营与农业现代化并行不悖 ………………………… 155

功在评论外——农村剩余劳动力转移系列评论回顾 …………… 158
作品：
(1)评五百万"皖军"闯神州 ………………………………… 163
(2)战略转移中的阵痛——劳力外出与抛荒田问题透视 …… 164
(3)进一步解放生产力的重大变革——一论农村剩余劳动力的转移 …… 167
(4)明确方向 配套改革——二论农村剩余劳动力的转移 …… 168
(5)建设"农民城" 构造新载体——三论农村剩余劳动力的转移 …… 170
(6)作为一项战略工作抓到位——四论农村剩余劳动力的转移 …… 172
文章不是无情物——农民减负系列评论回顾 …………………… 174
作品：
(1)把住"总闸门" ……………………………………………… 180
(2)切勿高估农民的富裕程度 ………………………………… 181
(3)"农负"缘何又反弹 ………………………………………… 182
(4)勿以"农负"造"政绩" ……………………………………… 183
(5)"减负"也是政绩 …………………………………………… 184
(6)基层干部要"减压" ………………………………………… 185
为企业改制鸣锣开道——国有中小企业改制系列评论回顾 …… 186
作品：
(1)搞活企业断想 ……………………………………………… 193
(2)打好企业改制攻坚战 ……………………………………… 194
(3)资产流动与流失 …………………………………………… 196
(4)入股要自愿 ………………………………………………… 197
(5)不能只换个牌子 …………………………………………… 198
(6)一个县委书记的公式 ……………………………………… 199
(7)关键在于转换政府职能——兼评《任命董事长风波》讨论 …… 200
为民营经济鼓与呼——支持非公经济系列评论回顾 …………… 201
作品：
(1)一个"不平等条约"——对巢湖市城郊区一份合同书的剖析 …… 207
(2)有感于"不平等条约"被公证 ……………………………… 209
(3)正册·另册与红帽子 ……………………………………… 210
(4)"八下七不上"现象 ………………………………………… 211
(5)做好"摘帽"工作 …………………………………………… 212

常揣摩 探妙理——反腐倡廉系列评论回顾 ………………… 213
作品：
(1) 少一点愤怒 多一些思考——从"杠打老虎鸡吃虫"说起 …… 219
(2) 想起习近平的反腐"三笔账" ………………………………… 220
(3) "民主透明"是制止公款吃喝风的良方 ……………………… 221
(4) 从县委书记喊累说起 …………………………………………… 222
(5) 为统计改革叫好 ………………………………………………… 224
(6) 韩国公职人员公布财产 ………………………………………… 224

难以忘怀的记忆——作风建设系列评论回顾 ………………… 226
作品：
(1) 会风要改革 ……………………………………………………… 228
(2) 五分钟讲三个问题 ……………………………………………… 229
(3) 假话切不可说——从数字谈起 ………………………………… 230
(4) 同志，你下基层受欢迎吗？——从"区委书记怕小车"谈起 … 231
(5) "花架子"的背后 ………………………………………………… 232
(6) 从万里羡慕记者说起 …………………………………………… 232
(7) 做样子给谁看？ ………………………………………………… 233
(8) 如此检查还是少一点好 ………………………………………… 234
(9) 为"领导干部不得擅自题词剪彩"叫好！ …………………… 234

用知识作铺垫——解释性系列评论回顾 ……………………… 235
作品：
(1) 从土地的保障功能说起 ………………………………………… 238
(2) 市场形成价格 …………………………………………………… 239
(3) 走出一个认识误区 ……………………………………………… 240
(4) 投资者的"安全港" …………………………………………… 241
(5) 房价与工龄 ……………………………………………………… 242
(6) 向调整化肥结构要效益 ………………………………………… 243
(7) 黄金首饰缘何热销 ……………………………………………… 244
(8) 同质不同价的启示 ……………………………………………… 244
(9) 增值税与专业化 ………………………………………………… 245

序一

又一部具有实用价值的新闻专著

王 鸿

继《新闻采写十五讲》出版不满半年,汪言海同志的另一本新闻业务论著《新闻评论不神秘》书稿又摆到我的案头。前者说的是新闻采写,后者论的是评论写作。两相比较,风格犹相似,内容皆厚重,堪称姐妹篇。我是先睹为快啊,"睹"而后思,情不自禁地勾起我的一些回忆和对此书的感悟。

20世纪80年代和90年代,我先后两次在安徽日报社供职十余年。《安徽日报》是安徽省委、省政府的喉舌和舆论阵地,既要及时、准确地报道省里的重大决策和重要工作部署,又要及时捕捉和报道大江南北的重要新闻。如果说报道新闻不太难,因为本报有健全的记者通讯员网络,基本上能做到新闻天天有,大事不漏报,那么,发挥新闻评论"旗帜与灵魂"的作用,正确引导舆论,就难了,因为新闻评论是当时报纸新闻业务中的"短腿"。记得当时每天下班前的"编前会",讨论次日见报稿件及版面安排,最让人头痛的往往是新闻评论的缺失或不足。为此有时不得不紧急组织编辑补救,言海同志就是补救者之一。20世纪90年代初,我曾提议报社设立评论部,抽调这方面的能手专司此职,但因当时安徽省编委严控省直各单位增加机构而未能如愿。中间一度曾选调言海同志到总编室专做配写评论的工作。因为此时,言海同志撰写的很多评论,已得到读者和报社领导层的认可。但未想到20多年后,言海同志会有新闻评论专著问世。

翻阅这本专著,深感言海同志深厚的知识积累和扎实的文字功底。我的总体感觉:它是继《新闻采写十五讲》后又一部具有实用价值的新闻业务论著。书中案例典型,内容丰富,引经据典,深入浅出,读后深受启迪。本书生动记叙了一个记者第一次写"自拉自唱"式评论的情景,以及其后30多年刻苦攀登的历程,让人明了"千里之行始于足下"和"九层之台起于垒土"的哲理;它用一个普通编辑记者的实践,诠释了"评论不神秘,苦战能过关"这一重要命题。在我的印象中,言海同志撰写评论,出手很快,思路清晰,逻辑严密,说理有力,现在从书稿中,我看到这背后的艰辛及其强烈的责任心。路是人走出来的。言海同志用他的实践为新闻学子、编辑记者走出了一条学写新闻评论的"过关"之路,让人学有遵循,行有榜样。在新闻评论仍然是很多编辑记者软肋的当下,它无疑是一本应运而生且急人所需的好书。

新闻界同仁们常把新闻采写的各种技艺,称为新闻工作者的十八般武艺。对众多武艺都能耍一耍的不是很多,样样精通并研究出名堂又能著书立说者更为少见。言海同志就是这少见者之一。我作为一个曾经的新闻工作者,期待我省新闻界出现更多这样"样样都能耍"的多面手。

联想到党的十八届三中全会后,全国正在全面深化改革,各项重大举措牵动经济基础,牵动上层建筑,同时牵动着人们的思想,意识形态领域的形势也更加复杂。面对自媒体时代,人人都有"麦克风",个个都是信息员,这就更需要主流媒体的引领作用,从而凝聚起实现"中国梦"的伟大力量。为此,努力加强媒体的新闻评论工作,培养更多合格的评论员,实为当务之急。这也是《新闻评论不神秘》一书出版的现实意义之所在。

2013 年 12 月 10 日于合肥
(作者系省委宣传部原副部长、安徽日报社原总编辑)

序二

我看到了书稿中的"宝"和"玉"

吴玉叶

言海兄又要出书了,他把打印的"书稿"送我,希望能为之作序,并说序不在于长短。但是我在两个月内还是没有明确答应,只是说"争取"。原因是我正在创作一组歌词,想通过歌声这种听觉艺术传播我在做人做官研究方面的思想理念,着实忙得很。后来,我还是忙中偷闲,断断续续地看完了他送我的《新闻评论不神秘》的书稿,并写下这篇短序。

让我下定决心这样做的原因,是我在翻阅书稿后觉得文章中还确实隐藏着一些"宝"和"玉",令我惊讶,让我叹服。

我所看到的"宝",就是通过他的文章,至少是部分文章,可以让你我感受到他缜密的逻辑思维和让你慢慢信服、不得不服的逻辑力量——这种力量,似乎也有着"用钳子从各方面把你钳住,使你无法脱身"的魔力。我所看到的"玉",就是通过他的文章,能让你快速体悟"用事实说话的强大力量"——这种力量,足以让华丽的章句和枯燥的理论黯然失色。当然,这仅仅是我阅读了《新闻评论不神秘》书稿之后的一家之言。不管别人怎么看,我都深信,这是一本很有价值的书!

就说这些吧,如果言海兄认为可以,那就勉强作序吧。

写于 2014 年 4 月 7 日晚
(作者系《做人做官研究》编委会主任、中国做人做官研究网总编辑)

前 言

我与新闻评论结缘,源于一个偶然的机会。那是1979年1月的一天,我送稿到编辑部。在编辑同志的鼓励下,我为自己采写的稿件配写了一篇题为《评"官官相护"》的评论。没想到,编辑同志只修改了个别提法,就通过了。这使我一度很陶醉:评论也不是原来想象的那么神秘啊。

此后,我开始了写评论的历程。在六安、巢湖记者站十几年的工作期间,我开始"自拉自唱",主要为自己的新闻配写评论,间或也针对社会生活中存在的一些倾向性问题写评论。调回编辑部后,写评论的机会更多了。写着写着我发现,"评论不神秘",但"写好不容易"。面对"不容易",想起了叶剑英同志说过"科学有险阻,苦战能过关"。于是,我下苦功夫去攻关。

撰写新闻评论,像采写新闻一样,是一件实践性很强的工作。我们那个时代,绝大多数写评论的同志,都没有系统地学习过《新闻评论学》。我的体会是:新闻评论可以写起来再学,在干中学,但"干"中是一定要"学"的。因为新闻评论毕竟是一门学问。通过系统化学习,有了理论的指导,写评论的自觉性会更强。同时,写新闻评论,在实践中也会有自己的感悟。我的感悟是:学习、深入、积累、思考。

1990年10月22日和11月6日,我发表了两篇有影响的姐妹篇署名评论:《"统",不是"归大堆"》《"统",就是服务》。不少县市将其作为正在开展的"社会主义教育活动"的学习材料,安徽省委政研室还向来安徽考察的河北省委政研室推荐了这两篇评论。第二年,《"统",不是"归大堆"》被评为安徽省好新闻一等奖,还被推荐全国参赛,并获中国新闻奖三等奖。获奖在我看来是对"干中学"方法的肯定。

退休后我还不时应约写一些评论,这一方面是媒体同仁对我的厚爱,另一方面也从一个侧面反映了自媒体时代主流媒体对高质量新闻评论的迫切需求。我总共写了约30万字的各类新闻评论,获安徽省好新闻一等奖的三篇,其中,获中国新闻奖的两篇,另有一篇入选《中国新闻年鉴》。不能说我的新闻评论"过关"了,只能说"小有收获"吧。

机缘巧合,退休后我被安徽大学新闻传播学院聘为兼职教授,有机会对新闻理论进行更深入的研究。一个偶然的机会,该院一个专升本班的《新闻评论学》授课老师暂缺,我又欣然当上了补缺老师。我以《新闻评论学》教材作参考,结合自己的实践,搞案例教学,使同学们对评论课产生了兴趣。一个学期我撰写了30多篇讲稿,比较系统地将我对新闻评论的实践在理论上进行了总结。在这里,我要感谢安徽大学新闻传播学院给我提供的平台。此后,我还给上海铁道报社、徽商集团等通讯员培训班,讲过新闻评论专题课。

我非常有幸成为一名新闻工作者,能够记录和评析中国经济改革和发展的艰难历程,能够通过自己的笔针砭时弊,发出一点独立的声音,我想那总是传递了一点正能量吧。新闻评论是我新闻人生的一个重要组成部分。我非常期望我的一点关于新闻写作的经验,能够给后来的新闻人一点小小的帮助,这成了我晚年挥之不去的夙愿。因此我将我的新闻评论讲稿及自己部分作品的评析,整理成书稿出版。

本书由两部分组成:第一部分是讲座篇,我浓缩成10个专题;第二部分是评析篇,即对自己撰写的评论进行评析,主要介绍写作背景和写作特点,即为什么要写,我是怎样写的。

考虑到读者对象的需求,我对讲稿进行了删节,删去评论史(留给读者去自学),保留少量的理论部分,重点讲实践,即新闻评论的实用写作,主要通过我的实践,讲怎样学习和写作新闻评论。个人的实践毕竟有限,有时也选一些其他的案例作为补充。

与前面讲到的自己写稿自己写评论的"自拉自唱"相比,本书是另一种形式的"自拉自唱",即自己写的新闻评论,自己去评析。自己评自己的作品,很难全面客观,难免会给人以自吹自擂之嫌。加上搞新闻,我不是"科班出身",写评论更是"半路出家"。书中一定有不完美、不全面,乃至谬误之处,包括自吹自擂之嫌,还请读者原谅,更期待读者朋友和专家学者们多多指正。

需要说明的是,我已退休近13年,从讲坛上退下也已多年,书中的一些案例难免呈现"过去时",这不能不说是一件憾事。不过,学术论著的生命力,在于其学术观点是否正确。真理是跨越时空的,支撑其观点的典型案例也是不过时的,这就是新闻学中一些经典案例长盛不衰的原因。

这本书是我对新闻评论的一种探索,希望这种探索能对新闻工作者、新闻学子及有志于学写新闻评论的人有所帮助。如是,又是我晚年生活的一大荣幸。

汪言海

2013年11月8日

讲座篇

　　评论员要有较高的政治、理论、思想水平,广博的知识,开阔的视野,敏锐的眼力,深刻的见解和精准的逻辑推理能力。

——作者题记

第一讲　我理解的新闻评论

什么是新闻评论？

讲这个问题之前，先举一个案例。那是1987年11月底，当时我在安徽日报社农村部任职。一天，编辑发来一条只有460多字的短新闻，题为《三坝村民组将集体资金折股办厂生财》。写的事情是：铜陵县新桥乡湖城村三坝村民小组，把集体积累资金，按人口和劳力投入6∶4的办法，折股到农户，创办了全县规模最大的股份合作企业——湖城泡花碱厂，把过去农民不关心的集体资产，变成一份份农户看得见摸得着的自有资产，从而形成了"人人关心企业，共同承担风险"的局面。这一做法使传统的集体经济找到了个人财产的实现形式，可谓一个大胆的改革。我觉得这是一条很重要的新闻，便提笔配写了如下评论：

农村改革要坚持生产力标准

这篇报道初看起来，反映出这样一个道理：一个鸡蛋，是吃掉好呢，还是孵鸡下蛋好呢？三坝村民小组选择了后者。但深究一下，事情的意义并非仅仅如此，而是在"把集体资金折股办厂"上，毫无疑义，这是一种改革措施。因为这种办法有利于生产力的发展。可不是吗？过去22万元集体资金，由于管理不善，成了黄瓜打锣——越打越少，后来只剩下6万元了。折股办厂后，5个月就获利4万多元。

也许有人要问：好端端的集体资金，为什么要折股到私人名下呢？这不是倒退吗？对这个问题，我们完全可以从党的十三大报告所确立的社会主义初级阶段的理论中找到答案，这就是生产力标准问题，即衡量一个方针、政策、措施或办法是否正确的根本标准，主要看它是不是有利于生产力的发展。拿这个标准来衡量三坝村民小组"折股办厂"这件事，显然是前进了，而不是倒退了。

　　同样都是公有制形式,一种是村民小组(原生产队)集体所有,一种是村民小组股东所有,为什么前者就是天经地义的,后者就被认为是倒退呢?说到底是"以为社会主义所有制形式越大越公越好"的认识束缚了人们的思想。要把农村改革深入下去,这种僵化的思想非破除不可。

　　我省农村,绝大多数农民只是刚刚过上温饱生活。为了摆脱贫穷和落后,在农村尤其要把发展生产力作为全部工作的中心。要把是否有利于发展生产力,作为我们考虑一切问题的出发点和根本标准。从这个标准出发,深化农村改革,在所有制方面,我们要坚持在公有制为主体的前提下的多种经济成分和经营方式,包括发展私人企业和个体经济;在分配上,要在以按劳分配为主体的前提下,实行多种分配形式,包括股金分红、雇工等其他非劳动收入;还要发展包括资金、劳务、技术、信息和房地产等生产要素市场,促进各种生产要素合理的流动与重新结合,等等。在这种过程中,会出现多种多样的人和事,许多新情况和新问题,以及纷纭复杂的社会现象,但只要用生产力标准去观察和分析问题,我们就会头脑清醒,而不至于大惊小怪。

　　总之,一切有利于生产力发展的政策和办法就是好政策、好办法,我们就要坚持;一切对发展生产力有利有弊但利大于弊的政策和办法,我们要允许存在、逐步完善、趋利抑弊;一切不利于生产力发展的政策和办法,我们都要改革,而不拘泥于某种固有的模式。

　　本文是从三坝村民小组的"折股办厂"谈起的,但不是说农村所有的集体财产、企业都要股份化,必须从实际情况出发,不能一刀切、一哄而起。一切以时间、地点、条件为转移,而不能照搬照套。

　　　　　　　　(原载1987年12月1日《安徽日报》一版　署名:本报评论员)

　　这是一条1000多字的评论,与上述《三坝村民组将集体资金折股办厂生财》新闻一起,被破例安排在《安徽日报》头版头条位置。两者是什么关系呢?前者只报道事实,后者是对前者(新闻)发议论、讲道理、谈看法的,而且从前者说开去,引出了党的十三大报告中提出的生产力标准这一命题。什么叫新闻评论?从这里我们可以说,新闻评论就是对重要新闻发议论、讲道理、谈看法的政论文。我们通常叫这类评论为"配稿评论"。

　　现代新闻评论的原生态就是配稿评论,也是毛泽东早年主张的"傍着活事件来讨论"的新闻评论观的体现。1919年11月,毛泽东受聘为湖南《大公报》馆外撰述员。不久,长沙有一个姓赵的少女,反对包办婚姻,在花轿上自刎身亡。11月15日,《大公报》披露了这一新闻,第二天,毛泽东就在报上发表了《对于赵女士自杀的评论》。他写道:"社会上发生一件事,不要把它看小了,一件事的背后,都有重叠相生的原因","这件事的背后,是婚姻制度的腐败,社会制度的黑暗"。他最后提出:"吾们评论各种学理,应该傍着活事件来讨论。"这是毛泽东对新闻评论的一个十分精辟的见解。用现在的话来说,新闻评论就是评新闻事件,评这件事背后"重叠相生的原因"。

过去一些报纸的主笔值夜班,"看过大样写评论"就非常典型。一个新闻版子拼来了,主笔看看上面有没有重要的新闻值得评论一番。看准了,略加思考,提笔就写,写一页工人就排一页,评论写好了版子也排出来了。这是倚马可待的功夫。20世纪80年代初期和中期,我发现《人民日报》资深编辑吴昊常写这样的评论。现在,一般配稿评论都是事先准备好了的。也有不少是新闻发表后不久,有人在报上写文章对这件事进行评论,也叫"新闻评论"。

随着新闻事业的发展,报刊上不少评论,评的是我们工作中或社会生活中的一种倾向、一个问题,或大众热点话题。请看下面的评论:

给农民一本"放心账"

近闻:某村农民向省长寄了2400元,附言曰:"农民提留款寄给您。"据初步调查,缘由是农民对提留款账目不放心。该村的账目有没有问题,尚须调查清楚,农民的这种做法也不可取,但此举反映了农民的一种愿望,即呼唤财务民主。

近些年,农村基层干部普遍遇到收款(乡统筹、村提留)难的问题。不言而喻,负担重是一个重要原因。但在一些负担不算重的地方,农民也不愿交,啥原因呢?原来农民交钱不放心。有的农民问收款的干部:"我们交的钱都用到什么地方去了?"眼下,农村一些地方财务管理混乱,有的村甚至无据无账,村干部人人收款,一查都成了"荷包账"、"良心账"。财务混乱、不民主,往往会出现贪污挪用、吃喝浪费等问题。这样的地方,农民交钱怎能放心?农民是最讲现实的,他交了钱,看到用在正道上,比如:修了路、建了排灌站、通了电等等,他觉得没有交冤枉钱,即使负担重一些,他也会谅解。相反,他就有意见了。这就要求我们的基层干部实行财务民主,把农民交的钱用在明处、讲在明处。应该说,这是应该做到、也是不难做到的。

目前,很多地方在清理农民负担的同时,下决心清理整顿农村财务,目标是:给农民一本放心账。他们的做法既受农民欢迎,也改善了干群关系。这种基本不用花钱就可以做到的好事,我们何乐而不为呢?

(原载1993年2月20日《安徽日报》一版 署名:言赅①)

这是我在安徽省农经委听到的一个真实的故事:某村农民把自己该交的提留款2400元,寄给了当时的省长傅锡寿,原因是农民对村账不放心。据省农经委同志的介绍和我的调查,农村财务不民主,缺乏透明度,这是一个普遍存在的问题。于是,我提笔撰写了这篇署名评论,并被安排在一版发表。

上面是针对社会上存在着的一种倾向而发表的评论。还有如1985年2月5日,《人民日报》评论员文章《收起对策,执行政策》,就是一篇"没有新闻的新闻评论"。再如,《人民日报》曾发表过《如果所有的母亲都生男孩》,针对重男轻女的思想倾向。文中所指倾向虽然不是具体的新闻,但在这种倾向的背后,都隐藏着很多没有发表的新闻。所以,这类评论我们仍称之为"新闻评论"。更多的还有大众热点话题,如反腐倡廉话题、"晒三公"话题、反"四风"话题、药品食品安全话题、农民工话题、环境污染话题,等等,在媒体评论中非常普遍,数量上已占大头。

总结上面列举的多种情况,我们可以对"新闻评论"下定义了:什么是新闻评论?新闻评论是对重要的新闻和社会上出现的重要倾向性问题或热点话题,发议论、讲道理、谈看法的政论文。

新闻评论与新闻的区别和联系

两者的主要区别:新闻摆事实,评论讲道理。新闻报道的主要任务是报道新闻事实,传播新闻信息,用事实来反映现实生活,回答"是什么",至于这个新闻事实更深层的内涵,则留给受众去思考;新闻评论则是对新闻的概括和提高,直接对新闻事实发表意见,回答"为什么"、"怎么办",使新闻内在的思想得以延伸,甚至从这点说开去,是以有形的意见去影响、引导人们的思想、生活和工作。人们在通过媒体获悉某些重大事实后,接着就要提出——这些新闻事实为什么会发生?它们的来龙去脉是怎样的?我们应该如何对

---

① 本书中的评论,很多署名为"言赅"、"宛言",两者都是作者的别名。

待它们？回答这些问题，则主要是新闻评论的任务了。如果说新闻报道主要给人以"知"，那么，新闻评论则主要给人以"感"和"悟"，甚至是"情"。后者如《人民日报》关于香港回归的社论《中华民族的百年盛事》，全文贯穿的是一个"情"字，即中华民族的爱国主义情怀，读了叫人荡气回肠。如果说，新闻是报道事实的艺术的话，那么，新闻评论就是在新闻事实的基础上讲道理的艺术；如果说新闻报道的生命是真实的话，那么，新闻评论的生命就是真理。起码，你讲的要很有道理，要立得住脚，过一段时间回过头来看一看，仍然是这个理。

两者的联系有三点：

1.新闻评论依附于新闻报道。先有新闻，后有评论，从严格意义上说，没有新闻报道就没有新闻评论。新闻报道是第一性的，是新闻媒体的基础，新闻评论是第二性的，是派生的。我们不论强调新闻评论多么重要，这个关系都不能颠倒。

2.两者在一个总的报道思想指导下，互相依存，分工合作，完成一定的报道任务。通常的办法是一"报"一"评"，各司其职，打"组合拳"，也有一"报"多"评"的，如一论、二论、三论等。

3.两者的表现形式没有绝对的界限。文体的区别只能是"大体须有，定格则无"。新闻评论和一些新闻文体的区别也是如此，有些不能截然分开。如记者述评、综述之类的很多文体中都有议论。即使是消息，还有评论式导语和评论式标题。总之，你中有我，我中有你。有些文体，从评论看，叫"新闻式的评论"，有的从新闻看，则是"评论式的新闻"，如我曾经写过的署名评论：

"被上十节课"的忧思

外孙女在合肥市某中学读初三。一天放晚学回家，她满脸痛苦地要妈妈给学校写个条子，要求学校给初三学生每天上10节课。

"为什么？"妈妈不解地问。

"学校说这是家长的要求，说有的学校初三早就上10节课了！——提要求的家长脑子坏了。"外孙女无奈地解释说。

"可我没有这个要求！"她妈不解地问："你有时间睡觉吗？现在一天上8节课，音体美基本都停掉了，又要增加到10节课，早7点到晚7点，还有3小时作业，睡眠怎么保证？！"

孩子说："放心，我会在课堂上打瞌睡的，太困了没办法不睡。"

"那上10节课又有什么用呢?"

"妈,你就从了吧。不然我在学校就成了另类!"

一想到孩子会被打入另册,做妈的心软了。国庆节后可怜的孩子们毫无悬念地"被上10节课",开始了两头不见天的初三学习生活。

听完了女儿讲的故事,笔者想起两年前也是读初三的大外孙女讲的另一个故事:一天,班主任布置学生说,如果上级有人来问作业什么时候做完,都要回答晚上10点以前。有学生说,我要做到12点。班主任马上训斥道:"大家都是10点前做完,你为什么这么笨?"

两个故事,笔者刻骨铭心:应试教育制度,不仅从身体上摧残孩子,更重要的是教会了孩子们说假话。这在我们这个缺失诚信的社会里,后果是多么严重啊!

该是采取切实措施的时候了。

(原载2012年10月23日《市场星报》 署名:宛言)

这篇只有500多字的小评论,几乎主要是客观地叙述两件事,这两个事实的本身就可以看作是新闻素材,在新闻评论里又叫作"事实性论据"。后面两段只有80多字才是对这两件事的评论。就前者而言,你可以叫它"评论式的新闻";就后者而言,你可以叫它是"新闻式的评论"。因此,新闻和评论可以共生,像连体婴儿一样,有时又分不开了。为什么评论部分可以这么短呢?这是一个以事实性论据为主的评论,叫事理相融,事到理至吧。许多话被藏在事实里,不把话说完,留了很大的空间让读者去想象,看似轻描淡写,却令人深思,这叫评论写作中"藏"的艺术。

新闻评论的三大特点

第一,强烈的新闻性。与其他理论文章、文艺评论和历史评论相比,新闻评论有其强烈的新闻性。司马迁的《史记》,在每篇正文的后面,写一段"太史公曰",对此人此事,作简要概括的评议,形式上很像现在的新闻评论,但它是史论。司马光的《资治通鉴》,在紧要处写上一段"臣光曰"也是如此,叫"旧事评论"吧。这些都不属于新闻评论。文艺评论家对某部文学作品进行评论,属文艺评论。新闻评论与上述不同,它首先表现在对新闻的依附上,就是所有的新闻评论总是对有价值的新闻事件和问题展开议论的,这就是新闻评论的第一特征——新闻性。与新闻性相联系,新闻评论和新闻一样还具有强烈的时效性,就是新闻事实一发生,你马上就得进行评论。换句话说,就是你评论的必须是新近发生的新闻事实,而不能时过境迁才发表议论。

第二,鲜明的政论性。政者,政治也;论者,议论也。两者结合叫"政论性"。新闻评论是宣传党的基本路线和方针政策,站在人民大众的立场上,用唯物辩证法,对重大新闻事件和问题进行具体分析,反映并正确引导舆论的重要武器。新闻评论的政论性,还体现在它总是针对那些具有政治意义的、人民关心的问题发言,对于具体的业务技术问题或学术问题的分析、讨论和评介,如球赛分析、书评、影评、股评等,就不是新闻评论的任务。马拉多纳的足球踢得好,乔丹的篮球打得好,你写评介文章,这种评介球技的文章,不叫新闻评论,因为它没有政论性。而许海峰在1984年奥运会上拿到了一块金牌,实现了"零"的突破,这就不是一般的射击技术问题了,而是具有政治意义的一个大新闻,各报为这件事所发表的评论,就是新闻评论。反过来说,政论文不一定是新闻评论,比如《求是》杂志上的文章基本上都是政论文,但它们不是新闻评论,因为它们一般不依附于新闻,与新闻无联系。

不带政治性的评论在媒体上有没有呢?有,但这种评论不能称为新闻评论。比如,球赛的结果,大家都关心,具有很强的新闻性,就这些比赛发表的评论也有很强的新闻性,头天赛完了,第二天评论就出来了。赢,赢在哪里;输,输在哪里,评得头头是道。都是从竞技状态、临场指挥的得失等体育角度去评的,不带任何政治色彩。因此,这种评论虽然具有很强的新闻性,也有广泛的群众性,却不能称为"新闻评论"。如果赛场上出现了"黑哨",反映了体制或品德问题,据此而写出来的评论,则具有政治性,叫"新闻评论"。

第三,广泛的群众性。新闻评论是面向广大读者的。新闻评论作为党和人民的喉舌,既不同于以少数专业人员为读者对象的学术或专业论文,也有别于以各级领导干部为对象的政府文件,而是面向千千万万的读者和受众。除了受众面不同外,在内容上,新闻评论所议论的是群众关心的事,它代表人民的利益,反映群众的呼声。新闻评论的群众性,还表现在作者的广泛性上,特别是专栏评论,如《人民日报》的《今日谈》,从中央领导、科学家到普通工人、农民,都有它的作者。《安徽日报》一版的《徽风》的专栏短评论,也是如此。互联网诞生后,网络评论更是多如潮涌,网友个个都是评论员啊。当然,也有一个引导的问题。

现代媒体的专栏评论和网络评论一样,超区域评论,发挥了异地监督的巨大威力,如"表哥"、"房叔"、"雷政富不雅视频"等,都使一个个贪官落马。同时也出现了另一种倾向,即一些媒体的专版评论只打"隔山炮",对本地发生的问题却极少涉及,违反了新闻评论的接近性。表面看是一个"怕"字,怕引起麻烦,根本原因是管理体制问题。

总之,新闻评论融新闻性、政论性、群众性于一体,三者缺一不可。

新闻评论的地位和作用

报纸上经常出现的社论、编辑部文章、本报评论员文章、评论、短评、专栏评论、编辑点评、编者按、以评为主的新闻述评,等等,通常叫"言论",都属于新闻评论的范畴,它们是新闻评论这个家族中的成员,是新闻评论的不同表现形式,也是新闻评论中不同量级的"武器"。比如,社论、编辑部文章属重型评论,本报评论员文章一般属中型评论,其他则属小型评论。此外,还有专栏评论。这些不同规格的评论,在评论家族中的地位和作用是不同的。选用什么样的评论"武器",表明了新闻本身的价值,也表明了编辑部对这条新闻的重视程度。

"评论是报纸的旗帜和灵魂"。这种地位在各级党报表现得更加明显。我们的各级党报,都旗帜鲜明地宣称党报是党和人民的喉舌。如果说,报纸中的新闻主要是客观地告诉人们社会上新近发生了什么重要事情,那么,报纸中的新闻评论则是站在党和人民的立场上,告诉人们如何正确认识这些事情。比如,党的十八大以后,一个很长的时期,从《人民日报》到各级党报,都发表了关于开展党的群众路线教育实践活动和"反对四风"(形式主义、官僚主义、享乐主义和奢靡之风)的评论,有的还是系列评论,叫一论、二论、三论,等等,专栏评论也大显身手,如《安徽日报》就在《焦点新闻·时评》专版显著位置上,刊登署名为"辨一理"的4篇"解决'四风'问题"的评论,对如何反对"四风"问题进行了系统的评述,很有针对性。很多人看后就议论开了:"共产党在'整风'了!"在这里,党报的评论成了信号和旗帜。

"旗帜和灵魂"的地位不是自封的,是在实践中形成的,主要取决于这家报纸评论自身的质量。如果评论选题抓得准,又写得好,针对的是社会生活中的重大问题,回答的是广大人民群众普遍关注、迫切需要解决的问题,切中时弊,尖锐鲜明,讲真理,讲真话,会讲话,就能体现"旗帜和灵魂"的地位。反之,评论写得无关痛痒,无病呻吟,那就可有可无,或仅仅作为"补白"和点缀而已。有为才能有位。一个有远见、有事业心、胸有大局的报社老总,总是非常重视评论工作的,总希望一年中有几篇在全省甚至在全国能打得响的评论。

新闻评论和新闻报道的作用一样,首先要反映舆论,同时也要引导舆论。反映舆论,就是评论要反映人民群众的正义呼声,如社会的公平与正义问题、环境污染问题、食品安全问题、社会保障问题、物价问题、教育与医疗问题、拖欠农民工工资问题等等,报纸评论要及时反映。

改革开放后,人们的思想特别活跃,可以说家事、国事、天下事,件件关心,事事敢讲,特别体现在网络上,不可能"舆论一律"了,这是历史的进步。另一方面,对一些重大事件与问题的发生,很多人由于不了解真相等多种原因,产生各种各样的看法、说法、想法,众说纷纭,莫衷一是,使人不知何去何从。这种情况下就特别需要舆论引导了。我们的评论员要深入调查事实真相,在不同的思想的碰撞中,在各种意见的比较中,准确判断哪一种看法符合客观实际,符合国家和绝大多数人民的利益,从而写出符合事实、揭示真理、表现公平与正义的评论,把舆论引导到一个正确的方向,以维护整个社会的稳定和发展。

我们国家正处于社会转型时期,出现了很多新情况、新问题、新事物。同时,随着分配制度的改革,外资的引入,个体私营经济的发展,等等,诱使人们对善与恶、美与丑、公正与偏私、荣誉与耻辱等道德规范的重新审视和评判。对于人们价值观念、思想情绪和精神状态的这种变化,评论员要用手中的笔,旗帜鲜明地告诉人们,应该树立什么样的世界观、人生观和价值观,让读者知道什么是"真善美",什么是"假恶丑";什么是高尚可敬的,什么是低劣可鄙的,从而促进社会风气的好转。评论员还要用满腔的热情、鲜明的态度,去反映当前社会生活中积极的、向上的、健康的、进步的主流,给人以鼓舞,给人以希望,给人以信心,给人以力量,让读者走出迷惘、困惑,促使整个社会风气的好转。

新闻评论是影响社会舆论的巨大力量,在西方也是被公认的。美国著名专栏评论作家李普曼就被认为"并不指挥千军万马",却"具有左右舆论的巨大力量"。李普曼是美国最有影响的资产阶级政论家,执笔报刊评论60年。他在《纽约先驱论坛报》和《新闻周刊》开辟《今日与明日》专栏36年,全世界有200多家报纸转载。李普曼每天黎明即起,9点钟以前看报,9点钟以后开始写专栏稿。每天中午12点半,报馆来拿稿子。一年四季,风雨无阻。他被誉为美国资产阶级的"策士",尽管他也经常批评美国政府,但他于1974年12月14日去世后,美国政府却为他举行了隆重的葬礼,副总统等要员为他送葬。

第二讲 编辑记者学写评论好处多

我写评论始于"自拉自唱"

先讲讲我是怎样学写新闻评论的。

我写新闻评论纯属偶然。当时我在安徽日报社驻六安记者站工作。1979年1月的一天,我送稿到编辑部,稿件的标题是《打掉"官官相护" 冤案得到平反》,报道"六安地委督促帮助金寨县委处理两起打击报复案件"。政治部责任编辑钱林同志看了后说:"写得很好,如果配发一条评论就更好了。"她用商量的口气对我说:"你对案情熟,你写怎么样?"我迟疑了一下说:"我试试吧!"我没有写过评论,是鼓起勇气接受任务的。当天下午,我带着激情,一气呵成写出了一篇1200字的评论。见报的全文如下:

评"官官相护"

金寨县委处理洪冲、徐冲公社两起案件的过程,清楚地说明:有些违法乱纪案件之所以长期得不到处理,一个重要原因就是"官官相护"。一些地方和单位为什么存在这种"护"的现象?据了解有以下几个原因:

一是违法乱纪案件发生在自己管辖的范围内,犯错误的干部是自己的下级。"家丑不可外扬",公开处理了于自己脸上无光,至少也得承担"教育不够"的责任,于是力争"暗消",或百般为犯错误的人开脱。

二是违法乱纪的干部,是自己培养、提拔起来的,甚至是自己树起来的先进典型。过去,当人们反映违法乱纪干部的问题时,自己曾给人扣过"拔红旗"、"反对新生事物"的大帽子。如今,要严肃处理,岂不是否定自己!于是决定继续"保"下去。

三是违法乱纪的人,后台很硬,有的后台甚至是自己的"顶头上司"。俗话说,罚了小和尚,得罪了大菩萨。于是,看"上司"的颜色行事,采取"拖"的办法,一拖了事。

四是违法乱纪的人和事与自己有牵连,甚至自己就是他们的支持和怂恿者,怕"拔了萝卜带出了泥",于是千方百计地"捂",就是捂盖子、压群众。他们"护"别人,目的是为了保自己。像金寨县洪冲、徐冲案件反映的情况就是这样。

还可列举出一些,主要是以上几点。

"官官相护",在旧社会是司空见惯、习以为常的事。《红楼梦》中贾、王、史、薛四大家族就是官官相护,一荣皆荣,一损俱损。于是,当时做官的人都有一个"护官符"。"四人帮"出于篡党夺权的反革命需要,承袭了一切剥削阶级的反动衣钵,更加把"官官相护"奉为护身的法宝和处理相互关系的准则。"四人帮"在安徽的代理人和黑干将也是这样。他们"一人得道,鸡犬升天";他们狼狈为奸,无法无天,采取最卑劣的手法,陷好人于囹圄之中,纵坏人于党纪国法之外。由此可见,"官官相护"是剥削阶级遗留下来的东西,是一种恶劣的地主、资产阶级思想作风。其流毒影响,至今在我们干部队伍内仍有所反映。虽是"残余",但危害极大。它坑害了干部,损伤了我们党政领导机关的声誉,破坏了干群关系。"官官相护"与我们党大公无私的阶级特性和光明磊落的作风格格不入,不打掉"官官相护",冤案难平,正气难伸,我们的事业就不能前进。

千百年来,人民群众对"官官相护"深恶痛绝。在旧社会,当人们还看不见自己阶级的力量时,把希望寄托在为民请愿的"清官"身上,如包拯执法不阿的事迹,千百年来在人民群众中广为传颂。但是,在旧社会,这仅仅是人们的善良愿望而已,或者只能是极少数的例外。执法不阿,只有在共产党领导下,才能真正做到。粉碎"四人帮"之后,以华国锋同志为首的党中央,严肃处理了一些领导干部的违法乱纪案件,严明了党纪国法,伸张了无产阶级正气,使人民的意志和愿望得到了充分的体现。在当前这样的形势下,如果有人还要抱住"官官相护"这个腐朽"护身符"不放,那是党和人民决不容许的。

金寨县委处理洪冲、徐冲案件的教训是深刻的。我们希望更多的同志能够从这件事中吸取教益,引以为训。

(原载1979年2月1日《安徽日报》)

第二天,钱林看后只修改了个别提法,就通过了。第一次写评论就这么顺利,我没有想到。感人心者,莫先乎于情。我总结,自己若没有对案情的熟悉,没有对"官官相护"的痛恨,没有对受害者的同情,是写不出这篇评论的。回过头来看,这篇评论的不足之处是战斗性有余,说理性不够,留有时代的烙印。

有一就有二,此后,我就学着写评论了。

1979年3月,我采写了一篇题为《大柏公社一百多个猪场转亏为盈的事实说明 集体养猪必须建立严格的责任制》的新闻。我有感而发,为自己采写的新闻配写了一篇短评,全文如下:

责任制 灵得很

大柏公社一百多个集体猪场转亏为盈的事实说明:责任制,灵得很!

责任制把猪场办的好坏与饲养员本身的利益密切相连后,饲养员就会千方百计地想办法把猪场办好,什么饲料问题呀,防疫问题呀,积肥问题呀,降低成本呀,等等,他都会考虑得很周到。这样的积极性是资本主义的吗?不是。这样的积极性,对国家、集体、个人三者都有好处,是属于社会主义的劳动积极性。既然如此,我们何乐而不为?

目前,集体养猪有下降的趋势,主要原因是亏损严重,特别是一些大队、公社办的猪场,一年总要赔上几千元,甚至上万元,农民真负担不起啊!农民是讲实际的,猪场办好了,给他们带来了经济利益,他们就拥护,猪场就雷打不散;否则,光靠行政命令来维持,是不会长久的。这里就向农村的各级领导同志提出了一个问题:你对于发展集体养猪事业是真想还是假想,是想得厉害一点,还是差一点?你如果是假想,或者想得差一点,那你只能是拿"方向"、"道路"、"路线"等大帽子去压人家办猪场,而置农民的负担于不顾;你如果是真想,或者想得厉害,你就应该认真研究集体养猪存在的问题,和群众一起制定包括责任制在内的解决办法,改变亏损局面。大柏公社党委这样做了,收到了显著的效果,这是值得大大提倡的。

(原载1979年3月29日《安徽日报》二版)

回过头来看这篇短评,我也是带着感情写的,观点鲜明,说理有力,是在农村提出建立责任制最早的评论之一。在那个乍暖还寒的日子里,我敢于挑战所谓"方向"、"道路"、"路线"等敏感问题,现在想起来,觉得当时还是很有勇气的。需要说明的是,1979年肥西县逐步实行包产到户,大柏公社的集体养猪场自然被家庭养猪和养猪专业户体制所代替,这是农民的选择。但经营责任制在中国改革史上的贡献,还是值得一书的。

下面这篇短评是我在安徽日报社驻巢湖记者站工作期间撰写的。那是1985年2月,我采写了一条题为《采取合股经营、股金分红的方式 巢湖市望城村快速建成一座轮窑厂》的新闻。我觉得这是一种有别于传统集体经济的新型的合作经济,是新生事物,要大力扶持,于是我为这条新闻配写了短评,全文如下:

这种合作经济应当提倡

采取合股经营、股金分红的方法办合作经济,是加速发展乡镇企业的一条值得提倡的新路子。这种股份式的合作经济的好处很多:

首先,它不改变入股者的财产所有权,避免了过去那种一讲合作就合并财产和平调劳力的弊病,却可以把分散的生产要素结合起来,较快地建立起新的经营规模,积累共有的财产。

其次,能真正实行民主管理。在这里,一切大事由股东说了算,干部的平调不灵了,吃、喝、拿、"小金库"不存在了,安插私人也不行了,避免了某些乡镇企业的种种弊端。

此外,这种企业是风险共担,利益均沾。企业经营的好坏,与每个股东有着直接的利害关系。这样,可以促使职工时刻关心企业。

为了办好这种合作经济,应当像望城村轮窑厂那样拟定简明的章程。合作经济组织是群众自愿组成的,规章制度也要由股东民主制定;认为怎么办好就怎么订。只要不违背国家的政策、法令,任何人不得干涉。

不干涉并不等于放任不管。某些大规模的群众集资入股,离开了干部的牵线当"红娘",是很难办起来的。办起来后,乡村干部还应该帮助他们解决一些实际问题,做好服务工作。在这方面,巢湖市城郊区和望城乡领导同志的做法是值得称赞的。

回过头来看这篇短评,有一个最大的遗憾是没有指出这种新型的合作经济就是后来广为推行的股份合作制。新型的合作经济有多种形式,股份合作制是其中最有生命力的一种形式。我记得,在安徽省大张旗鼓地宣传股份合作制还是在20世纪90年代中期,进行企业产权制度改革的时期。当时,如果我在短评中就直接指出它是股份合作制,将超前宣传很多年,其新闻价值和宣传价值将大大提升。可惜我当时没有这样的知识和眼力。

上述三篇都是我在当记者时期,为自己采写的新闻配写的评论。其他的不能一一列举了。我把它叫作"自拉自唱"。其好处我在下面还要讲述。

就这样,我进行了撰写新闻评论的探索,并不断扩展,不光为自己采写的新闻配写评论,也针对社会生活中的一些倾向性的问题和大众热点话题写评论,一年写它几篇或十来篇吧。因为一年中,自己采写又值得自己配写评论的新闻毕竟是少数。就这样,在安徽日报社驻六安记者站和巢湖记者站工作期间,我开始了新闻评论的初始写作阶段。1987年调回《安徽日报》编辑部工作后,写评论的机会更多了。直到退休后还应约写一些,总共写了约30万字的各类评论,其中,获中国新闻奖三等奖的两篇,获安徽省好新闻一等奖的三篇,一篇入选《中国新闻年鉴》。对此,我非常感谢钱林同志,是她鼓励我写出了第一篇评论。也非常感谢很多老编辑,是他们热情的帮助与鼓励,使我的评论每每能见诸报端,让我增添了信心。

编辑记者学写评论好处多

我先讲一个故事:

北京电视台的新闻评论节目《今日话题》曾报道过一起消费者投诉案。一位消费者花2500元买了一台日本"松下"牌录像机,刚过保修期就发生故障,他到北京唯一的指定维修点去修理,维修人员告诉他修好这台录像机至少要花1600元钱。消费者觉得收费太高,怀疑维修点有欺诈行为,就向电视台投诉。于是记者和消费者一起来到维修点。面对消费者的不满,维修部负责人底气十足地说:"现在讨论的问题不应该是我们有没有欺骗你,而是我们的收费价格是否有依据。"说完就拿出各种零配件的进货价目清单,以及维修收费标准,并对消费者的指责进行针锋相对的反驳,最终说得消费者无话可说。当时是现场直播,观众和消费者都有山穷水尽之感,不知电视台记者该如何收场。但是,此后的记者采访却令人拍案称奇。记者只向消费者提了一个问题:"你对维修部的解释怎么看?"消费者除表达自己的不满外,还说:"今后,他们的什么产品我都不会买了,而且,我还要建议我的亲朋好友都别买;免得像我这样自讨苦吃。"

接下来主持人(记者)评论说:"树上有十只麻雀,开枪打掉了一只,树上还剩几只? 正确的回答是一只也不剩。商家和消费者的关系不应该是你死我活的对立关系,而应是鱼和水的关系。松下维修部在这件事情上确实是胜利了,但他们可能是一个更大的失败者。"

观众看过后都说:主持人点评得好! 如果没有主持人一番精当的议论,很难设想这次采访是成功还是失败。记者评论的重要性可见一斑。

打开现代媒体,包括报纸、广播、电视、互联网等等,人们发现,主要由两方面的内容构成:一是新闻,二是新闻评论,还有少量的文艺、理论和服务性专版。新闻和新闻评论,犹如人之两腿、鸟之两翼,缺一不可。其中,新闻评论的数量虽然很少,但其地位是很高的。如果说,新闻报道是新闻媒体的主体和基础,那么,新闻评论则被称为"媒体的旗帜和灵魂"。我们常说,编辑记者应该掌握新闻写作的十八般武艺,那么,新闻评论应该是他们要掌握的重头武艺。

前面已经讲过,新闻和评论两者有明显的区别:新闻报道事实,评论发表观点。但两者又没有绝对的界限。大家知道,在各类新闻文体中,从消息到评论,议论是逐渐增多的。消息,完全用事实说话,一般不发表议论,要发表也只能讲一两句,点到即止;通讯,作者往往依附于事实,发表议论,甚至抒情;调查报告,则依据事实可以有较多的议论,并向读者报告结论;一些像"综述"、"观察与思考"、"对×××透视"、"解读×××"以及"工作研究"等等,夹叙夹议,属于记者述评类,以议为主的述评就可以看作新闻评论。因此,不用说当编辑,就是当记者,不会发议论,一些报道,特别是深度报道也是写不好的。

编辑、记者我都当过,总结我写评论的实践,我觉得编辑、记者学写评论有很多好处:

比如说编辑。很难设想一个编辑不会写评论。我当安徽日报社经济部主任后,就向编辑提出三条要求:一是编辑要有思想,并把你的编辑思想付诸版面;二是编辑手头要有一支队伍,一支呼之即应,应之能写,写之能用的记者和骨干通讯员队伍;三是会写评论和你所分管行业的重头稿件。还对写评论制定了几条奖励标准。总之,我认为,编辑不会写评论,是不称职的表现。比如,你编了一篇典型稿件,却不会为其配写评论,只好由部主任配写,或者请别人去配写,你这个当编辑的就很尴尬。前面说到了编辑思想,体现编辑思想的一个重要方面就是新闻评论。一条新闻被编辑看中了,他可以采取多种形式加以"包装",其中一个最重要的办法就是配发评论,提倡什么,反对什么,一目了然。效果之一是可以提高新闻稿件的地位。有些看似平常的稿件,如果加上一篇漂亮、得体的评论,立马可以使稿件增色,上重要版面,甚至头条位置。我举一个例子:

1987年,我在安徽日报社农村部任职,12月的一天,我看到编辑发来一篇题为《8户农民闯出一条致富路》的新闻,报道潜山县搓水乡八一村民组"联户办厂,山田包给专人经营,入厂分配",使农民致富的事。当时,全省农民人均纯收入只有三四百元,而这个村民小组已超过1500元。我看后,眼睛一亮,认为八一村民组的做法,体现了农村现代化的方向。于是,我即兴为这篇稿件配写了一篇本报评论员文章,全文如下:

8户农民的方向

今天本报发表的《8户农民闯出一条致富路》报道,读了令人振奋。你看,他们"联户办厂,山田包给专人经营,入厂分配",不是有点像苏南农业车间的样子吗?他们通过这种经营路子,使自己富裕起来了:去年人均收入1564元,今年可达1750元。试想:8户农民死守着25亩荒山、27亩薄田,能行吗?

8户农民的富裕之路,就是联合起来办企业,使自己从土地上脱离出来,并且把工业、农业、林业的发展统一起来。

我省80%以上是农村人口,人均一亩几分耕地。我省也有不少靠种粮致富、种油致富、种棉致富等的典型。但从总体上看,绝大多数农民不从土地上脱离出来,农村是富裕不起来的。这个账很容易算,从目前的种植业来看,亩均产值一般只二百几十元,扣除生产投入,所剩无几。一户几亩田,怎么也富不起来。国内外的经验证明,农民只有从土地上脱离出来,搞养殖业、搞加工业、搞第三产业,发展商品生产,才有出路。大部分农民离土后,少数农民留在土地上,就可以以规模效益致富。因此,从总体上说,农村富裕程度是与脱离土地的劳动力成正比的。从这个意义上说,8户农民致富方向,就是农村富裕的方向。

也许有人要问:大部分农民脱离土地,农业会不会萎缩呢?只要政策对头,那是不会的。我省许多地方的实践证明,二、三产业发展了,可以以工补农,增加农业投入,给农业提供社会化服务,促进农业的发展。八一村民小组也是这样,他们对农林业采取专人经营入厂分配的办法,使工、农、林业齐发展。

8户农民带了个好头,可喜可贺!八一村民小组组长华玲民的远见卓识,特别值得称赞。他想,全组那点荒山薄田,脚不离田,手不离刀,是休想抱"金娃娃"的。想得多好啊!我们的各级领导同志对他的想法不也值得想一想吗?

(原载1987年12月14日《安徽日报》一版)

这是我为农村劳动力转移撰写的第一篇评论。消息和评论员文章都被老总们看中了,安排在头版头条的位置发表。原本只有500多字的一篇短新闻,我却借题发挥,写了一篇700多字的本报评论员文章。原本只是一个村民小组的新闻,却上了省报的头版右头条位置。显然,评论起了使新闻增值生辉的作用。当然,起决定性作用的还是新闻报道本身的价值,但好花也要绿叶扶持。在这里,编辑和记者会写评论,使新闻和评论互相配合,打"组合拳",大大增强了新闻的传播效果。这是第一条好处。

第二,可以深化报道主题。因为新闻评论是对新闻的概括和提高、延伸和发展,一篇新闻报道,一经评论的评点和发挥,意义被揭示出来后,针对性和指导性也就更强了。

第三,使新闻资源再生。编辑记者经常遇到这样的情况,即一些写不进新闻的"新闻碎片",或构不成一篇完整新闻但却有意义的单元事实,丢掉很可惜,如果你以此为由头,再写一篇评论,这样,既可以充分利用新闻资源,也可以使自己多挣些"工分"。1980年我在《安徽日报》一版发表一则题为《六安市化肥厂党总支书记李乃铭 带领职工甩掉十三年的亏损帽》的消息,但有一个"四大于八"的"新闻碎片"写不进消息。事后,我就此事写了一篇署名评论,全文如下:

"4大于8"的启示

8大于4,这本来是数学常识。可是,不久前记者在一家工厂采访,却听到一些工人和干部津津有味地介绍着"4大于8"的故事。有人掰着指头边算边解释说:"我们这个只有300多名职工的厂,最多时期,书记、厂长(包括副职),竟达到8人,开会坐一屋,吃喝满一桌,可工厂每年却要亏损七八十万元。现在呢,书记、厂长只有4人,不仅不亏损,今年1至4月份反而盈余5万多元。你说,这不是4大于8吗?"

4是怎样大于8的呢?

原来,十年动乱,给这个厂留下了领导班子不团结、企业管理混乱的后果。去年下半年,上级领导对这个厂调整了领导班子,新调来一名书记,厂领导班子的主要成员减少到4人。新来的书记善于团结"一班人",他的办法概括起来是四条:

一曰耐心引导。即把"一班人"的注意力引导到发展生产上来。他对大家说:"谁英雄,谁好汉,在我们厂,主要看他是不是同心同德搞生产。"他耐心说服大家不要纠缠历史旧账,团结起来向前看,同心协力搞生产。

二曰充分信任。他放手支持大家工作,工作中出了问题,他勇于承担责任。

三曰严格要求。他和大家一起《约法三章》,要求做到:坚持党性,反对派性,只许相互支持,不许背后拆台;不搞特权,不谋私利;在群众中处处起模范带头作用。领导成员中出现了问题,他严肃批评教育,同时又注意时机、场合和方法。

四曰身先士卒。要求别人做到的,自己首先做到,要求别人不做的,自己首先不做。

就这样,伸开的手指被捏成了拳头。

介绍到这里,有人打了个生动的比喻:"好像拉车,过去人虽然多,可是有的往前拉,有的上面坐,还有的往后拽,力量抵消了,车子拉不动。现在人少了,但大家都一齐用力往前拉,车子跑得快。"

"4大于8"的故事到此为止了,愿人们从中得到深刻的启示。

(原载1980年7月29日《安徽日报》)

这篇评论在当时乃至现在,还是很有针对性的。论证的方法也很简单,就是摆事实,事到理至。如果我不动手写的话,这个"新闻碎片"就被"浪费"了,很可惜。类似这样的情况,在我写的评论中经常出现。

第四,学写评论,逼着自己学习和思考,可以提高自己的理论素养和逻辑思维能力,反过来又可以提高自己的报道质量,使报道更具有理论的深度,就是说,两者可以互相促进,共同提高。

评论不神秘　苦战能过关

我们学写评论,首先要打破"评论神秘"论的观念,树立苦战能过关的志向。

其实,评论是一件很普遍的事。同生活中无处没有新闻一样,生活中也无处没有评论。平时生活中你买了一件得体的衣服,别人夸奖一番,首先是:"哇噻,真新潮!"接着说如何如何的好,这就是评论。如果是专家和懂行的,则评得一套一套的,比如,什么色彩亮丽呀,做工精细呀,质地柔软呀,款式新颖呀,不愧是名牌呀,等等。至于互联网,更是评如潮涌,网民人人都是评论家。问题就这么简单,不要复杂化。先简单化,破除畏难情绪,再一步一步地深入。我讲新闻学,首先把新闻看得很简单。什么是新闻?我说,从传播者的角度看,新闻就是告诉受众关注的一件事。我叫"告知说",告诉人家一件事,谁不会呢?新闻就这么简单。做学问就是这样从简单做起,然后逐步由浅入深。当然,要真正写好新闻评论,叫"过关"吧,就不那么简单了。"过关"要分层次,我这里主要讲的是对编辑记者的要求,即对自己采写和编辑的重要稿件,和发现的重要倾向性问题和大众热点话题,能及时撰写出各类合格的评论,至于对部主任、专职评论员和老总们来说,要求又各有不同了。

怎么学?

我很羡慕现在年轻的新闻人,他们在学校里都系统地学过《新闻评论学》。学与不学是大不一样的。学了理论可以更自觉地用其指导实践,少走弯路。但撰写新闻评论,像采写新闻一样,是一门实践性很强的学问。我曾对听我课的大学生讲,你们不要以为读了这本《新闻评论学》教科书就会写新闻评论了,这是一种误解,书中讲的毕竟是理论。就像学游泳一样,光会背游泳指南是不行的,不下水实践,是永远也学不会游泳的。我还说,也不要以为,听了我的评论课,听了我讲的很多案例,你们就会写评论了,这是不可能的。因为我讲的案例,是我的实践,或者是别人的实践,你们从中可能得到一些启示,但绝不能代替你们自己的实践。办法就是多写多练,拳不离手,曲不离口。没有人生下来就会写评论,都是靠后天练出来的。

在校的新闻学子,当然以学为主,扎扎实实地学好课堂上的书本知识。同时进行严格的基本功训练,这是非常必要的。美国新闻学院开评论课,要求大学生每天都要撰写一篇1000字的评论,叫"时评"。因此,教这门课,我也曾布置同学们撰写评论的练习,先从一事一议的小评论写起,以后慢慢写一些较大主题的评论,有课堂上的,有课外的。多写多练,理论和实战相结合,是学写新闻评论的必由之路。

在职的新闻人怎么学?我的经验就是多写多练,干中学。像我们这个时代的人,绝大多数写评论的同志,都没有系统地学过新闻评论学,写新闻评论都不是学好了再写,而是写起来再学,在干中学。我就是这样凭着自信和勇气,偶然地写起评论的。但干中是一定要"学"的,因为新闻评论毕竟是一门学问。1987年调回《安徽日报》编辑部工作后,写评论的机会更多了,我深知自己的不足,于是下苦功夫学:

一是向实践学,向有实践经验的老编辑学。《安徽日报》上每发表一篇评论,我都要看,看人家是怎么写的,好的剪报作为资料留存。此外,我还阅读一些范文和范文评析,来丰富自己。

二是向书本学,给自己充电,弥补自己的不足。回编辑部后,我经常跑新华书店找书看。20世纪80年代,合肥科教书店里有3个版本的《新闻评论学》,好在很便宜,只花了8元9角钱就买下了3本书。饿了才知道饭香。我第一次知道新闻评论还有这么多学问。什么是新闻评论?我以前虽然写了一些,但对其理解并不深刻。还有新闻评论的地位和作用,各种评论的写作,论点、论据和论证,论证的常用方法,等等,使我耳目一新。尝到甜头后,我不断地跑新华书店,只要有新出版的新闻评论方面的专著,我是必买的,前后买了十几本。有了理论的指导,写评论的自觉性更强了,也更讲究方法了。我写评论的进步得到读者和报社领导的认可。没有想到,原本学数学的我,居然在总编办公室当了半年时间的专职评论员,还一度任职评论理论部主任。在撰写新闻评论的过程中,我对写作新闻评论,也有了自己的一些感悟。

同时,我建议有志于学写新闻评论的新闻学子和新闻人,至少能够阅读欣赏100篇评论范文,细细咀嚼,精心揣摩,从文章的标题,到开头、立论、布局、选材、论证、语言、句式、笔法,直至文章结尾,逐一加以领会、思考,比如,文章是怎样提出问题、分析问题的,语言运用好在哪里,如果让自己写,我会怎么写,等等。这样,慢慢悟出了道理,把100篇范文的营养吸收了,你会受益无穷的。

我们说评论不神秘,入门并不难,这是对的。但要真正写好新闻评论并不是一蹴而就的,毕竟新闻评论在新闻十八般武艺中,是起着挂帅作用的重头武艺,这就要求评论员比一般的编辑记者要有更高的政治、理论、思想水平,开阔的视野,广博的知识,敏锐的眼力,深刻的见解和精当的表现力。这就要长期刻苦修炼了,也就是说"苦战"才能"过关"。

第三讲 选题从哪里来?

什么叫选题?顾名思义,就是评论员选择、确定评论什么问题,或者说是评论员选择、确定评论的对象。像记者遇到的新闻在哪里的问题一样,评论员遇到的首要问题是评论的选题从哪里找。选者,选择、确定也;题者,评论什么问题和对象也。什么是新闻评论?新闻评论是对重要的新闻和社会上出现的重要倾向性问题或热点话题,发议论、讲道理、谈看法的政论文。根据这个定义,有新闻出现,就有新闻评论的选题;有社会倾向性问题,就有新闻评论的选题;有大众热点话题,就有新闻评论的选题。但不是对每一篇新闻都发表评论,也不是对每一个倾向性问题和热点话题都发表评论,关键是"重要"二字,看是不是群众关心的重要新闻和问题。报纸上天天都刊登大量的新闻,绝不会对每篇新闻都议论一番;社会上也经常出现很多倾向性的问题或热议的话题,也没有必要个个都去评论一下。这就要选择了,包括时机的选择。评论员或编辑经常这样提出问题,即这条新闻值得不值得配评论,这个问题值得不值得发评论。这里的"值得"还是"不值得",实际上就是一个对"评论价值"的评判问题。像评判"新闻价值"一样,新闻评论也有一个评判"评论价值"的过程,这个过程就是选题的过程,是作者综合素质的反映。选题从哪里来?

选题来自"三头"

对于社论的选题,《人民日报》原总编辑邓拓在一次讲话中提到5个方面的根据:

1. 党中央和国务院的决定和指示;
2. 地方各级党委和政府提供的情况和意见;
3. 党和政府主管部门提供的情况和意见;
4. 记者提出的新闻报道题目和线索;

5. 读者来信反映的情况和问题。

这5个方面,概括起来就是两条:一是来自上头的精神;二是来自下头的情况。改革开放后,我以为还要加"一头",即"外头"的情况,包括外省市、外国的情况。因此,从总体上说,新闻评论的选题来自"三头":一是从"上头的精神"中提炼选题;二是从"下头的实际情况"中提炼选题;三是从外头的情况中提炼选题。更重要的是从上头、下头和外头的相互结合中提炼选题。

根据上头的精神提炼选题,这是由我们报纸的性质所决定的,特别是党报必须坚定不移地宣传贯彻党中央的路线、方针和政策,叫中央精神。1992年春,邓小平视察南方谈话发表,中央政治局扩大会议精神传达以后,《人民日报》先后发表了《改革的胆子再大一点》、《中国改革开放的新阶段》、《论思想解放》等3篇重要社论,都是根据邓小平讲话和中央精神撰写并经中央领导同志审阅的。这是典型的根据上头精神提炼选题的评论。

更多的评论是从实际生活中、从实践中提炼选题。党的十二大提出了到20世纪末工农业总产值翻两番的战略目标。广大群众在学习党的十二大文件过程中相当普遍地存在着一个思想问题,即"20年内工农业总产值翻两番有没有可能"、"是不是高指标"、"是不是又冒进了"等等。为此,《人民日报》1982年10月18日曾发表过一篇社论,叫《回答一个问题——翻两番为什么是能够实现的》,这篇社论的选题就是从下头的实际情况中提炼出来的。又如,党中央曾提出企业党组织是企业的政治核心,厂长、经理处于企业经营管理的中心地位。但在现实生活中,很难处理好厂长和书记的关系,"中心"和"核心"经常"打架",引起了不少关于"中心"和"核心"的争议。有一位作者给《人民日报》撰写了一篇专栏评论,题目是《何必辨中心核心》。文章从这样一件事谈起:为了平息诸葛亮躬耕到底是在襄阳还是在南阳的争论,清代的一位南阳郡太守在卧龙岗武侯祠写了一副名联:"心在朝廷原无论先主后主,名高天下何必辨襄阳南阳。"河南周口味精厂的厂长、书记也模仿着写了一副对联:"心在企业原无论大权小权,名扬全国何必辨中心核心。"这篇评论根据当时的实际情况,论述怎样处理好厂长、书记的关系。从内心说,我对"核心"和"中心"的提法是有自己的看法的,这篇专栏评论能不能解决这样一个大问题、难问题,姑且不论,但就事论事,它的选题也是从下头的实际情况中提炼出来的。

从上头的精神中提炼选题,和从下头的实际情况中提炼选题,不能截然分开,两者有着密切的联系,只有了解两头,把握全局,才能提炼好选题。同时,还要正确处理好"上头"与"下头"的关系。根据我们党"从群众中来,到群众中去,集中起来,坚持下去"的群众路线,党的路线、方针、政策等等,归根到底都是从群众的实践中来的,它的正确性最终也要受实践的检验。因此,从实际出发,从下面的实际情况中提炼选题,就显得更为重要。中国这么大,各地情况千差万别,党的政策不那么符合当地的实际情况怎么办?评论员有责任反映群众的呼声。前面讲过,20世纪八九十年代,国家实行粮食定购制度,严重侵犯了农民的权益。针对这种情况,1992年11月,我写了一篇题为《粮农呼唤保护价》的评论,建议国家建立储备粮制度,调节粮食市场。这篇评论,既为农民说了话,也向政府献了策。后来的实践证明,评论的观点是完全正确的。第二年,该评论被评为安徽省好新闻一等奖,并获得中国好新闻三等奖。后来国家在粮食制度的改革中,建立了国家储备粮制度,逐步放开了粮食市场,结束了50多年的粮食统购统销和定购制度。

同样,从外头的情况提炼选题,也要联系我们的实际。比如,中国的公款吃喝风是一个老大难问题。发达国家是怎么解决的呢?公开透明。招待什么人,招待规格,吃什么菜,都要在网上公开。我把两者结合起来提炼选题,写了一篇署名评论,题为《"民主透明"是制止公款吃喝风的良方》。我在评论中引用了这样的事实:

> 笔者想起《南方周末》曾刊登的一篇报道,报道说:芬兰是"廉洁指数排名世界第一"的国家,该国中央银行有位行长,一次在公款宴中点了一道叫鹅肝的菜。按照该国的规定,所有的公务接待都要向国民公布,接待什么客人,吃了什么菜,花了多少钱,要上网公示。这道鹅肝的菜被公认为"超标",传媒曝了光,众议哗然。结果这位银行行长引咎辞职,黯然下野。

我联系中国的实际评论道:

> 这件事引人深思,就是"民主是腐败的天敌,阳光是最好的防腐剂","民主透明"是制止公款吃喝风的良方。资本主义国家芬兰靠"民主透明"四个字解决了公款招待的难题,我们社会主义国家也应该能做到。

现在,我们的公众也呼吁"晒三公"(公款吃喝、公车和公费出国)了,有的地方甚至有了试行,这是一种进步。但执行起来很难,好在网民们不依不饶。

彻底"晒三公",将展示我们党和国家反腐倡廉的决心。

事实表明,对外省、外国的情况了解越多,并与本省、本地的情况相结合,选题的来源也就越多。1994年9月,我在济南听到该市一青年干部自豪地介绍:他们市要求40岁以下干部都要"三学",就是学电脑、学外语、学汽车驾驶,以适应进入21世纪的新要求。目前正在有计划地举办培训班。不久,我又从报上看到,南京市委组织部也要求50岁以下干部都要接受电脑和外语培训考核。透过两个市"三学"、"两学"的要求,我看到这两个市领导的远见卓识。回来后,联系我们安徽的实际,我写了一篇名为《面向现代化　学习新知识》的评论,选题的由头,就是济南、南京两个市"三学"、"两学"的要求。这个事例说明,外头的情况了解越多,选题也就越多。

处处留心皆选题

新闻评论的论题,存在于丰富多彩的社会生活中。关键是用心观察、用心思考。请看我曾经写过的一篇署名评论:

宁可苦干不可苦熬

有这样一件事:一年冬季,苏南某乡镇企业一个推销员来到我省一偏僻农村联系业务,看到两件很不理解的事:一是中午吃饭,农户饭桌上只放着一瓦钵老咸菜,小孩嚷嚷要吃好的,"啪啪"几巴掌,打得小孩哇哇叫。他对陪他的人说,在我们家乡没有三菜一汤是不吃饭的。二是他每到一村庄,总看到不少男男女女不是蹲墙角晒太阳、闲啦呱,就是一桌一桌地摸纸牌、推牌九(指赌博)。他说,在我们家乡一年到头无闲人,青年人白天上班,晚上还上夜校学技术。他得出结论说:安徽人能苦熬!

这话确实刺激人。

无独有偶。今年十月,国家淮委负责人到安徽检查工作时,看到霍邱县某大桥上镌刻着:"宁可苦干,不可苦熬"八个大字,对此,他大加称赞,说:"安徽人有志气!"

这话当然是一种鼓励。

两个不同身份的人,从两个不同的角度观察安徽,都道出了一个结论:安徽需要苦干。

安徽人民正在苦干之中。石台县新中村就是靠一个"干"字改变面貌的。他们以"新中儿女多奇志,分开日月两头挑"的雄心壮志,向荒山石岭进军,苦干二十年,终于把一个"飞禽走兽不留步"的穷山沟变成人均收入上千元的新农村。无为县人民连续苦干六个冬春,变水害为水利,把十九个万亩以上大圩变成了米粮仓。当前,全省一千多万冬修大军,战风霜,斗严寒,正在水利工地上苦干。苦干的事情不胜枚举。

但我省确也有一些贫穷地方,不是在苦干,而是在苦熬。你讲干,他讲难,一等二靠三要,结果年复一年山河依旧,面貌不变。因此出现了一个怪现象:穷地方,闲人多,赌博的多,搞迷信的多,超计划生育的多。结果越熬越苦,越苦越熬。

能怪这里的群众不干吗?不能。只有不干的领导,没有不干的群众。群众是迫切需要改变面貌的。领导也有责任去说服、发动和组织他们去干。因此,关键在于领导的精神状态和事业心。新中村就是三任支书"接力赛"似地干出了一个新天地的。

要群众苦干,必须领导干部带头苦干。六安地区组织的开发性农业大会战说明了这个问题。他们变一级叫一级干为一级干给一级看。地、县(市)、区、乡领导同志抓了1068个点,绝大部分干部吃住在工地。干部苦干带动了群众,今年入夏以来,一举造林整地29万多亩。如能保持这样的苦干势头,何愁贫困面貌不改变。

社会主义美好生活,不是从天上掉下来的,要靠苦干来创造;四个现代化的实现,更要靠几代人的艰苦奋斗。我们安徽是个穷省,农村基础差,底子薄,要改变面貌,唯有全省人民扎扎实实苦干十年二十年,把农业基础夯实。这里用得上一句老话,叫穷则思变,要干,要革命。就当前农村来说在开发性农业和兴修水利中,已经有了苦干势头,这是令人高兴的。

当然,我们提倡苦干,不是蛮干,而是提倡在科学规划指导下的苦干。大跃进式的蛮干不能再重复了。要十分重实效,十分爱惜民力,千万不能搞形式主义、花架子。

(原载1989年12月11日《安徽日报》 署名:言赅)

这篇评论的由头就是评论中第一段的事实。这件事,是我回老家无为县农村探亲时,我儿时的同学告诉我的。他是陪苏南乡镇企业的推销员到乡村联系业务时听到的。"安徽人真能苦熬!"这话对我刺激很大,作为一个安徽人,其写作冲动如鲠在喉,不吐不快。我是带着感情写这篇评论的。评论在当时的安徽是打响了的,如颍上县为改变落后面貌,提出了"宁可苦干,不可苦熬!"的口号。我又为颍上县这条新闻配写了本报评论员文章《一个响亮的口号!》,在《安徽日报》头版位置配发。你们看,回家探亲,也能发现一条像样的评论选题,而且还衍生成另一条评论选题。

　　类似这样的情况发现评论选题的,我还可以举出很多事例。在《巢湖报》看了一条由新长征突击手吴言掌捐800元给岭南小学助建厕所的新闻,感慨甚多,我写了一篇评论《有感于岭南小学有了厕所》,提倡领导要想群众之所想。一次,我到天长汊涧民办金融服务社采访,听到"贷款期一天"的故事,我又写了一篇名为《"贷款期一天"的启示》的署名评论,并由此说开去,层层深入,评述我省企业贷款期长的原因,提出根本出路在于深化企业内部改革的问题。

　　新闻采访学中有一句名言,叫"不是没有新闻,而是缺少发现"。我觉得这话同样适用于评论的选题,生活中处处有评论的选题,看你是不是善于发现它。只要你眼睛尖,脑子灵,笔头勤,你就有写不完的选题。

调查研究选题多

　　那是1989年4月的一天,征得肥西县山南区区委书记王立恒的同意,我到该区山南镇工作"中不溜"的江桥村去,搞不带任何选题的随机调查。下午,好不容易找到支部书记高正新,却发现他正在叶小庄村民组开"扶班子"会。我刻意听完了会议的全程。原来是村民小组长唐德久下决心"撂挑子",高正新去召开村民小组会,劝小姑似地要唐德久继续干下去。会议结束后,唐德久和高正新挽留了我这个被称作"县领导"的人吃晚饭。席间,高正新对我说:"你们在上面工作,很少知道下面的实际情况,队长(村民小组长)一年几十块钱的报酬,事又难办,都躺倒了。躺倒后都要扶,办法就是'哄、捧、劝'。"他告诉我,今春他已经扶起来6个队长。他说,现在不光队长没人当了,连村干部也有很多人不愿干了,他本人就是其中的一个。去年年底躺倒,镇领导劝过他多次,今年正月二十,镇书记又冒雨跑到他家,身上都湿透了,他很感动,答应再干一年。

　　我告诉他我是省报记者,下农村来搞一点调查研究。他听了很惊讶,似乎找到了一个知音似地向我诉苦。他说:"现在当干部,整天手心向下,要钱、要粮、要命(指计划生育),狗要熟了,人要生了,干部群众见面就像冤家对头,这个干部怎么当？"说着说着，他埋怨起国家的粮食定购政策。他说，现在市场上稻子每百斤已涨到50元，而国家定购不到30元，100斤明明要吃亏二十几块钱，社员（农民）当然不愿交。下面不愿交，上面又催得紧，干部三两趟一跑就急了，动硬的扒粮。这一扒就把干群关系扒掉了。你说，城里人吃平价粮，硬叫农村人负担，这合理不合理？得罪人的都是我们基层干部，你说这到底怪谁？主帅无谋，累死三军啊！

我很惊讶，这个自称大老粗的人，竟然讲出这样尖锐的话。没有自己的深刻体会是讲不出来的。这正是"知屋漏者在檐下，知政失者在草野"。

江桥村的调查，使我对基层干部难当这件事，留下深刻印象。后来，我每次下乡，都要和乡村干部啦呱，了解的情况都大体差不多。尤其是落后地区，矛盾更尖锐。于是，我一直调查收集资料，考虑着写一篇为基层干部说话的评论。1993年初，江泽民同志就农村工作，在武汉发表讲话，其中讲到要正确对待农村基层干部。我认为时机来了，酝酿多年的署名评论终于在一版见报。全文如下：

关心和爱护农村基层干部

前不久，某地委书记在谈到解决农村出现的问题时说："现在，农村基层干部处于矛盾的焦点，但许多问题责任并不在基层，各级领导要多为基层担担子。"笔者觉得，这位地委书记的看法是很有见地的。

近年来，我省农村在大好形势下也出现了一些问题，突出的是农民负担重、粮价低、打白条、土地抛荒等等。对这些问题，尽管中央不久前关于农村问题的两个会议已有比较全面的分析，但近一段时期的舆论给人的印象，似乎是农村问题就是农村基层干部的问题。因为这些问题都出在基层，农民告状也只告基层干部，新闻界也不时地把一些违法乱纪的干部曝了光，而有些人对这种情况不作具体分析，今天对基层干部说"必须"这样，明天又说"应该"那样等等。基层干部有很多为难之处，甚至觉得自己是"老鼠钻风箱——两头受气"。

当前，不少地方农民对基层干部确实意见比较大，少数地方干群关系比较紧张。对此，我们要作一些具体分析。应该说确有少数基层干部违法乱纪、吃喝浪费、不干实事等等，群众对他们有意见是理所当然的。对这些干部，要分清问题的性质，给予批评和帮助，甚至依法查处。但另一方面要看到，农村基层工作面对千家万户，难度很大。上面千条线，下面一根针，基层干部一年到头辛辛苦苦,得罪人不说,有些问题也是他们解决不了的。就拿被称为"天下第一难"的农村计划生育工作来说,有谁知道他们磨了多少嘴皮,挨了多少骂?目前农民反映最强烈的负担重问题,其原因也要具体分析。比如,有些项目是"部门出点子、领导拍板子"造成的。还有这也要大办、那也要大办以及没完没了的检查评比,等等,这账也不能算到基层干部身上。至于农副产品收购资金被挤占、打白条问题,则更与基层干部无关。再比如,前几年国家粮食紧张,市场价大大高于国家定购价,很多农民是不愿交定购粮的。为了保国家计划这一头,基层干部不得不挨家挨户动员,甚至采取强制手段。而去年,当市场价低于国家定购价时,农民却得不到保护价。对这样的反差,农民是很有意见的,有意见就要发泄,首当其冲的是与他们常年打交道的基层干部。

当前,我国农村正在由传统的计划经济向社会主义市场经济转变。我们还应把目前农村中出现的问题放在这个大转变的背景中来分析:有些是我们工作中存在的问题,有些是转变过程中的新情况新问题,有些则是转变过程中难以避免的阵痛。因此,我们要把注意力引导到调查研究农村的新情况、解决新问题上,不要把责任都推到基层干部身上。

江泽民同志不久前在武汉说过:党在农村的基层干部是党的重要力量和重要财富,他们肩负的任务很繁重,工作很辛苦,上级党委一定要热忱地关心和爱护他们。江总书记的这个讲话是很有针对性的。当我们在解决农村存在的问题时,请不要忘了关心和爱护基层干部,更不能挫伤他们的积极性。

(原载1993年2月18日《安徽日报》一版 署名:言赅)

这篇评论的效果还是很好的,有人告诉我,他听到不少农村基层干部反映:"省报为他们说了公道话。"一次,我在巢湖市柘皋镇采访,中午在食堂就餐,镇党委书记知道了,一定要向我敬酒,感谢我为基层干部说了公道话。

20世纪90年代,我多次到农村调查国家的粮食定购政策。肥西县山南镇是我调查研究的一个点。1996年10月中旬的一天,在朋友董家育家谈天。谈着谈着,来了几位农民。原来,他们听说老董家来了一个记者,便来向记者"告状"了。告谁?告国家粮站"坑农"状。他们说,国家规定每50公斤中稻,收购价为75元,实际要差一大截。原因就是粮站猛折秤,叫"折秤保价",再好的稻谷,也要折去几斤,高的达十几斤,而且打白条。眼下正值秋种,他们急于买肥料,只好以65元的价格卖给小贩子。小贩子上门收购不折秤,还给现钱,算算账不比粮站差,但比国家的定购价普遍低 15% 左右。

一位农民又念了遍给国营粮站编的顺口溜:"政府催,干部逼,拉到粮站他将铁钎戳,说'一有灰二有瘪',明有扣,暗有折,农民有气也不敢出,最后他们把奖金得。"这个顺口溜远在 1989 年 4 月我来山南镇江桥村调查时,就听说过。现在他们又重提,可见其流传之广。

他们还向我反映,其实很多小贩子与粮站部分职工沆瀣一气,他们收的粮食到粮站去可以卖出好价钱,还可拿现钱。

事后,我又询问了几位退休的乡镇干部,所说的情况大体差不多。

关于国家粮食定购政策的多次调查,使我撰写出多篇关于粮食问题的评论,如 1992 年 10 月 1 日见报的《粮农呼唤保护价》和 1996 年 10 月 28 日见报的《管管那些"宰农"的粮站》,其选题都是在调查研究中提炼出来的。

选题从调查研究中来,这是我写作评论的又一个体会。

关键在于提高洞察力

本书一开头就讲到,发现新闻评论的选题,是一个评判"评论价值"的过程,这个过程反映了评论员的眼力或者叫洞察力。

事实说明,新闻评论的选题存在于丰富多彩的实际工作与社会生活中,需要我们调查研究、深入挖掘。这是发现选题的一个重要条件。但深入下去了,并不等于就能够发现选题,它要求我们具备较高的思想理论水平和政策水平,具有敏锐的洞察力。有深入实际的好作风,又有较高的思想理论和政策水平,两者相结合,才能居高临下,洞察新人、新事、新情况、新问题、新动向,并将其列入选题,作为评论对象,做到新事物正在萌芽时,就满腔热情地为它的成长擂鼓助威,鸣锣开道;同样,当错误思想、错误倾向还处于青萍之末时,就主动劝导,激浊扬清,扶正祛邪,防患于未然。怎样才能做到呢?后面我在评论员的素养一讲中将详细论述。

第四讲 "规定动作"和"自选动作"

根据我的实践,我想借用体育用语,把评论员撰写的新闻评论分为两类:一类叫"规定动作",一类叫"自选动作"。先讲"规定动作"。

"规定动作"的三种情况

体育竞赛中的"规定动作",大家很好理解。什么是新闻评论中的"规定动作"呢?就是上级领导和报社领导要求你必须写的评论。我遇到的"规定动作"有三种情况:

一是编辑部计划中的选题。报社领导在制定一季度、半年或一项重大的报道计划时,同时确定的评论选题,比如,在党的十八大以后,各媒体都要根据中宣部的指示,确定宣传十八大的报道计划,同时也确定了宣传十八大精神的系列评论计划;

二是省里召开重要会议,比如省委扩大会议、"两会"、全省经济工作会议等等,有的会议结束时往往要发社论,结束后为了宣传贯彻会议精神,报社领导往往要从会议精神中提炼出几个评论选题,设有专职评论部的,一般由评论部里的人来撰写,有时也从相关发稿部找几个人来,一人领一个,组织系列评论员文章,叫一论、二论、三论等等;

三是随机性的,即省里领导或报社领导,指定要为某个典型或某篇报道配写评论,这种情况我就遇到过多次。

前两种情况要好办一些,因为时间要宽裕一些。特别是宣传会议精神的,图省事的评论员往往把文件拿来,编编摘摘,略加发挥就行了。第三种情况就不一样了,必须领导满意。1995年,中央某领导来安徽视察,对黄山松大加赞赏,说安徽需要黄山松精神。省里找了几个"秀才",提炼出黄山松精神的六句话,叫"顶风傲雪的自强精神,坚韧不拔的拼搏精神,众木成林的团结精神,百折不挠的进取精神,广迎四海的开放精神,全心全意的奉献精神"。

为了宣传黄山松精神,安徽日报社领导找了几个人来评论黄山松精神,每一句话就是评论的选题,一共是6论,写起来是很费力的。但在党报的体制下,这类"规定动作"必须做好。有时领导要求的时间很短,比如,报社下午开编前会,老总说这个头版头条要配发评论。我接到任务,只有编前会结束前的一个多小时。这个时间内你必须写好,再交到编前会通过。这种情况我遇到过多次,要求评论员有"短平快"的功夫。

"规定动作"要努力做好

实事求是地说,一些"规定动作"是应景之作,还有一些是评论员很不情愿撰写的。但作为党报的评论员,不能从个人的感情和兴趣出发,还是应该从大局出发,站在党和人民的立场上,努力把评论写好,这是评论员的职责。比如,省领导批示某篇报道要配评论发表,如果任务落到你头上,你一定要尽力完成任务,否则报社领导就很难向省领导交代了。比如,前面讲到的黄山松精神,我就"被认领"了一篇,叫《坚韧不拔的拼搏精神》,我虽不乐意,但还是用心地写,当作命题作文来写,当作一种正能量来宣传,结果,该篇获得安徽日报社好新闻月评一等奖。还有其他领导指定我撰写的社论和本报编辑部、本报评论员文章,我都尽力去写好。

实际上,"规定动作"在很多情况下,与评论员的想法是一致的,这种情况更是评论员崭露头角的舞台。我就多次遇到过这种情况。1994年初,中共安徽省委五届十次全体(扩大)会议结束后,为贯彻会议精神,安徽日报社组织撰写系列评论员文章,我"被认领"了一篇关于"增加农民收入"的选题。此题正合吾意!我下功夫收集材料,用心撰写出如下的本报评论员文章:

在增加农民收入上下功夫
——三论贯彻省委五届十次全体(扩大)会议精神

省委五届十次全体(扩大)会议对我省新一年的农村工作提出了新的任务和要求,这就是:"围绕实现小康目标,加快调整农村经济结构,在增加农民收入上下功夫。"

重视增加农民收入,是我省农村奔小康任务的紧迫性和艰巨性决定的。大家知道,安徽的底子本来就比较薄,再加上1991年特大自然灾害的严重影响,我省农民人均收入水平比全国滞后两年多时间。拿1992年的农民人均纯收入来说,我省是573.6元,全国是784元,相差210多元。按1990年不变价计算,2000年前,我省农村每年人均需增收80元,年递增率约10%,才能达到人均纯收入1100至1200元的小康标准。1993年,预计农民人均纯收入可望达到670多元,一年净增100元左右是多年少见的,但扣除物价上涨因素,实际增长率大约是4%—5%。因此,今后7年我省农村总体上达小康的任务仍然十分艰巨。

增加农民收入是我们党在农村各项政策和工作的出发点和归宿。近15年来,我们的农业之所以创造了奇迹,我们的改革开放政策和工作之所以得到农民衷心拥护,正是因为这些政策和工作使农民得到了很多实惠,生活有很大提高。我省农民人均纯收入由1978年的113.3元上升到去年的670元,增长近5倍,就是一个有力的说明。我们的政策和工作能不能进一步得到农民的拥护,农村社会能不能持续稳定,在很大程度上取决于农民的收入能不能持续稳定地上升。因此,今后应当把逐步提高农民生活水平,千方百计增加农民收入,作为考核各级领导特别是农村干部的一项重要标准。评价一个地方的工作,不光要看多收了多少粮食,增加了多少产值,更要看农民增加了多少收入。只有形成了这样的工作目标和指导思想,各级干部才能更好地带领农民致富,并寻找出更多的致富门路。

1993年,我省农民人均纯收入虽然增加了100元左右,但从收入构成看,农副产品涨价因素就占了好几十元。加上总体上的风调雨顺,生产成本相对下降。而从一、二、三产业的收入构成来看,并无明显变化。因此,增加农民收入,出路在于深化农村改革,加快调整农村经济结构。

农业是我省传统优势产业,仍然是当前我省农民收入的主体,任何情况下,这个优势都不能丢。我们要以市场为导向,以增加农民收入为目的,调整好农、林、牧、副、渔内部的产业结构,加快发展优质高产高效农业,使生产出的农产品不但能卖出去,而且能卖个好价钱,并带动高效益、高附加值的加工业和创汇农业的发展。

提高我省农民收入水平,除了大农业本身要继续调整结构外,最根本的出路是要加快发展二、三产业,特别是乡镇企业,逐步使农民的收入主要从依靠农业转向非农产业,这是农村实现小康目标的必由之路。因此,乡镇企业要在注重市场的前提下,千方百计保持大发展的好势头;同时,要通过产权制度和经营方式的创新,以及技术进步,在提高经济效益上下功夫,使农民从乡镇企业的发展中增加收入,得到实惠。

劳务输出,既是增加收入的重要途径,又有利于农民开阔眼界,增长才干。去年,我省外出农民约 500 万,仅从外地汇款一项看,全省农村就比上年增收 10 亿多元。这是一件利在当前、意义深远的大事。各级领导要尊重农民的意愿,因势利导,提高组织化程度,为他们提供有效的服务。

帮助农民增加收入,不仅仅是农业部门和农村干部的事,应当引起全社会的重视。因为只有农民富裕了,城市才会兴旺,国家也才会真正繁荣。让我们为保护农民的利益、为增加农民的收入而共同努力!

(原载 1994 年 1 月 11 日《安徽日报》一版)

这篇评论我没有简单地摘抄会议文件和领导的讲话,而是下功夫收集论据,以数据和事实说话,把文件和领导的精神消化吸收,用自己的话分析我省农民收入滞后的形势,对怎样提高农民收入作了全面的论证,写出了新意,使评论具有较强的针对性和指导性。

还有一次,安徽省委书记委托安徽省人大副主任陆子修同志抓一抓"一报两台"(《安徽日报》、安徽省广播电台、安徽省电视台)关于农村劳动力转移问题的系列报道,同时要求配发系列评论员文章。撰写系列评论员文章的任务落到我的头上,我很乐意地接受了。因为我认为,农村劳动力向二三产业转移,向城市转移,这是农村实现现代化的必由之路。所以我用心写了 4 篇关于农村劳动力转移的系列评论员文章,供 3 家媒体同时采用。4 篇评论员文章受到陆子修同志的称赞。

总之,"规定动作"要努力做好。

更注重"自选动作"

"自选动作"在我的评论实践中,也有三种情况:

一是为自己采写的稿件配写评论。如第二讲提到的《评"官官相护"》和《责任制,灵得很》的评论。由于情况熟,有激情,写起来得心应手。我把这种情况叫做"自拉自唱"。

二是在编辑和审稿中,发现了具有"评论价值"的新闻,欣然命笔,为其配写评论。有编者按、编后话、短评、本报评论员文章等。这种情况在我调回安徽日报社编辑部工作后,经常出现。

三是发现一些重要的社会倾向性问题和大众热点话题,亟待加以引导的。我的大部分评论都是从社会倾向性和热点问题中提炼选题的。有的作为本报评论员发稿,更多的作为署名专栏评论发表。

上述三种情况,我都叫它为"自选动作"。如果说"规定动作"是"要我写"的话,那么,"自选动作"就是"我要写"。"我要写",体现了个性,更能发挥评论员的聪明才智。一家媒体具有个性的评论员越多,那么,这家媒体的评论就越有特色,从而更加丰富多彩。因此,媒体的评论,需要"规定动作",更需要"自选动作",起码,后者是对前者的拓展和补充。就个人来说,我更加注重"自选动作",凡是写得好的一些评论,都是由于我有了写作冲动,有了激情。比如两篇获"中国新闻奖"的作品《"统",不是"归大堆"》、《粮农呼唤保护价》,和获全省好新闻一等奖的作品《少一些愤怒,多一些思考》,以及入选1995年度《中国新闻年鉴》的作品《产权呼唤大市场》,都是这样产生的。

"自选动作"的背后是韧性和执着

"自选动作"贵在评论员有独立的思考,但因为有独立思考,就有一个与报社领导看法不一致的问题。不一致是正常现象,因为各人所处的地位和看问题的角度不同。关键是怎么处理。这对评论员是一个考验。我的做法是:第一,尊重领导的意见,不僵持;第二,检查自己所写的评论是否有不妥之处;第三,在坚信自己的评论没有不妥的基础上,要有韧性和执着,还要讲究方法和策略。我讲一个亲身经历的故事:

1992年,安徽省在发展乡镇企业中,有的领导提出了限期消灭"空白村"的口号,要求所有的行政村,都要办产值达到多少万元的骨干企业。很多人对此有议论,认为它不符合工业建设区域化的规律。我也有同感。为了引导乡镇企业的合理布局,我撰写了一篇署名评论,准备发到《安徽日报》一版的《每周评论》栏目,题目是《从三线厂搬家说起》,矛头直指消灭"空白村"口号,言他人所不敢言。

为什么从三线厂搬家说起呢?在20世纪六七十年代,为了贯彻毛泽东"要准备打仗"和"深挖洞"的指示,国家在深山老林地区,办了很多兵工厂,又叫三线厂。改革开放后,邓小平准确把握了时代的主旋律,认为当前的世界是和平与发展的时代,世界大战打不起来,中国应该抓住这个机遇期搞建设。要求三线厂也要加入到和平建设的队伍里来,逐步实现自负盈亏。但三线厂地处深山,运输线路长,产品成本极高,无法参与市场竞争。于是,一个个都先后搬到地、市级城市,搬到省城,搬到交通沿线。把一座座工厂搬出来,代价很大,谈何容易,启示很深。由此,我想到限期消灭"空白村"。当时,很多村不通公路,甚至有的乡也不通,要求所有的行政村都办骨干企业的做法,是重蹈三线厂的覆辙。

但稿件在编前会审查时没有通过,有的老总说,消灭"空白村"是省领导的意见,省报不能与省领导唱"对台戏"。实际是"为尊者讳",但不能唱"对台戏"又是大实话。我自信我的评论观点没有错,但反思方法欠妥。实际上,省领导对发展乡镇企业也有不同的思路:一方面,有的领导要求限期消灭"空白村";一方面,我省又在阜阳搞工业区试验,推行"1235工程",支持重点县、乡、村,而不是全面开花。我何苦要直指消灭"空白村"口号呢?借助正面宣传的办法,我只要充分肯定工业区试验,讲清集中发展工业的规律就行了。直指消灭"空白村"口号很痛快,但这样做稿件发不出来,效果为零。于是,我重新进行了改写,不提"空白村",对一些尖锐的提法进行了打磨。标题也改为《村办企业不一定办在村里》。这么一改,方式变了,观点没有变。一版是不可能再上了,上理论版,作为理论版的评论总是可以的吧。果然,分管理论版的老总通过了。请看改后全文:

村办企业不一定办在村里

我省发展乡镇企业也需注意布局合理。现在有两种不同的做法:一是有的地方限期要求行政村兴办骨干企业,并规定企业的年产值不得少于多少万元;二是阜阳试验区决定兴办40多个工业区,统筹规划,集中办厂,统一服务。两相比较,后一种做法更符合农村现代化的发展方向。

越来越多的人懂得,发展乡镇企业是农村实现工业化的必由之路。但其发展必须遵循工业建设规律,其中重要的一条就是以城镇为依托,实行区域化。因为发展乡镇企业需要必不可少的基础设施建设,如通水、通路、通电以及畅通的邮电,还包括吃、喝、拉、撒、住设施等等。兴建这些基础设施是需要花钱的。常识告诉我们,统一建比分散建要省得多。我省一些深圩区和深山区,不光很多行政村不通公路,甚至个别乡还不通公路。在这些地方,兴办较大的工业企业是很困难的。过去三线厂搬迁的教训已经提醒我们不能这样做。现在,江浙一些乡镇企业非常发达的地区,还正在花气力治理发展初期出现的"村村点火、处处冒烟"而带来的社会问题。作为后来者,我们不该再走那条弯路了。当然,这样说,并不意味着偏僻的乡村不发展乡镇企业,他们完全可以利用当地的山水资源,兴办集体林场、果园场、渔场、畜牧养殖场以及手工业和服务型集体企业。但要兴办较大的工业企业,则应慎之又慎,确有把握时才可动手。

与农村工业化相联系的是农村劳力逐步向二三产业转移,农业人口逐步向城市转移的问题。发展乡镇企业为这种转移创造了条件。乡镇企业的布局过于分散,也会影响农村人口城市化的进程。笔者作为一个安徽人,很不希望人家说"安徽是一个农业大省"。然而,现实又是不容置疑的:第一,我省工业尤其是乡镇工业,确实比较落后;第二,尽管我省的工业与农业总产值之比大约为7比3,但农村人口仍然占全省总人口的85%。这种状况不改变,"农业大省"的帽子想摘也摘不掉。早在1984年,党中央就对农村发展乡镇企业、劳力和人口的转移问题作了大体的分析和估量:预计到2000年,农业本身最多容纳50%劳力,10%的劳力和人口将进入城市及工矿企业,其余40%将主要进入小城镇,发展乡镇企业。这个分析和估量也是符合我省实际的。因此,站在实现农村现代化的高度来看,我省乡镇企业第一要大发展;第二,在布局上应以小城镇为依托,使发展乡镇企业与小城镇互相促进。我省不少地方已经这样做了,效益极好。远在1988年,报纸上就报道了"当涂县引导乡镇企业向集镇靠拢"的经验。当涂的同志提出:村办企业不一定办在村里,户办企业不一定办在户里。他们形象地比喻企业为一只只帆船,从农村驶向小城镇。船靠码头人上岸,企业办到集镇上,农民便成了小城镇的新居民。当涂人无疑是很有远见的。从我省的省情来看,农村劳力和人口的转移进程可能比较缓慢。但我们必须看到这种转移的大趋势,并努力做好有利于这种转移的各项工作。

本文强调乡镇工业布局要合理,决不等于说山区就不能发展工业。宁国山区就形成了一个初具规模的东部工业带,霍山县建设"'山口'经济带"也是一例。这里,关键在于他们遵循了工业建设的规律,做到了扬长避短,区域开发。

(原载1992年6月4日《安徽日报》 署名:言赅)

这篇修改的评论见报后,得到当时分管"三农"工作的汪涉云副省长的称赞,说:"这篇文章写得好!"

我很幸运,我的评论绝大多数是"自选动作",都得到报社领导的支持。极个别有争议的评论,通过沟通、修改或调整版面,也都得以见诸报端。韧性和执着的背后是责任心,不能打退堂鼓,更不能从个人的感情出发。

第五讲　立论要有新意

新闻评论的选题,确定一篇评论所要论述的对象和范围,至于针对某个论题的对象和范围,确立怎样的观点,作怎样的评价,表明什么样的态度,则是立论的任务,又叫立意。选题和立论是有联系的,但又不是一回事。一般地说,先有选题,后有立论。很多情况下,题到意到,意在题中。如我写的评论《家庭经营承包制要长期稳定不变》、《用科学精神指导抗旱》、《村办企业不一定办在村里》等,就是有题有意。而我写的另一些评论,如《今年没开秋种会》、《丰收后的思考》、《想起三年困难时》等,就是有题无意,题到意不到,题目本身并没有确立观点。在新闻评论中,经常出现这样的情况,就是评论的对象和范围确定了,但不同人写的评论所阐述的观点往往大不相同。比如,对王海打假这件事,新闻界的评论就大不相同。有的评论认为,知假买假索赔,是为恶意,恶意所为,不受法律保护。但也有不少评论认为,王海们是一支重要的打假力量,于社会有益,应该保护。安徽日报社倪志敏同志就写过一篇评论叫《是王海,不是雷锋》,支持了后者的意见。争论了近20年,直到2014年1月,在最高人民法院的一次司法解释中,王海们的打假行为才最终得到法律的保护。上述例子说明,同一个论题范围,可以提出不同的论点。

至于怎样立论,一般的新闻评论教科书上都讲了四条要求:针对性,准确性,新颖性,前瞻性。这是一个全面正确的要求。千古文章,为时而作,任何文章都要有针对性,自古以来都是如此;立论要求正确,这是对任何文章的一个最基本要求。这两条要求,都很重要,但都不是新闻评论立论的特色。至于前瞻性,指的是站得高,看得远,审时度势,见微知著,洞察形势,预见未来,这是一个高标准,我们应当努力追求。我赞成评论学家范荣康的观点,就是新闻评论的立论,最重要的是要有新意。他说,一篇新闻评论,没有一点新意,说的都是老话、套话、妇孺皆知的话,哪怕是百分之百正确,也味同嚼蜡。因此,刻意求新,应该是评论员的毕生追求。杜甫说"语不惊人死不休",我们也可以说"评无新意死不休"。

怎样才能使立论有新意呢？

确立新观点

　　首先，立论要有新思想、新观点、新见解。这是第一重要的新意。清代作家李渔在《闲情偶记》中写道："新也者，天下事物之美称也。而文章一道，较之他物，尤加倍焉。"新，就是论点蕴含新的思想、新的观点、新的见解。论点有新意的评论，犹如带有露珠的鲜花，或撩人胃口，或沁人心脾。很多人都读过韩愈的《师说》，《师说》的一个重要特色在立论新颖。请看文章的第一段：

　　　　古之学者必有师。师者，所以传道授业解惑也。人非生而知之，孰能无惑？惑而不从师，其为惑也，终不解矣。生乎吾前，其闻道也，固先乎吾，吾从而师之；生乎吾后，其闻道也，亦先乎吾，吾从而师之。吾师道也，夫庸知其年之先后生于吾乎？是故无贵无贱，无长无少，道之所存，师之所存也。

　　在"师道神圣"思想占统治地位的封建社会里，敢于提出无贵无贱、能者为师、教学相长的新鲜见解，显然是对旧道德、旧传统的挑战，因而能成为传世佳作。

　　"世事如棋局局新"。时代在发展，历史在前进，人类社会的发展，总是以新事物代替旧事物的。与之相适应，人类总是以新思想、新观念来代替旧思想、旧观念的。特别是在改革开放的年代，新事物、新观念更是层出不穷。因此，立论新颖，不仅是必要的，也是可能的。

　　一种新的理论诞生了，比如党的十三大，社会主义初级阶段理论诞生了，新闻评论要去及时加以解释和传播，使之成为广大群众的指导实践的思想武器；一个时期党中央的大政方针出台了，比如党的十八大报告通过了，新闻评论要去及时加以阐述，使之尽快为人民群众所理解、所接受；改革开放中的新事物萌芽了，新闻评论要去及时进行"催产"，使之尽快破土而出；新旧体制交替、转轨过程中，政治、经济、文化等各个领域中的新问题、新矛盾出现了，新闻评论要去及时"疏导"，引导人们正确分析和认识这些问题，等等。这一切，都为评论立论的新颖提供了可能。换句话说，只要新闻评论的作者及时反映新理论、新观念、新信息、新事物、新经验、新矛盾，回答千百万群众所关心的新问题和他们思想上的新热点、认识上的新疑点、理解上的新难点，新闻评论的论点也就随之有新意了。

"子在川上曰,逝者如斯夫!"事物本身在不断地变化发展,现实生活每天都在前进。只要我们坚持用唯物辩证法看问题,新闻评论中的新论点就会脱颖而出。

"年年岁岁花相似,岁岁年年人不同"。"人不同"、"事不同",世之常理。有些新闻评论虽然评的是社会生活中的老话题,但只要开动脑筋、了解真相,找出"不同"和"差异",紧扣这个"不同"和"差异",亮观点、谈见解、说看法、理思路,照样会写出新意。像一些"老评论"体会的那样:"老调重弹却弹得曲曲动听,旧话新说却说得声声入耳。"

在以阶级斗争为纲的年代,人们没有言论的自由,也没有思想的自由,甚至日记、笔记也被作为思想反动的证据,不光把人与人之间的关系搞得很紧张,还制造了很多"文字狱"。时代变迁了,拨乱反正以后,《工人日报》1986年11月3日发表了一篇题为《尊重个人隐私权》的评论,就阐述了一种保护个人隐私权的新思想。评论提出:

> 个人隐私对他人对社会不产生任何危害,没有公开的必要,别人无权窥视,更不能以此作为"整人"的材料;尊重个人隐私权,是实现人的价值的一个重要内容;尊重个人隐私权是建立宽松的社会环境的重要条件。

这就是时代前进中产生的新观点。这个观点,对此前的中国人来说,闻所未闻,让人耳目一新。

新思想、新观点从哪里来?来自实践,来自群众,来自生活。实践证明,越是接触实际、越是接触群众的人,思想越活跃,越会有自己的新见解。1992年夏季一度大旱,我在调查研究中发现,一些地方提出"全力以赴,不惜一切代价抗旱夺丰收"的口号效果不好。农民和我算账:用3级站4级站提水灌溉代价太大,得不偿失,不如"弃水路走旱路"。受农民的启发,回来后,我写了一篇针对性很强的本报评论员文章,在《安徽日报》一版发表。请看评论全文:

用科学精神指导抗旱

在去年遭受特大洪涝灾害后的今天,我省又面临着严重干旱的威胁,而且旱情还在急剧发展。因此,打一场抗旱攻坚战,夺取农业丰收,对于我省政治、经济和社会的稳定,对于进一步改革开放,加速发展安徽经济,具有十分重要的现实意义。

怎样打好这场抗旱攻坚战?总结历年的经验教训,重要的一条是,在发扬不怕苦、不怕累精神的同时,要坚持用科学精神指导抗旱,用一句老话来说,就是把革命干劲和科学精神结合起来。

坚持用科学精神指导抗旱,最重要的就是坚持实事求是的思想路线,坚持从实际出发确定工作方针。目前,我省旱情的最大实际情况是江淮丘陵地区和一部分山区抗旱水源紧缺;淮河,蚌埠闸以下水位很低,已经难以提到水;皖西五大水库蓄水量有的已接近死库容了;江淮分水岭两侧塘库大多已经干涸。在这种情况下,各级领导要冷静地算算水源账,突出抗旱重点,进行科学调度,以便使现有的水源发挥出更大的社会和经济效益。

哪些是重点?顺序是否可以这样排列:第一,保人畜饮用水;第二,保城市居民生活用水和重点工矿企业的用水;第三,保高产高效农作物及其他即将收获称为"瓢水碗稻"一类的作物。突出重点,需要我们的领导同志有运筹帷幄、指挥若定的大将风度,坚决果断地把水源、人力、物力向重点倾斜。

农业经济是社会主义商品经济的一个重要组成部分。发展商品经济就要讲经济效益。抗旱,实际上是农业生产上的一种追加投入,是投入就要讲究投入产出比。因此,用科学精神指导抗旱,理所当然地要讲究经济效益原则。池州地区在抗旱中对三级站以上的地方,不强求提水灌溉,提倡改种旱作物的做法,就体现了经济效益原则。在发展商品经济的年代,抗旱要算经济账,即尽可能以较小的代价取得较大的经济效益。过去,一些地方曾提出"不惜一切代价抗旱夺丰收"的口号,作为一种决心是可以理解的。抗旱决心不能不大,但下决心时还是要考虑到代价的。因此,抗旱中,保什么,丢什么,补什么,都要算经济账,而且粮食账、经济作物账、工副业账都要全面算,一盘棋统筹安排。

当然,我们讲坚持经济效益原则,还包括全局利益在内。与抗旱有关的供电、石油、农机、水利、农业等部门,不能借口本部门的经济利益而在关键时刻拒绝按党的政策向农业倾斜。各地行政首长要把他们看作是抗旱"一盘棋"上的一个棋子而果断地加以调遣。一切有水源的地方都要千方百计扩大抗旱面积,对有水不抗、有机不开、贻误战机的地方,要追究领导责任。

(原载1992年8月3日《安徽日报》)

我觉得,我的这篇评论与过去的一些同类型的评论相比,有了新的思想、新的观点。过去,一般都是号召性的,什么提高认识、加强领导、全力以赴啦,等等,甚至提出"不惜一切代价"的口号;1958年大跃进时期,还出现了"端起巢湖当水瓢,哪里干旱哪里浇"的豪言壮语。我的这篇评论则用市场经济(当时叫商品经济)的新思想来指导抗旱,因此,有了新意,受到当时安徽省副省长汪涉云同志的称赞。事实说明,新闻评论中大量新的思想、观点和见解,很多来自基层,来自丰富多彩的实际生活。

选择新角度

一篇评论有新思想、新观点、新见解,当然是第一等好事。但报纸上天天都有评论,甚至不止一篇,要做到每篇都有新思想、新观点、新见解,是很难的。如果篇篇都有、天天都有的话,那新思想、新观点、新见解就可能泛滥成灾了。在这种情况下,怎样使评论写出新意呢?第二个办法就是努力选择新角度,寻找新的突破口,另辟蹊径,去阐发相同的主题。角度就好像拍摄景物时镜头所取的位置和方向。随着位置的变化,产生多种不同的角度,或仰或俯或正或侧。许多评论常写常新,不失之雷同,其论点步步深入,不仅给人们以新的启迪,而且有助于克服片面性,一个重要的原因就在于评论员围绕选题,上下左右前后正反,适当变换了立论的角度。比如,计划生育是一个经常性的评论对象,很难写出新意。1983年《人民日报》发表了一篇署名评论《如果所有的母亲都生男孩》,却选择了群众中普遍存在的生女孩"不能传宗接代",而又很少有人触及的角度去评论,指出如果所有的母亲都不生女孩,生了以后都不去养活,"唯一的结果就是所有的家庭都得'断子绝孙'"。这篇评论比那些一般性地批判"重男轻女"封建思想效果要好得多,连不识字的农村老太太听了也承认"是这个理"。后来,《人民日报》又发表了两篇短评,一篇是《也谈传宗接代》,另一篇叫《男女平衡和男女平等》,又从不同的角度对上述问题进行了评论,都评出了新意。

社会现象很多都是复杂的,任何事物都不是孤立的,有些重大的题材,往往本身就有"多侧面",常常不是一篇评论就能说透的。此外,事物都是运动的、发展的,在运动和发展中又会出现新情况、新问题。这些都给评论员选择新角度提供了机会。比如,减轻农民负担是20世纪八九十年代的老话题,很难写出新意,但工作年年抓,评论要年年写,就要选择新角度。由于农民负担问题很复杂,是多方面原因,这就为我们撰写评论选择新角度提供了可能。一开始,对"减负"大都从提高认识、加强领导等角度进行评论。后来,随着对问题认识的逐步深入,我发现,不少地方农民负担重,一个很重要的原因,是和基层干部急于制造政绩,这也大干、那也大干分不开的。针对这个问题,我先后写了两篇评论,叫《农负与政绩》、《"减负"也是政绩》。前者主要论述农民负担重与所谓"出政绩"之间的关系,后者主要论述不要把"减负"与"政绩"对立起来,指出"减负"也是政绩。后来,我又发现,基层干部用加重农民负担的办法来制造政绩,虽然有自身的原因,但与上级不顾实际,这也要"达标"、那也要"达标"分不开。于是我又写了一篇评论叫《基层干部要"减压"》,论述了"农民要'减负'"与"基层干部要'减压'"之间的关系,明确指出:"农民要'减负',必须对基层干部'减压'。"20世纪90年代中期,我写了十多篇有关农民减负方面的评论,几乎每一篇都是在选择新角度的过程中完成的。这样,我就根据矛盾的发展变化,从多方面、多角度论述了农民负担问题,使评论常写常新,步步深入。

寻找新材料

有时候,评论员会遇到这样的情况,就是没有新思想、新观点、新见解,又难以选择新角度。在这种情况下,一个好办法就是寻找新的材料,用新材料去取胜。中国的出路在于进一步改革开放,这是一个老话题、大话题,一般很难写出新意,但我掌握了一些最有说服力的新材料后,写出了一篇《有感于"一个人干了五个人的活"》的署名评论,又使这样的话题写出了新意,请看全文:

有感于"一个人干了五个人的活"

不久前,在报上看到一篇题为《一个人干了五个人的活——裕安区城南粮油中心站改革分配制度的调查》,读后,像王羲之在《兰亭集序》里讲的:"情随事迁,感慨系之矣!"

改革前,这个中心粮站及其下属的7个分站,原先共有职工199人,依法解除劳动关系后,通过竞争上岗,只择优返聘38人,不到原有的五分之一。从人数上看,确系"一个人干了五个人的活"。其实,人少了,干得比过去更好:改革当年,粮食收购量增加102%,销售量增加523%。从这个意义上讲,

第五讲　立论要有新意

一个人干了过去十个人的活。

一个人怎么能干五个人的活呢？不是现在的人特别能干，而是过去五个人干着一个人的活。何故？不是人懒，是体制使然，是大锅饭体制把人养懒了。以国有粮食企业为例，承担着国家指定的粮食购销任务，企业没有自主权，当然也就不可能自负盈亏，于是，躺在国家的怀抱里，大锅饭越吃越香，结果，人越吃越多，越吃越懒。以六安市裕安区粮食系统为例，企业改制前，全系统共有在职职工4836人，企业改制后不存在大锅饭了，只竟聘上岗500人，不到原来的九分之一。是粮食系统的人特别懒吗？不，是国有粮食购销制度造成的。

不光粮食系统，凡是未经改革的国有企事业机关单位，都存在着人浮于事的现象。某机关大院，已有37名正式管理人员，但正式工不干活，又聘了18名临时工，一年光开工资就近百万元。知情人说，过去是正式工不干活，聘请临时工干活；现在，老临时工也不干活了，再聘请新临时工干活。原因是，改革利剑未及，国家大锅饭依然。

从一个人干了五个人的活，我想起一个老同志多年前告诉我的一件事。该同志上个世纪90年代中期曾作为中国农业代表团的成员出访过美国。他回忆说，在机场，迎接他们的是美国联邦农业部28岁的海伦小姐，她开着一辆中巴车，讲着流利的汉语，到机场迎接大家。途中，她用对讲机告诉宾馆，说10分钟后有多少位中国客人到，请安排住宿。届时，宾馆老总带着员工列队恭候中国客人。在整个中国代表团访问过程中，只有这一位海伦小姐接待，她是政府官员，是驾驶员，是翻译，还是导游，一切安排得井井有条。名副其实，一个人干了几个人的活。他说，要是倒过来，我们这儿接待一个大国的代表团，恐怕要几十人忙前忙后哩。他感慨地说，美国为什么富裕，除了独特的自然条件外，说到底是比较完善的市场经济体制促使人干出来的。

改革开放以来，我们确立了社会主义市场经济的经济制度，确立了以公有制为主、多种经济并存的所有制体制，短短二十多年，中国的综合经济实力跃居世界前几位，这是经济制度和经济体制改革的结果。实践证明，改革开放是强国之路。但是，与发达国家相比，我们的人均国民生产总值还很低，我们还比较穷，一个重要原因是我们的市场经济制度还很不完善，还存在着一些几个人只干一个人活的企事业和机关单位。财富是人创造出来的，人靠制度调动积极性。实践还将证明，要使中国进一步强大起来，出路在于进一步改革开放。

（原载2003年6月23日《安徽日报》　署名：言赅）

这篇评论以材料新、材料典型取胜。评论中主要引用了三个典型的新材料：一是裕安区城南粮油中心站改革后，一个人干了5个人的活一事，也就是说，改革前5个人干不了一个人的活；二是某机关大院正式工不干活，聘临时工干活，后来老临时工也不干活，又聘新临时工干活一事；三是美国联邦农业部28岁的海伦小姐，是官员，是接待员，是驾驶员，是翻译，还是导游，独自一人接待中国代表团的事。这三个材料，有过去的，有现在的，有中国的，有外国的，有力地论证了中国的出路在于进一步改革这个大主题。

这里讲的材料，在很多情况下就是新闻由头。因此，发现一个很典型的新闻由头，就可能写出一篇好的评论。20世纪80年代中期，我作为安徽省报长驻巢湖地区的记者，参加巢湖地委召开的县委书记和县长会议，会上一位副专员用"5分钟讲3个问题"，我听后很受启发，觉得这是一个很新鲜的材料，便有感而发，也以《5分钟讲3个问题》为题，写了一篇评论。领导干部开会要讲短话，也是评论经常要写的老话题，但由于我抓住的材料典型，使老主题写出了新意。

运用新语言

评论员还会遇到这样的尴尬：既没有新观点，又选择不到新角度，也找不到新材料。这时评论怎么写下去呢？有一个办法，就是运用新的语言去写出新意。我们可以看到，报纸上每天发表的很多评论中，并不是篇篇都有新的观点，或者是新角度，或者是新材料的。但是，如果一篇评论中能有几句新话，或者换一种说法，用新的语言来表达一种观点，或者这种语言能给人留下深刻印象，这样的评论也会给读者一种新鲜感。如《人民日报》1984年发表过一篇署名短评叫《杜绝"近亲繁殖"》，是针对少数人在班子中培植亲信、拉帮结派的，说不上有什么新观点，但由于作者用了"杜绝'近亲繁殖'"这种新语言，比较形象、生动，仍然给人以新鲜感。还有《新华日报》的一篇评论叫《招聘不是'招亲'》，也以新语言写出了新意。《安徽日报》的《百姓茶座》栏目曾发表过一篇叫《给"土妹子"化化妆》，写的是农产品要搞好包装这件事。商品要搞好包装，也是个老话题，但作者善用比喻。作者说，我们山区的农副产品，质量好，无污染，但不善于包装，就像我们山区的"土妹子"，从来未使用过化妆品一样，进不了大商场，卖不出好价钱。文章用了"给'土妹子'化化妆"这样的新鲜语言作标题，进一步宣传了产品包装，使人过目不忘，同样具有新意。此外,运用新方法论证,往往也可以写出新意,后面"单篇评析"中要讲的"假如法",就是一种选择。

评论员在一篇评论中,努力用新材料、新语言,从新的角度,去论述新的观点,"四新俱全",当然是佳作。如果不能做到"四新俱全",退而求其次,有"三新"、"两新"也不错。把要求降到最低点,起码要有几句新鲜话。如果一句新话也没有,这样的评论只好扔进字纸篓了。

第六讲　论点、论据和论证

新闻评论三要素关系示意图

设计出如下的示意图,旨在使大家形象地了解新闻评论的构架及三要素之间的关系,至于论证的主要方法,我在后面还要专门讲解。

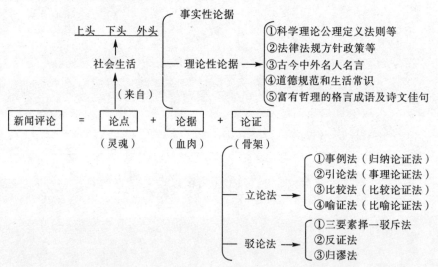

任何事物都有构成它的基本要素。新闻评论也不例外,它像议论文一样,具有三大要素,即论点、论据、论证。三者中:论点解决"主张什么、证明什么"的问题,论据解决"用什么来支撑、用什么来证明"的问题,论证解决"如何来评论、如何来证明"的问题。任何一篇好的新闻评论,都是这三大要素有机组合的结果。心中有了这三大要素,我们在撰写评论时,在确定论点、选择论据和进行论证的时候,就有更大的自觉性,就可以写出观点鲜明、持之有据、言之成理的评论。

论点、论据和论证

什么叫论点?

所谓论点,就是作者对所论的事物或问题的主张、看法和所持的态度。它明确地表明作者肯定什么,否定什么;赞成什么,反对什么;歌颂什么,批判什么,要达到什么样的舆论引导作用。论点是一篇评论的核心。报刊新闻评论的论点,是作者站在党和人民的立场上,以科学的理论为指导,以党的路线、方针、政策为准绳,对客观实际做了周密的调查和认真的分析研究之后,对所论的问题提出的看法、主张和观点,它集中地反映作者对某个事物或问题的基本见解。

论点有两种,一种叫总论点,这是文章的灵魂和统帅,是纲;一种叫分论点,是为了从几个方面说明总论点的,是为总论点服务的,是目,在语文课中,又叫段落大意。

什么叫论据?

所谓论据,就是论点赖以形成的根据和用来证实、说明论点的证据。这里涉及论点和论据的辩证关系。论点是一种思想观念,它来于客观实际,是从客观现实中提炼出来的,这些客观事实就是论点形成的根据。从认识论的观点来看,先有论据,后有论点,从论据中提炼概括出论点。但写文章时,就倒过来了,先确立论点,再加以证明,这些用以证明论点的素材,就叫做论据。

论据大致分为两类:

第一类叫事实性论据。顾名思义,事实性论据,就是用事实作为根据、证据。这类证据是对客观事物真实的描述或概括,具有直接的现实性,因此是证明中心论点的最有说服力的论据。我们常说"事实胜于雄辩"就是这个道理。事实性论据,主要指现实生活中有代表性的人证、物证,以及典型事例、历史资料和统计数字等等。比如,《人民日报》1978年7月22日发表的评论员文章《路遥知马力 日久见人心》中,在证明"中国人不惜自我牺牲,尽力支援越南"这一论点时,用了这样一系列统计数字材料:

> 中国人民不惜自我牺牲,节衣缩食,尽力支援越南,总的援助达到了百亿美元以上,其中绝大部分是无偿的,一小部分也是无息贷款。中国向越南运去了几百万支枪支,几万门火炮,十多亿发枪弹,

以及其他武器装备器材,还运去了成百万吨成套设备材料和成百亿人民币的一般物资,其中包括几百万吨粮食、几亿米棉布、成百台机车、数千辆火车厢、700多艘各种船舶以及数万辆汽车等等。

这就有力地驳斥了当时的越南当局在援越问题上对我国的诬蔑和攻击,发挥了"事实胜于雄辩"的威力。

第二类叫理论性依据。就是用来源于实践,并且业已被实践证明和检验过的正确的理论作为根据、证据。哪些材料可以做理论性论据呢?

①革命和改革理论,如马列毛邓的思想和理论。需要注意的是,一切理论都是相对真理,过时的论点不能引用。还有不能断章取义。要注意,有些伟人的论断,尽管它是客观存在,但实践已证明它不正确、不科学,那也不能引用,譬如毛泽东晚年关于无产阶级专政下继续革命等的错误观点。

②国家的法律、法令,党和政府的政策、决议以及党和国家主要领导人的公开讲话。同样,过时的不能引用。

③历代政治家、思想家、文学家、科学家和知名人士的权威性言论。毛泽东写评论,就经常引用古今中外名人名言做论据。

④公认的道德规范,人人皆知的生活常识,以及反映客观事物本质和规律的科学公理、定义、法则等。

⑤古今中外各种著作中带有哲理性的格言、成语、谚语、歇后语以及诗文中的佳句、炼语等。

什么叫论证?

所谓论证,从形式逻辑角度讲,就是运用和组织论据去说明和证实论点的过程和方法;从写作角度讲,论证过程就是把材料和观点统一起来,组成一个完整的说理体系的过程。

实践告诉我们,一篇评论,是否具有较强的战斗性和说服力,固然主要取决于论点是否正确、鲜明,论据是否充分、准确、可靠,但有这些还不够,还需要围绕论点,恰当地安排论据,进行合乎逻辑的推理,进行严密的论证。论证好像纽带,把需要的论据围绕着论点贯串起来,从而使文章产生令人信服的逻辑力量。

剖析一篇评论的论证方法

为了说明论点、论据和论证三者之间的关系,我想剖析我撰写的一篇专栏评论的论证过程,使大家知道什么是论点,什么是事实性论据,什么是理论性论据,以及怎样用论据推出论点,从而对论证有一个直观的感受。

让企业主人真正到位

今年以来,我省以股份制和股份合作制为主整体推进企业产权制度的改革。据报道,很多改制的企业,出现了"联股联利又联心,一草一木总关情"的情景(**事实性论据**)。股份制使职工真正成为企业的主人(**总论点**),人们为之高兴。

长期以来,流传着一个口头禅,叫"外国有个加拿大,中国有个大家拿"(**事实性论据**)。难免有些夸张,但确有一些有事业心的国有企业厂长、经理为"大家拿"而大伤脑筋。一家县办棉织厂生产手帕,可是在工厂的厕所里,却随时可见被当作手纸的手帕。分管的副县长说:"看了,叫人落泪。"(**事实性论据**)职工是企业的主人不是讲了几十年了吗?为什么主人不爱惜自己的东西呢?为什么主人要拿自家的东西呢?(**诘问推理**)

四十多年来,我们一直宣传工人当家做了主,也一直对国有企业的职工进行主人公思想教育,情况怎么样呢?据报道:山东诸城曾对300名国有企业职工进行过一次调查,所提的问题是:如果看见企业里有人拿东西,你怎么办?在所给的3种答案中,有220人选择了"装作没看见",67人选择"他偷我也偷",选择"与他作斗争"的只有13人。(**事实性论据**)这个调查很能说明问题。

什么叫主人?在经济学的范围内,它首先是一种产权的所有制关系问题。如土地的主人,房子的主人,等等,小两口买台彩电回家,马上就成了这台彩电的主人(**理论性论据**),无需别人对他俩进行教育。四十多年来,我们一直对国有企业的职工进行主人公教育,恰恰证明国有企业职工不是企业的主人。

马克思主义的一个基本原理是人们的社会存在决定人们的思想意识(**理论性论据**)。主人的地位不是别人封的,也不是教育出来的,而是由一种经济存在关系决定的。在一个被认为是12亿人公有的企业里,要把职工教育成主人太难了。对那些不爱惜企业财产的行为,我们可以用加强管理的办法来解决,或归之为"觉悟不高"、"思想落后",来进行教育,但不能从根本上解决职工的主人地位问题。

改革者终于找到了一个好办法,就是进行产权制度的改革,推行股份制和股份合作制,把企业改造成如马克思所说的劳动者共同所有的"联合体"**(理论性论据)**。在这里,职工变成了股东,职工的命运与企业的兴衰息息相关,不用教育,他就会以一个主人公的责任感去关心爱护企业。道理很简单:"一草一木我有份,我不关心谁关心。"在这里,我们不光找到了公有制的实现形式,也找到了我党全心全意依靠工人阶级的实现形式。

无产阶级革命的目的,绝不是使自己和全社会成员都变成无产者,而是要改变自己的面貌,使自己和社会全体成员都变成有产者**(理论性论据)**。因此,对公有制企业实行股份制和股份合作制改造,不光使企业有了真正的主人,而且为无产阶级实现最终目的开辟了通衢大道,其意义是深远的。

(原载1997年9月9日《安徽日报》 署名:言贻)

下面让我们解析《让企业主人真正到位》这篇评论。

"今年以来,我省以股份制和股份合作制为主整体推进企业产权制度的改革"是新闻评论的第一句话,表明这篇评论是对这条新闻进行评论,说明它是一篇真正的新闻评论。

第一段借用报道中的话,提出总论点,即"股份制使职工真正成为企业的主人"。同时,借用报道中的话"出现了'联股联利又联心,一草一木总关情'的情景",作为事实性论据,对总论点进行了简洁的论证。总论点在第一段就开门见山地确立了,并进行了简洁的论证。

第二段和第三段,用事实性的论据,用反证法证明:"在传统的国有企业里,职工不是企业的主人"这个分论点。

第一个事实性论据是"中国出了个大家拿"和工人把手帕当手纸的事实。事实之后,连用三句诘问让人反思。诘问也是一种推理方式。

第二个事实就是山东诸城县的调查。这是一个典型有力、令人深思的事实性论据。

上述两个层次的事实性论据,证明了一个分论点:"在传统的国有企业里,职工不是企业的主人。"这里的逻辑推理是这样的:主人是爱惜自己的财产的(这是公理),(用有力的事实性论据说明)在传统的国有企业里,职工不爱惜工厂里的财产,因此,职工不是企业的主人(推论)。

两个层次的事实性论据一个比一个深入、典型。

第四段和第五段则用有力的理论性论据论证另一个分论点"主人的地位是由一种社会存在关系决定的"。

第一个层次的理论性论据有两个:一是产权理论,二是公认的常识。评论用小两口买电视机这样最普通的日常生活中的事例,说明主人公的地位是一种产权关系,不需要教育,进行教育,恰恰说明不是主人。

第二个层次的理论性论据是最重要也是最有力的。它源于马克思主义的一个最基本原理,即人们的社会存在决定人们的社会意识。从而得出了"主人的地位不是别人封的,也不是单纯教育出来的,而是由一种社会存在关系决定的"的这个分论点,简而言之,"主人的地位是由一种社会存在关系决定的"。论证方法是逻辑推理和演绎。

两个层次的理论性论据也是一个比一个有力。

第六段,用理论性论据和事实性论据相结合的方法,论证了第三个分论点:股份制改造找到了公有制的实现形式。事实性论据是股份制改造后出现的"一草一木我有份,我不关心谁关心"的现象;理论性论据则是马克思所说的建立"劳动者共同所有的联合体"的论述。这一段的论述,深化了股份制改造的意义,即不仅"让企业主人真正到位",而且"找到了公有制的实现形式"。

第七段,也是最后一段,用一个公理,引申开去,论述企业改制的深远意义——无产者变成有产者。这又是一个分论点。进一步深化了总论点。

综上所述,这篇评论论证的思路是:提出问题,分析问题,解决问题。沿着这个思路,把需要的论据,围绕论点,层层深入地进行逻辑推理和论证,有很强的说服力,从而得出结论。近十几年的国有中小型企业和集体企业制度改革的实践也证明了这个结论。

四种常用的逻辑推理形式

前面已经说过,什么叫论证?论证,就是选择和组织论据,运用严密的逻辑推理去说明和证实论点的过程;或者说,论证过程就是逻辑推理过程。这个过程可以这样表示:依据(充分、准确、可靠的)论据→运用(严密的)逻辑推理→得出(正确、鲜明的)论点的逻辑推理,是人们在长期的社会实践中,对客观事物的内在联系和相互关系所作出的抽象概括。它既是认识方法,又是逻辑论证手段。在新闻评论中常用的逻辑推理形式有四种:直接推理、演绎推理、归纳推理、类比推理。

(1)直接推理。

又叫两段论推理,即由一个直接判断前提推导出另一个直接判断结论,就是日常生活中最简单的"因为,所以"的推理。例如:

> 为人不做亏心事,
> 半夜敲门心不惊。

我在《让企业主人真正到位》一文的论证中,一开头就运用了两段论直接推理的方法:

> 改制企业出现了"联股联利又联心,一草一木总关情"的情景,
> 股份制使职工真正成为企业的主人。

这种直接推理是"一步到位"、直截了当地说理,显得明白晓畅。无论是新闻评论,还是日常说理,都经常运用它。

(2)演绎推理。

又叫三段论推理。是以一般原理为前提,对个别事物进行判断,即以一般原理推出特殊情况下的结论。三段论是演绎推理的基本形式。它由两个作为前提(一个大前提,一个小前提)的已知判断而推出一个新的判断,也就是结论,即一个大前提是正确的,一个小前提也是正确的,那么结论也一定是正确的。例如:

> 为人民利益而死,就比泰山还重,(大前提,已知判断)
> 张思德同志是为人民利益而死的,(小前提,已知判断)
> 他的死是比泰山还要重的。(结论:新判断)
>
> （摘自毛泽东的《为人民服务》）

我在《让企业主人真正到位》一文中,其中的一个论证可以归纳为下面的三段论演绎推理,例如:

> 主人是爱惜自己财产的,(大前提,已知判断)
> 很多国有企业职工不爱惜企业的财产,(小前提,已知判断)
> 因此,职工不是企业的主人。(结论:新判断)

又例如,由程薄技同志撰写的《必须追究"买主"的刑事责任》中有一段这

样的论述:

> 我国婚姻法规定,结婚必须具备三个实质性条件和一个形式条件。三个实质性条件是:一、男女双方必须完全自愿……二、男女双方必须达到法定婚龄……三、符合一夫一妻制,不得重婚。一个形式条件是:男女双方必须亲自到婚姻登记机关办理结婚手续,领取结婚证。试问:"买主"对被害妇女的占有,哪一条符合婚姻法?

这一段论证,就是一个非常严密的三段论演绎推理:

> 婚姻法规定,结婚必须具备三个实质性条件和一个形式条件;
> "买主"对被害妇女的占有不符合婚姻法中的任何一条;
> 因此,"买主"对被害妇女的占有不是婚姻,是犯法行为。

《必须追究"买主"的刑事责任》被评为安徽省好新闻一等奖,一个重要原因是多次运用三段论演绎推理,使论证有力、雄辩。这是新闻评论中最常用的一种推理方法。

(3)归纳推理。

如果说,演绎推理是由一般到个别的话,归纳推理则是从个别到一般,即以个别知识为前提推出一般知识的结论。例如:

> 鸡的活动具有时间上的周期性节律;
> 牵牛花的活动具有时间上的周期性节律;
> 青蛙的活动具有时间上的周期性节律;
> 雁的活动具有时间上的周期性节律;
> 人的活动具有时间上的周期性节律;
> ……

由此归纳出一切生物活动都具有时间上的周期性节律的结论。

这就是归纳推理,有点像数学证明中的归纳法。

我在《让企业主人真正到位》一文中,有的论证也可以说是归纳推理,例如:

> 长期以来,流传着一个口头禅,叫"外国有个加拿大,中国有个大家拿"。(事实性论据)
> 一家县办棉织厂生产手帕,可是在工厂的厕所里,却随时可见

被当作手纸的手帕。分管的副县长说："看了,真叫人落泪。"(事实性论据)

据报道:山东诸城曾对300名国有企业职工进行过一次调查,所提的问题是:如果看见企业里有人拿东西,你怎么办?在所给的3种答案中,有220人选择了"装作没看见",67人选择"他偷我也偷",选择"与他作斗争"的只有13人。(事实性论据)

三个事实一个比一个深刻,归纳出一个结论:国有企业职工不爱惜企业财产。叫做"请看事实,请看事实,请看事实"。如果说,依据必然的事情来推论,是演绎推理的话,依据经常发生的事情来推论,则是归纳推理。比如,第一个出现"卖官"现象,可能被认为是偶发事件,那么,出现很多"卖官"现象,并且是前赴后继,那一定是制度上出了问题。"制度上出了问题"的结论是由很多"卖官"现象归纳推理出来的。

归纳推理是在大量例证的基础上摆事实、讲道理,有理有据,是一种很有说服力的论证方式。

(4)类比推理。

类比推理是由两个(或两类)事物的某些属性相同,推导出它们的另一属性也可能相同的一种直接推理。它从"个别"的前提出发,推导出"个别"的结论。我国地质学家李四光,将我国松辽平原的地质结构与中亚的地质结构相同作类比,由中亚地下有石油,推导出松辽平原地下也有石油,从而发现了大庆油田。这是类比推理在科学上的运用。类比推理在评论中的运用则更为常见。例如,《人民日报》有篇荣获全国好新闻一等奖的评论员文章《评朱毓芬之死》,就引用《水浒传》中的王伦来类比当今现实生活中那种工作无能、整人有术的"顶头上司"。评论是这样写的:

《水浒》中有个大家都讨厌的人物——白衣秀士王伦,此人是个心胸狭隘、妒贤嫉能的"小人"。他先是刁难林冲,后又排斥晁盖。梁山泊指望他是兴旺不起来的。历史上有无王伦其人,我们未作考证,但王伦式的"小人"总是有的,不幸我们有些干部也沾染上王伦的恶习。

这种类比惟妙惟肖,既增强了针砭的力度,又增添了行文生动形象、引人联想的说理魅力,也丰富了说理的文化内涵。

类比推理还可以运用于反驳。加拿大前外交官切斯特·朗宁在竞选省议员时,政敌攻击他,说他幼时吃过中国奶妈的奶水,有中国血统,企图贬低损害他,暴露出全人类所反对的种族歧视。朗宁立即运用类比推理,反驳说:"你是喝牛奶长大的,身上一定有牛的血统!"竞选现场立即轰动,人们鼓掌、狂笑。可见类比反驳幽默有力!

需要指出的是,类比推理一定要寻找两类事物的关联度,无关联度的,或关联度不大的,不能用作推理。著名逻辑学家金岳霖主编的《形式逻辑》一书指出:"如果相同的属性与推出的属性之间相关程度越高,那么,类比法的可靠性就越大。"

需要说明的是,掌握四种推理方式非常重要,因为一个不懂形式逻辑的人,是不可能进行有力的论证的。但并不是说,你掌握了形式逻辑,你就会写评论了。并不是任何一位逻辑学家,都能成为高明的新闻评论家。搞概念推理,大概念套小概念,从形式逻辑上看都是正确的,但这不是我们所需要的新闻评论。新闻评论的论证是否有力,首先取决于它的论点是否正确新颖,论据是否充分有力。也就是说,一篇好的评论,是论点、论据和论证的统一体,脱离社会实际,只乞灵于逻辑推理是写不好新闻评论的。

论证方法两大类:立论和驳论

论证的方式方法多种多样,千变万化,但归纳起来主要有两大类:

一类叫立论,即从正面直接论证作者提出的看法、主张。请注意,这里的立论与前面一讲《立论要有新意》里的"立论"含义是有区别的,前面的立论又叫做立意,是确立论点;这里的立论是指论证的一种类别,即正面直接论证。这是被大量采用的论证方式,其中,常用的论证方式有例证法、引证法、喻证法、比较法,等等,下一讲还要详细讲到。立论法一般沿着"提出问题,分析问题,解决问题"的思路论证问题。前面讲的《让企业的主人真正到位》的论证方法就是这样。

另一类叫驳论,是以反驳别人(或论敌)的某种错误观点为主,在反驳错误观点的过程中来论证自己观点的正确性。驳论的基本原则是:坚持摆事实,讲道理,以理服人;严格区分两类不同性质的矛盾。对于思想领域的问题,只能采用说理的办法、讨论的办法、批评的办法。即使对敌人,也还是要摆事实、讲道理,不能搞所谓"我们一定要压倒敌人,而绝不能被敌人所压倒"。至于大量的人民内部的不同认识和错误认识,就更需要耐心说理。我后面要讲的那篇《产权呼唤大市场》一文就采用了驳论法,摆出了两个错误观点:一曰"可惜出了省,肥水流入了外人田";二曰"让私营企业控了股,感情上难以接受"。这些都是人民内部的错误认识,所以我在论证中充分地摆事实、讲道理,不扣任何帽子。

  需要说明的是,立论和驳论在一篇评论中并不是截然分开的,而常常是相互结合,你中有我,我中有你,有时还打组合拳。

第七讲　立论法中常见的四种论证方法

从这一讲开始,我们要讲一讲论证的方法。

文无定法。新闻评论的论证方法也是如此,叫"论无定法"吧。著名的评论员在论证中都各显神通,写出了自己的特色,共同培育着新闻评论的百花园。但是,新闻评论在写作中,从结构、论证乃至文笔、语言诸方面都形成了诸多规范,这是新闻评论在发展过程中,按照文章美的要求和受众的认同自然形成的,是评论员长期共同探索的结果。其中,论证的诸多规范,就是论证方法,也就是"论证有法"吧。"论证有法"和"论无定法",这是论证的两种不同境界。要达到"论无定法",还得先从"论证有法"做起,先学习论证的基本方法,在规范的基础上创新,达到"论无定法"的境界。达到这种境界,你就是撰写新闻评论的高手了。所以,对绝大多数人来说,学一点新闻评论的论证方法,还是非常必要的。

上一讲,我们曾讲到论证的方式主要有两类:一类叫立论法,即直接论证作者提出的看法;一类叫驳论法,即反驳别人的错误观点,证明自己的论点。立论法又有很多方法,下面着重介绍四种常用的论证方法。

例证法

即举例论证法。"事实胜于雄辩"。一般适用于理论性不是太强的论证。这是运用归纳推理进行论证的一种方法,也叫归纳论证法,就是从个别事例的正确,归纳成一般的正确,是由个别到一般的方法。1988年2月12日一篇题为《改一改燃放爆竹的习俗》的评论,就是运用归纳推理,进行事例论证的,文章写道:

> 逢年过节燃放烟花爆竹,是我国的民俗风情,既可游戏娱乐,又增添喜庆气氛。然而,近几年乐极生悲的事故越演越烈。据北京、

天津、上海等10个城市的统计,去年春节期间因燃放烟花爆竹被炸伤2115人;全国烟花爆竹销售总额高达5.5亿元,并造成火警火灾频繁,噪音与污染严重。仅上海一地,前年除夕之夜因燃放爆竹引起的火灾就达62起,在南京路、淮海路等主要街道,留下爆竹残骸45吨之多。上海有过爆竹炸死新娘的社会新闻,欧洲有过足球迷扔爆竹炸昏守门员的记载,可见其危害程度之深广。今年1月18日,我国公安部、国家环保局公布的监测调查表明:燃放烟花爆竹已成公害。

评论用不同地区不同国家的确凿事例,论证了一个观点,即燃放烟花爆竹已成公害。

我写过一篇署名评论,也是用例证法论证的,请看全文:

但愿是"杞人忧天"

近日,有人发表文章说,入世后受到第一轮冲击和挑战的是政府而不是企业。入世,首先是政府入世。我完全赞同这个观点。有第一就有第二,有首先就有其次。这其次是谁呢?笔者愚见,该是垄断部门了。何故?从理论上说明,那是经济学家的事,作为国人,这个结论我是"跟着感觉走"出来的。

前几年,有关部门好心,为我们这些人的政府津贴办了一家银行的龙卡,使用倒也方便。到期我带着身份证和汇款单去续办。好不容易找到办卡处,一看傻了眼,有告示云:每星期只有两个半天办理。我去不逢时。办卡处的人在那儿闲聊,我央求为我办一下,省得再跑一趟。答曰:"这是制度,下次再来。"下次,我再也没有去了。我不知道这样的告示现在还有否。

远期的"感觉"很多,不足为奇,然而,近期的却接踵而至。

年前的一天,我带着身份证和汇款单去一家邮政门市部取一笔被退回的汇款,遭到拒绝,理由:汇款收据未同时带来,并说这是部里的规定。我说,就算部里有规定,而且这个规定是正确的,为什么在退款通知单上不作说明呢?大堂值班承认是不周之处,但她们还是"忠于职守"。我百思不得其解:我有什么过错,要受到再跑一趟的"惩罚"呢?如果说,上述国有银行只是准垄断部门,我可以与它"再见"的话,那么邮政则是完全的垄断部门,你奈它何?

开年第二天,我带着自己和老伴的身份证,到住地附近的一家农行储蓄所为老伴取退休金。原来,老伴的单位在郊区,单位就近为她的工资开了户。按这家银行通存通兑的规定,可以凭密码取款,也可以凭身份证。老伴选择了身份证。这一次我又遭遇"拒绝",理由是:上级有新规定,从2002年1月1日起,取款必须凭密码。我与其理论:年前凭身份证还取过款,怎么说变就变?再说,约定用身份证取款,是储户与银行的一种契约关系,怎能单方毁约呢。从营业员的神情看来,我说的不过是迂腐之言。

听说西方人喜欢打官司,国人也屡有学"秋菊"讨"说法"的事儿,我等老朽加书生不敢学"秋菊",只能空头议论。作为一名顾客,屡屡遭遇"拒绝",于是就找到了一个"感觉":入世的过渡期后,洋人来了,怎么应对?但愿这是"杞人忧天"。

(原载2002年1月16日《安徽日报》 署名:言赅)

评论中写了3个翔实的事例后,提出了一个"入世的过渡期后,洋人来了,怎么应对?"的问题,敦促这些垄断和准垄断部门要改革。3个事例,每一个都可以独立成篇,但叠加在一起,经归纳后,得出的结论自然更加有力。

这种论证方法,在具体运用时,要注意所列举的事例必须具有典型性,事实与论点之间,必须有内在的逻辑关系,否则很可能成为简单的观点加例子,以例代证,缺乏说服力。

引证法

即事理论证法。其特点是引用已被证明的、公认的道理、原则或理论,来论证未被证明的、个别的、具体的论点,是一个从一般到个别的论证过程。

首先请看我写的一篇署名评论:

面向现代化 学习新知识

不久前,笔者听到济南市一青年干部自豪地介绍:他们市要求40岁以下干部都要"三学",就是学电脑、学外语、学汽车驾驶。目前正在有计划地举办培训班。无独有偶,最近从报上看到,南京市委组织部也要求50岁以下干部都要接受电脑和外语培训考核。透过"三学"、"两学"的要求,人们看到这两个市领导的远见卓识。他们面对现代化,正在要求干部学习新知识。

众所周知,我们国家正在由传统的社会向现代化社会过渡。现代化社会要求高素质的人与其适应。可以设想,如果我们现在招聘公务员,都要求具有"三会"(会电脑、会外语、会驾驶)和"两会"(会电脑、会外语)的能力,恐怕很少有人能够入聘。西方经济学中讲的结构性失业,就是因为有一些劳动者缺乏新的产业技能而失业的。中国在实现产业结构调整中,也会遇到这种情况。

也许有人会说:什么学电脑、学外语、学驾驶,离我们远着哩!此乃无远见之谈。君不见,改革开放以来,中国的现代化不正在悄悄地到来吗?十多年前,有几个人见过电脑?如今已堂而皇之走向了许多办公室,并开始步入家庭,上海已有近8万户购置了家用电脑。至于学外语,很多人早捷足先登了。"合肥英语之角",十几年来长盛不衰,就是一个有力的证明。人是需要有一点远见的。马克思说过:"工业较发达的国家向工业较不发达的国家所显示的,只是后者未来的景象。"我们也可以说,发达国家现代化的今天,就是我们的明天。但是,我们现代化的明天,要靠具有现代化素质的人去创造。因此,我们每一个人,特别是跨世纪的年轻干部,都应该刻苦学习现代科技知识。

改革开放以来,我们的干部队伍朝着知识化、专业化方向迈出了一大步,多数县以上领导具有大专以上的文化程度,但这并不意味着大家都掌握了现代科技知识。现在是"知识爆炸"时代,据统计,人类有史以来90%以上的科学技术知识是近30年积累的。现代科技发展,一日千里,新发明、新创造、新理论层出不穷,知识更新异常迅速。因此,我们的干部,不论是谁,都有重新学习的必要。尤其对领导干部来说,只有不断用现代科技知识充实自己,才能增强工作中的科学性和预见性,才能提高决策水平和领导艺术。列宁曾说过:"只有用人类创造的全部知识财富来丰富自己头脑,才能成为共产主义者";今天,我们可以说,只有用现代科技知识武装头脑的人,才能成为一个称职的领导干部,才能领导好社会主义现代化大业。

现代科技知识浩如烟海,我们的干部不可能什么都学,但完全可以根据自己的实际情况选学一些现代科学技术基础知识,努力使自己的知识面相对广一些、深一些,甚至在某些方面有所专长。至于学电脑、学外语、学驾驶,应从各人的实际出发,不能都作"一刀切"的要求,但对每一个有远见的年轻干部来说,都应该主动自觉地学习,因为这些只是进入现代社会的基础知识和技术。

第七讲　立论法中常见的四种论证方法

"知识就是力量",培根的这句名言700多年来鼓舞了千千万万有志青年去探索科学的殿堂。历史翻到了20世纪90年代,目前世界上流行着一句名言叫:"未来的文盲不再是不识字的人,而是没有学会怎样学习的人。"让我们以刻苦学习新知识的实际行动,去迎接中国社会主义现代化的到来。

(原载1994年9月7日《安徽日报》 署名:言赅)

这篇评论引用了哪些已被证明的、公认的道理、原则或理论?至少有4处:

马克思说过:"工业较发达的国家向工业较不发达的国家所显示的,只是后者未来的景象。"

列宁曾说过:"只有用人类创造的全部知识财富来丰富自己头脑,才能成为共产主义者。"

"知识就是力量",培根的这句名言700多年来鼓舞了千千万万有志青年去探索科学的殿堂。

目前世界上流行着一句名言叫:"未来的文盲不再是不识字的人,而是没有学会怎样学习的人。"

这4个公认的原理和名言,经推理和论证后,有力地支撑了"跨世纪的中青年干部,必须学习现代化新知识"这个论点。

毛泽东在《矛盾论》里,曾经引用了诸如孙子《谋攻篇》中"知彼知己,百战不殆"和唐代宰相魏征所说的"兼听则明,偏信则暗"等名言来论证自己的观点。至于毛泽东在文章中引用鲁迅的话就更多了。

在评论文章中引用经典著作中的精辟论断,引用古典文献中的一些典故或民间流传的故事,引用著名大师的格言,引用有关报刊文章中的论述、观点等等材料作为论据,来论证自己的论点,使之言之有据、持之有故、言之成理,是一种常用的论证方法。但引证时要注意以下几点:

第一,引证要准确,切忌断章取义、牵强附会。"文革"中各派打"语录战"就是最典型的断章取义;

第二,引证要恰当,不宜引证过多,不能以引代证,即不能以别人的观点代替自己的论证。在很长的一段时间内,我们的很多文章大量引用毛泽东和邓小平的语录,不加论证,然后就"得胜回朝"了,这是一种很不好的文风;

第三,不要滥用,只在最必需的时候才引用,引用的材料要力求新鲜引人。

比较法

比较法即比较论证。有比较才能鉴别。比较是认识事物和说明事物的好办法。比较法中,常用的有对比法。1984年1月8日《人民日报》的专栏评论《"夏令营的较量"的深思》,就非常精彩地运用了比较法。请看其中的部分对比议论:

这次夏令营是一次草原探险,30名中国孩子与77名日本孩子进行了一番较量。刚上路时,日本孩子的背包装满了食品和野营用具,而有些中国孩子的背包却几乎是空空的,才走了一半路,粮尽水光,只好靠别人支援。

运输车陷进了泥坑里,许多人都冲上去推车,连当地老乡也来帮忙,可有位少先队"小干部"却站在一边高喊"加油",看来是当惯了"官儿",从小就习惯于指挥别人。

野炊的时候,凡是又白又胖抄着手啥也不干的,全是中国孩子,中方大人批评他们:"你们不劳而获,好意思吃吗?"可这些孩子反应很麻木。

在中国的草原上,日本孩子用过的杂物都用塑料袋装好带走,可中国孩子却走一路丢一路东西。

更让人忧虑的是,中国孩子病了回大本营睡大觉,日本孩子病了硬挺着走到底;日本家长乘车走了,只把鼓励留给发高烧的孩子;中国家长来了,在艰难路段把儿子拉上车……

通过对比,显示了两国少年在基本素质上的明显反差,触及了中国学校和家庭在教育孩子问题上所存在的严重弊端和不足,文章也由此引发出发人深思的议论:

在这一连串的鲜明对比面前,每一个有责任心的中国人,有何感想?难道能不感到愧疚和忧虑?当听到日本人在草原上不加掩饰地表露说"你们这一代孩子不是我们的对手"时,难道还不猛醒?!……

夏令营中暴露的问题发生在孩子们身上,根子却在大人身上。……

这样的对比,大大增强了评论的说理性和感染力。

还有一种叫类比法。这是一种根据两个(两类)事物某些属性相同或类似,推导出它们的其他属性也可能相同的论证方法。《人民日报》1986年5月11日署名评论《"庞涓"不该整"孙膑"》中有两段话就是类比:

> "煮豆燃豆萁,豆在釜中泣。本是同根生,相煎何太急!"这是1000多年前曹植哀怨"兄弟相煎"的诗句。不料,今天有些知识分子也因自己的遭遇触发类似的感叹。……
>
> 如果说历史上的庞涓整孙膑,除了嫉贤妒能,也还是"各为其主",那么,今天我们的知识分子,不管台上的,台下的,报效的是同一个祖国,献身的是同一个事业,"庞涓"怎能整"孙膑"呢?

曹丕曹植兄弟相煎、庞涓孙膑同学相整,与今天的某些同行当冤家、知识分子整知识分子,有类似之处,在"相整"这一点上,属性是相同的,且具体形象,颇有说服力。

对比和类比还经常运用横比、纵比,这里不一一讲了。

喻证法

即比喻论证法。有的问题道理比较抽象,不容易直接把道理讲清楚,这时如果用一个恰当的比喻,即用人们容易理解的浅显的事物或道理,来说明不容易理解的深奥的事物或道理,就能生动地把道理讲得深入浅出,给人以鲜明的印象,这叫"喻巧而理至"吧。清代一个叫陶曾佑的人,在谈小说创作时说:"凡举宙合之事理,有人群所未悉者,庄言以告之,不如微言以示之;微言以示之,不如婉言以明之;婉言以明之,不如妙言以喻之。"虽然他指的是写小说,写评论也可以"妙言以喻之"。

《安徽日报》1995年7月18日发表的王畅平同志撰写的评论《让智力自由生发》,为了针砭我国教育中的一大弊端,作者在文章开头就引用著名语言学家吕叔湘先生关于培养人才的一个精巧的比喻,他说:

> 教育的性质类似农业,而绝不像工业。工业是按规定的工序,把原料制造成为统一规格的产品;农业呢,是把种子撒到地里,给它充分的、适合的条件,如水、阳光、肥料等等,让它自己发芽生长,自己开花结果。

这个妙不可言的比喻很有穿透力,把中国教育缺乏个性的问题讲到了点子上。

我曾经写过一篇工作通讯,叫《"引狼入室"的效应》,并配写了一篇评论,文中也引用了一个比喻,叫"鲶鱼效应",评论写道:

> 写完这篇通讯,想起了一个关于渔民的故事。渔民出海捕鱼,把捕到的鱼放在船上养起来,可是,很多鱼都死了。后来,一个渔夫无意中把一种很凶狠的鲶鱼放入养起来的鱼群。晚上回家,渔夫发现,养着的鱼儿个个活蹦乱跳。原来,鱼儿害怕鲶鱼,个个争相游动。生命在于运动,于是鱼儿都活下来了。
>
> 经济学家把这种现象叫作"鲶鱼现象",比喻竞争的威力。
>
> 无为县木材公司"引狼入室"的效应,与"鲶鱼效应"何等相似!这种"引狼入室"的勇气是非常可贵的。

任何比喻都有局限性,不能完全代替论证,关键要进行具体分析。我接着分析道:

> 其实,个体、私营经济和三资企业不是"狼",而是多种经济成分中不可缺少的组成部分;另一方面,它既是"鲶鱼",又是"狼",它们已经"吃"掉了一些公有制企业,同时,它们本身也在不断地生生死死。这种"吃"和生生死死,有利于资源的优化配置;更重要的是,它们的出现,打破了公有制经济一统天下的局面,使各种经济成分在竞争中得到提高,迫使公有制经济转变经营机制,应该说,这是"狼"们的最大功劳。谁害怕竞争,谁就会在竞争中被淘汰。这是市场经济的法则。

接着,我又把议论引向深入,我写道:

> 过去,我们曾把发挥国营商业的主渠道作用当作口头禅,其实,主渠道的地位不是自封的,也不是别人赏赐的,而是在竞争中形成的;同样的道理,公有制企业的主体地位也只有在竞争中形成,出路在于深化改革。

在运用喻证法时,要注意比喻是否恰当,比喻只是一种论证方法,不能用比喻本身来代替整个的论证,否则就产生"以喻代证"的毛病。

第八讲 驳论法

前面已经讲过,论证的方式方法多种多样,但归纳起来主要有两大类:一类叫立论,即从正面直接论证作者提出的看法、主张。另一类叫驳论,是以反驳别人(或论敌)的某种错误观点为主,在反驳错误观点的过程中来论证自己观点的正确性。这里主要讲驳论法。

什么是驳论?

为了使大家从直观上知道什么是驳论,请看我写过的一篇署名评论:

产权呼唤大市场

据报道,蚌埠市在优化资本结构的试点中,曾将原市柴油机厂和市饲料公司的资产作跨省流动:前者,成建制地并入徐州工程机械集团;后者,则与四川一家很大的民营企业成都希望集团"合营",成立"蚌埠希望饲料有限公司",且让对方控股60%。这两件事曾引起很多非议。

一曰"可惜出了省,肥水流入了外人田"。现在,在搞活企业的产权流动中,如果是在本地区或本行业进行,一些同志尚能理解,一旦跨地区跨行业流动,认识马上就进入了误区。其实,在市场经济条件下,资产总是向着效益高的地方流动。一般地说,范围越大,资产在流动中可选择的余地就越大,资产得到优化配置的可能性也就越大。跨国公司的出现,表明资产早已在世界范围内流动组合,我们仅仅是出省流动,有何可惜的呢?再说,在资产流动中,对劣势企业的兼并、拍卖、租赁、转让等,是以存在相应的优势企业为前提的。范围越小,存在相应优势企业的可能性就越小,因此通过产权流动搞活企业的可能性也就越小。既然如此,我们何苦要画地为牢呢?至于"肥水流入外人田"之说,更是缺少分析。市场经济条件下的产权交易,一般地说是按等价交换原则进行的,总是互利的,不存在单方面肥了"外人田"。就拿成建制地并入徐州工程机械集团的"蚌柴"来说,并入前,账面亏损1000万元,财政补贴800万元,负债4000万元,恐怕早不是"肥水"了。并入后,虽然蚌埠方面没有了原徒有虚名的"蚌柴"产权,但却换来了徐州方面对"蚌柴"巨额投入及其所产生的社会效益:税收、就业等等。此举不仅没有"肥水外流",恰恰相反,还用"死水"引来了"肥水"。

二曰"让私营企业控股,感情上难以接受"。这又是一个认识误区。在这些同志看来,如果国有资产在国有企业之间流动,尚能接受,与集体企业"联姻"也还勉强,但一旦与私营企业沾了边,就不能接受了。这是又一种画地为牢的做法。资产向效益高的地方流动是不受所有制性质限制的。在这个流动和重组过程中,多数企业将形成你中有我、我中有你的局面,从而变成产权多元化的混合所有制企业,这正是我们建立现代企业制度的需要。以公有制为主体,并不意味着公有制是纯而又纯的。"感情上难以接受"之说,说到底还是被姓"资"姓"社"的问题束缚了手脚。我们还是要讲邓小平提出的"三个有利于标准"。

产权流动呼唤统一开放、跨地区、跨行业、跨所有制的产权大市场,让我们冲破思想牢笼,为逐步建立这样的大市场而努力。

(原载1995年11月2日《安徽日报》 署名:言赅,入选1995年度《中国新闻年鉴》)

上述评论的论证方法属驳论。开头一段是新闻由头,提出问题。接着先后摆出两个错误观点:一曰"可惜出了省,肥水流入了外人田"。二曰"让私营企业控股,感情上难以接受"。然后逐一加以澄清,得出产权流动需要大市场的论点。

驳论法是把论点推向前进的一种很重要的论证方法。"真理越辩越明"。有矛盾、有交锋,才有发展。恰当地使用驳论的方法,可以使评论尖锐泼辣,波澜起伏,富有生气。不懂得运用驳论的方法,评论就难免坐而论道,平铺直叙,读来乏味。

对驳论,我们要作广义理解。在阶级斗争为纲年代,驳论泛滥成灾,基本表现形式是"五子登科":一摆靶子,二扣帽子,三打棍子,四定调子,五指路子。事实上,作为广义的驳论,并不只有对敌对的论点才需要批驳,在人民内部,对一些错误思想的批评,对一些错误观念的劝导,对一些糊涂认识的澄清,对一些不同意见的商榷,也是需要大量采用驳论这种形式的,只是不用

"批驳"、"驳斥"之类的话语。比如,上述评论中的两种错误认识,都是人民内部的不同认识,我把它们定位于"认识误区",我在论证中充分地摆事实、讲道理,不扣任何帽子。

驳论的基本原则是:坚持摆事实、讲道理,以理服人;严格区分两类不同性质的矛盾。对于思想领域的问题,只能采用耐心说理的办法,讨论的办法,批评的办法。即使对敌人,也还是要摆事实、讲道理,不能搞所谓"我们一定要压倒敌人,而绝不能被敌人所压倒"。鲁迅说过:"辱骂和恐吓决不是战斗。"

需要说明的是,立论和驳论在一篇评论中并不是截然分开的,而常常是相互依存、互相渗透的,你中有我,我中有你,经常打组合拳。比如,我在上文的论证中,总体是驳论法,但在驳论中,我又采用层层深入的分析方法,心平气和,从正面直接论证作者提出的看法,这就是驳论中有立论。

三种常用的驳论法

(1)反证法

数学中就有一个反证法,我记得证明三角形的两边之和大于第三边,就是用的反证法。一个长度与另一个长度的关系只有三种情况:大于、等于和小于。老师证明方法是:假如两边之和小于和等于第三边,那么,这个三角形就不存在,从而只有一种情况成立,就是两边之和大于第三边。

新闻评论中的反证法是怎么回事呢?顾名思义,就是不从正面直接来论证自己的论点,而是从反面间接地论证自己的论点。这种方法有时表现为:以事实、事理证明同自己论点相对立的论点是错误的,从而证明自己的论点是正确的;有时又表现为:为了证明对方论点是错误的,先证明与其相矛盾的论点是正确的,从而以后者的正确证明前者的错误。如毛泽东为新华社写的重要评论《丢掉幻想,准备斗争》中有这样一段:

> 共产党是一个穷党,又是被国民党广泛地无孔不入地宣传为杀人放火,奸淫抢掠,不要历史,不要文化,不要祖国,不孝父母,不敬师长,不讲道德,共产共妻,人海战术,总之是一群青面獠牙,十恶不赦的人。可是,事情是这样地奇怪,就是这样一群,获得了数万万人民群众的拥护,其中也获得了大多数知识分子尤其是青年学生们的拥护。

文章没有直接证明共产党没有杀人放火等等,而是用事实证明这个论点:中国共产党已获得数亿人民群众的拥护。

在前面讲到的《让企业主人真正到位》的论证中,在第二、第三段的论证中,实际用的也是反证法。方法是先假设"40多年来,我们一直宣传工人当家做了主"是正确的。然后用一个又一个的典型事实说明,工人不爱护企业的财产,从而证明,工人不是企业的主人。

虽然反证法在论证中不经常运用,但偶尔为之,往往会收到出其不意的效果。

(2)归谬法

先假定对方论点是正确的,然后以其作为前提,一步步推导下去,得出一个十分荒谬的结论,从而使对方的错误观点不攻自破。这就是归谬法。它与反证法近似。是一种间接反驳论点的逻辑方法和说理方法。

1983年3月7日,《人民日报》刊登了一篇署名评论,叫《如果所有的母亲都生男孩》,就是典型的归谬法。当时的背景是:由于重男轻女的封建传统影响,在一些农村出现了一些怪现象,如果母亲生了女孩,不但女孩有被溺弃的危险,母亲也会遭受种种虐待。其"理由"之一就是,女的不能传宗接代。对此,文章对上述观点用归谬法进行批驳。请看全文:

如果所有的母亲都生男孩
癸 亥

现在有一些地方(主要是农村)由于重男轻女的封建传统影响,如果母亲生了女孩,不但女孩有被溺弃的危险,就是生女孩的母亲也有遭受各种虐待的危险。当然,事实如果已经触及刑律,必须依法惩处,但是主要还是得依靠思想教育。那些重男轻女者的重要"理由"之一是女孩长大了劳动赶不上男孩(其实在农村实行多种经营以后,女的在许多工作上并不比男的差,甚至还比男的强)。但是,重要的"理由"却是,女的不能传宗接代。

姑不论生男生女本来决定于夫妻双方,如果不该生女孩,丈夫一样该挨打受骂,就算母亲不该生女孩,生了也不该养活,于是怎么样呢?唯一的结果就是所有的家庭都得"断子绝孙"。因为任何人都知道,男人和男人不能结婚,也不能生孩子。所以溺弃女婴和逼得生女婴的母亲走投无路,才真正会使家家户户都不能传宗接代。

第八讲 驳论法

那么,怎样才能家家传宗接代呢?在一对夫妻只生一个孩子的情况下,只有一个办法,就是要使出生长大的女孩,同出生并且长大的男孩,数目大致相等(只要不残害女婴,男女的数目自然会大致相等),并且要使这些女孩和男孩都是能够生育的,没有不能生育或患有不允许生育的疾病的。道理非常简单:这样他们才能配成夫妻和生儿育女,因而家家户户才能够传宗接代。不但不生女孩不行,就是生出的孩子中,男孩多女孩少也不行。如果男孩与女孩二比一之比,那就有一半男人找不到女人结婚。这个简单的算术,我认为现在必须赶快向家家户户去普及,因为男女比例失调的情况现在已经开始出现了。

有人说,生了女孩的家庭,将来女孩还是要到男家,所以他们还是不能传宗接代。其实这是封建思想在人们头脑里留下的镣铐。女方到男家和男方到女家完全是一样的。我国的傣族从来就男方到女家,他们还不是传宗接代到现在?事实上的问题,只是在一段时间里,一对夫妇要奉养两对父母。但这只是几十年时间的问题(因为一对夫妇只生一个孩子只是几十年时间的政策),而这个问题将来完全不难解决,现在完全用不着忧虑。现在真正值得忧虑的问题,就是如果不赶快打破重男轻女的思想,造成男多女少,将来会有许多男人找不到女人,这才是一个无法解决的大问题。

评论从所有的母亲都生男孩这个前提出发,层层论证,得出的"唯一的结果就是所有的家庭都得'断子绝孙'。因为任何人都知道,男人和男人不能结婚,也不能生孩子"。果真如此,人类将会灭绝。这是一篇脍炙人口的驳论,发表后,效果很好。很多农村老太婆看了,也都说是这个理。归谬法的前提是假设的论点必须是荒谬的。

记得20世纪60年代初,赫鲁晓夫反斯大林,甚至咒骂:"斯大林早死10年,那该多好啊!"当时我国的一篇评论用归谬法批驳。评论写道:

> 谁都知道斯大林是1953年3月逝世的,早死10年是1943年3月,正是苏联反法西斯战争进入最艰苦的岁月。那时谁最希望斯大林去世呢?希特勒!

摒弃当时中苏意识形态争论中的是非不说,就事论事地说,这一归谬法的运用,妙不可言,说服力很强。

又如,在一篇题为《警惕李登辉的"台独"言行》的评论中,针对1994年李登辉妄称国民党是"外来政权",也采取归谬法,直接批驳。因为李本人是国民党主席,又是"国大"选出的"总统",如果说国民党在台湾是"外来政权",不合理,则李自己的权力基础不也就因此而不存在了吗?显然李登辉在逻辑上犯了致命错误。这叫以子之矛攻子之盾。

需要注意的是,运用归谬法,根据对方论点所推出的结论,其荒谬性必须是显而易见的,而且是自然推出来的。否则,便不宜采用这种方法。这就要求作者有很高的政治理论水平和洞察幽微的剖析事物的能力,做到匠心独运,居高临下。

(3)三要素择一驳斥法

这种情况在不同观点的交锋中经常出现,如前面曾说过,对王海打假这件事,新闻界的评论就大不相同。有的评论认为,知假买假索赔,是为恶意,恶意所为,不受法律保护。但也有不少评论认为,王海们是一支重要的打假力量,于社会有益,应该保护。于是,各方开展了交锋。交锋中,常见办法是采用三要素择一驳斥法。正如鲁迅先生所说:"历举对手之语,从头到尾,逐一驳去的方法不可取。应正对论敌之要害,仅以一击给与致命的重伤。"新闻评论由论点、论据、论证三大要素组成。像人一样,其中论点是灵魂、是头脑,论据是血肉,论证则是骨架,缺一不可。而在反驳中,只要驳倒其中一个要素,就达到了"仅以一击给与致命的重伤"的目的。而且要选择哪一个最容易驳斥,叫攻其弱点。大家看大学生辩论会实况转播,会发现这种驳斥方法异常精彩,使辩论会高潮迭起。

一是驳斥其错误的论点。

比如,有评论在赞美拾金不昧时,用了"闪烁共产主义的思想光辉"的评语,在评论舍己救人时,更是"又一曲壮丽的共产主义乐章"。这样的错误观点是显而易见的,因为拾金不昧、舍己救人的事迹,千百年来皆有之,是中华民族的传统美德。

再如,曾有一篇评论标题是《共产主义是中华民族的精神支柱》,调子很高,影响很大,却引起很大的争论。有人写文章用两个论据首先驳斥其论点有问题:一是中华民族五千年,而共产主义思想只有150多年;二是中华民族包括56个民族和不同信仰的人,我们不能把共产主义思想强加于他们。两条把对方的高调论点给化解了。

二是揭穿对方论据虚假或论据不足。

如针对有人把农业责任制与资本主义单干等同起来的说法,《辽宁日报》1980年11月6日发表的范敬宜撰写的评论《单干辩》,就是直接驳斥对方支撑论点的论据——单干上。指出：

> 把这样的责任制斥为资本主义的单干,实际上把生产资料的占有方式和劳动方式混为一谈,把责任制和所有制混为一谈。概念上混乱,造成判断上的错误。

接着分析：

> 单干并不是资本主义的特征,资本主义的特征是资本家占有生产资料的基础上使用雇佣劳动剥削剩余价值。就劳动方式来说,无论是体力劳动还是脑力劳动,都有集体劳动和单独劳动的不同方式。

论据是支撑论点的,驳倒了对方用以立论的论据："把生产资料的占有方式和劳动方式混为一谈,把责任制和所有制混为一谈",那种把责任制斥为资本主义的论点自然不攻自破。

三是分析对方论证的方法不合逻辑,进而否定其论点。

就是找出论证中的破绽,加以一击。其中一法就是"以子之矛,攻子之盾"法。

如毛泽东写的《唯心历史观的破产》,在驳斥艾奇逊的中国"革命发生是由于人口太多的缘故"时写道：

> 古今中外有过很多的革命,都是由于人口太多吗?中国几千年以来的很多次革命,也是由于人口太多吗?美国174年以前的反英革命也是由于人口太多吗?艾奇逊的历史知识等于零,他连美国独立宣言也没有读过。华盛顿杰佛逊们之所以举行反英革命,是因为英国人压迫和剥削美国人,而不是什么人口过剩。

用中国和美国自身的事实,说明艾奇逊的说法犯了逻辑上的错误,从而驳倒了他的谬论。

第九讲　新闻评论的文风

评论要有个人风格

什么是文风？2012年第6版《现代汉语词典》称：文风，指"使用语言文字的作风"。我理解，不同时代、不同思想的人有不同的文风，同时代同思想的人的文风也不一定相同。它同人的思想和思想方法以及语言修养有密切的关系。新闻评论要有什么样的风格？这是很难讲清的，而且不同的文章，由于论述的问题不同，也就有不同的风格。不同的人写评论，也应有不同的风格。我们主张形成个人的风格。这样，不同的文章有不同的风格，不同的人有不同的风格，就使新闻评论绚丽多彩了。

写评论最忌讳千人一面，充满了大话、空话、套话，什么"深化改革，加大工作力度"，什么"在某某的领导下，在某某的支持下"，"让我们高举什么什么的"等等。用毛泽东的话说就是党八股。

毛泽东提出，报纸文章应"尖锐、泼辣、鲜明"，又提出"生动的、鲜明的、尖锐的、毫不吞吞吐吐"的"无产阶级应有的战斗风格"，他说，"用钝刀子割肉，是半天也割不出血来的"。这些话对整个报纸工作都是非常重要的。但战斗风格，对某篇评论来说，就要具体分析了。我们对错误的东西，对假恶丑，就是要有一种战斗的风格，但对人民内部的一些思想认识问题，改革中需要探讨的问题，就不能随意搞战斗的风格了。

文风又表现在语言上，所有文章的语言都要求有三性，即"准确性，鲜明性，生动性"，评论也不例外。一切语言艺术都是相通的，比如形象思维、情理交融，都可以拿来为说理服务。只能说，新闻评论的语言，更强调逻辑推理。

就总体而言，我个人认为，新闻评论的文风，要注意以下几点：

第九讲 新闻评论的文风

放下架子，平等待人

主要是平等对待读者，与读者处于一个平等的地位。而现在不少评论，特别是党报的社论和评论员文章，总是居高临下，以高人一等的姿态出现，充满了诸如"应该"、"必须"、"强调"、"指出"、"坚决"等命令和教训人的词语，通篇文章是板着面孔的。谁愿意花钱买个爹来接受训斥？怎么写有你的自由，看不看有他的自由。就像电视一样，不好看他可以换频道，也可以关掉。从一定意义上讲，报纸的文章也是商品，有人愿意看，商品才有价值，看的人越多，价值越大。

怎样放下架子呢？我的体会有三：一是大话小说，二是官话民说，三是硬话软说。就是换一个说法，变得"温馨"一些，让人家好接受一些。我看到一个修路的路牌，就很受启发。一般是这样写的：前面修路，严禁通行。可是合肥市前些年修长江路时，我在路口看到这样的一个路牌："改造长江路，给您带来了暂时的不便，请您多多原谅。"一看，就比原来的好接受多了，有的同志即使暂时有意见，看了这个牌子后，意见也就会没有了。再比如，过去交通规则的宣传，常常是：严禁违规，违者罚款。后来改为"为了您和他人的幸福，请您遵守交通规则"，我看也好得多了。1998年4月，我所在的《安徽日报》经济部连续发表5篇评论员文章，评论再就业工程，其中五论的原标题是《全社会都来关心下岗职工》，后来我把标题改了一下，改为《只要人人都献出一点爱》，这一改，大家都觉得比原来的好。这都是换一种说法。以上都体现了陶曾佑"庄言以告之，不如微言以示之；微言以示之，不如婉言以明之"的箴言。

当然，有些东西是不能改变说法的，比如，传达党的方针政策，必须原原本本，不能走样。但宣传方针政策，也不能板起面孔教训人，包括一些比较重要的社论和本报评论员文章，也要改变我讲你听、我打你通的方式，也可以以平等的态度去写。这方面，我也作过一些探索。比如，1989年4月21日我为《安徽日报》一版头条配写的评论员文章《土地承包宜稳定》就是这样做的。我这样写道：

> 中国农村的一个主要问题是土地问题，农民只要有了一份可供耕种的土地，农村这一块就基本稳定了。农村土地问题，第一位是要给农民一个稳定感，使农民爱惜土地，增加投入。因此，我们在农

村的一个基本政策还是一句老话,就是稳定土地承包责任制。

稳定并不等于凝固不动,因此,还有第二句话,叫大稳定小调整。……何谓大稳定呢?是否可以这样理解,即不搞一哄而起,不搞推倒重来,也不是每个地方都搞调整。具体到一个地方,调不调?怎么调?什么时候调?主要尊重农民群众的意见,而不是少数干部说了算。此外,还要遵循以下原则:有利于农村形势的稳定,有利于发展生产,有利于计划生育,以及选择有利的时机等等。

在这篇评论中,我一改居高临下的做法,把自己与读者摆在平等的位置,以商量的口气去写,这样,我觉得人家容易接受。

再如,1992年8月3日我为《安徽日报》撰写的评论员文章《用科学精神指导抗旱》。其中有一段是这样写的:

哪些是重点?顺序是否可以这样排列:第一,保人畜饮用水;第二,保城市居民生活用水和重点工矿企业的用水;第三,保高产高效农作物及其他即将收获称为"瓢水碗稻"一类的作物。突出重点,需要我们的领导同志有运筹帷幄、指挥若定的大将风度,坚决果断地把水源、人力、物力向重点倾斜。

这是一篇体现省政府工作意图的评论,很容易写成发号施令,但我在"哪些是重点?"的论述中,也用了商量的口气,即"顺序是否可以这样排列"。这里,作者与读者显然处于平等的地位。

通俗易懂,平淡自然

现在有一些人写文章,卖弄辞藻,晦涩难懂,甚至大多数人看不懂的网络语言也用上了,就像毛泽东说的那样,是下决心让读者受苦。而新闻评论要求具有可读性,能读懂的人越多,就越成功。

有人说,理论性越强,越难通俗。错了,列宁说过:"最高限度的马克思主义=最高限度的通俗化。"因为理论来源于群众的实践,理所当然地要通俗地回到群众中去。如果你不能通俗地宣传理论,说明你还没有真正弄懂理论,真正弄懂了,你就会用自己的语言去讲解它。中国社会科学院原院长胡绳,是个大理论家,他写理论文章非常好读,他能把深奥的马克思主义理论口语化,几千字,甚至一万多字的长文章,我能一口气地读完。因此大手笔写文章,看似平淡,仔细咀嚼其味无穷,这是一种很深的功底。有的人写文章,摆起写文章的架势,装腔作势,刻意打扮,效果不好,就像赵树理小说讽刺的那样"像驴粪蛋上下了霜"。人们总是喜欢朴实自然的东西。1998年,国家推进国有中小型企业改制,不少工人下岗。一天我处理言论稿件,编辑同时发来了两篇小言论,都是讲要"储备技能"的,一篇偏重于讲道理,从为什么讲起,讲到怎样储备技能,总体看写得还可以;而另一篇的作者叫陈小东,写得朴实自然,把道理寓于日常生活之中。两相比较,我选择了后者。大家不妨欣赏一下这篇小言论。

储备技能
陈小东

数年前,我的一位朋友迷上了开车,还自费考了个驾驶证。后来又迷上了烹饪,拿了个厨师证。我曾郑重地说他:"努力干好你的本职工作,别这山望着那山高!"

没多久,这位朋友下岗了。歪打正着,他从前的爱好竟成了今日的"饭碗"。他在家没呆几天,便去了一个私营企业开车。渐渐,有驾驶照的人太多了,开车的活儿不吃香,他就去一家饭店打工,端起了炒勺。前不久,我去一家小饭馆就餐,万没想到,店老板竟是他!一比,我的另几位朋友下岗后的处境就差多了。究其原因,便是技能太单一。

因此,我想起个新名词,叫储备技能。也就是说,在干好本职工作的同时,应积极地参加社会上开办的技能培训班,根据自己的爱好,多掌握一两门技能。老人们常讲"艺不压身"、"多一门手艺多一条路",这话千真万确。

目前,深化企业改革,实行减员增效,职工下岗是一个不可回避的现实。我认为,不仅下岗职工需要自强不息地快速"补课",凭新学到的技能去再就业,就是目前的在岗人员,也应改变过去那种一职一业干一辈子的观念,不妨先交点学费,储备些技能。东边不亮西边亮。多学些本领,于己、于家庭、于社会都有好处。

这篇评论,没有一句大话空话,讲的都是大实话,通篇像讲故事一样,层层道来,娓娓动听,事到理至,使人在不知不觉中接受了作者的观点。我们要倡导这种文风。

生动形象,幽默风趣

有人认为,新闻评论主要运用逻辑思维,写通讯则主要靠形象思维,这样说有一定的道理,但不完全正确。事实上,通讯需要逻辑思维,评论也需要形象思维,就是说理形象化,叫作"寓理于形",这就要求我们的评论语言生动活泼,绘声绘色,幽默风趣。

很多人撰写评论很注意形象生动,取得了很好的效果。比如,1983年2月3日,《人民日报》发表了题为《"吃富"者,止步!》的短评,这篇短评的开头写道:

　　客人隔顿不隔天,
　　烧茶煮饭不断烟,
　　茶壶酒壶长流水,
　　面笑心愁口难言。

这是谷城县一个养兔专业户诉说苦衷的几句打油诗。一开头就既生动形象,又幽默风趣,大大增加了说理性。

这些小言论可以生动形象,一些严肃的话题,能不能写得生动形象、幽默风趣呢?答案是肯定的,就看你怎么把握了。比如2010年12月20日,《市场星报》刊登了我写的一篇题为《有感于客套话喊而不停》的评论,我觉得是写得比较生动形象、幽默风趣的一篇,也是抨击现有官场风气比较犀利的一篇吧,这种官场讽刺画,是抽象语言无法比拟的。请看全文:

有感于客套话喊而不停

12月18日,省人大十一届常委会就深化医药体制改革工作向政府相关7部门首次开展专题询问,省城媒体在报道中的一个细节引起了笔者的注意。有一家媒体是这样写的:

"感谢省人大领导,这么多年来,对我省医改工作的关注、支持、肯定。"
"感谢省人大今天给我们提供一个平台,可以向全省人民报告我省医改工作取得的成绩。"

"感谢的话,就不用说了。还是说点实在的东西,抓紧时间回答委员们提出的问题吧。"客套话被主持人当场喊停。

客套话被喊停了吗？没有。请看省城另一家报纸的《现场花絮》：

随后，另一位回答问题的厅局负责人也说了"非常感谢省人大常委会委员们一直以来的支持……"全场一片笑声。

"感谢的话我就不说了，"一位厅局负责人在回答问题前说，"但我还是要真心感谢一下各位委员……"全场再次发出一片爽朗的笑声。

"我还是要感谢一下……"在一位厅长回答第一个问题之后，一位补充问题的厅局负责人接着又说出了感谢的话。

看了这段《现场花絮》摘录后，笔者觉得客套话至少又重复了三次，至于会场上的两次笑声，是"爽朗"呢，还是另有含义，现场人的理解会更深刻一些。

为什么客套话喊而不停呢？笔者觉得，这是官场风气的惯性使然。长期以来，就是这么说的，这么做的，习惯了，一下改不过来。汇报工作中，什么"在党中央某某会议精神的指引下，在省委省政府的正确领导下，在各方面的大力支持下，在广大群众的共同努力下"云云；至于，布置工作，首先是提高认识，最后是加强领导，中间一要，二要，三要……几乎成了套路，于是，当秘书的熟悉领导套路，则成了一个诀窍。至于各级对领导的迎来送往，也形成了官场的套路，甚至警车开道，迎送至边界，等等。官场的作风，决定了文风，文风反映了作风。于是有人讽刺媒体报道是"领导讲话没有不重要的；调查研究没有不深入的；对成绩的肯定没有不充分的；会议讨论的气氛没有不热烈的……"后果是离群众越来越远。官场许多不好的作风确实需要改一改了。

这次省人大对政府部门开展的专题询问中，不经意间对客套话也进行了一次监督，愿这次监督是改变官场作风的一个起点。

（署名：宛言）

这篇评论的前半部，都是一个个活生生的客套话场景，具体、形象；后半部的评述，也都是一个个司空见惯的官场现形客套图，两者一结合，把改变官场作风的抽象道理，变得生动具体了。这就是形象思维在评论中的作用。

第十讲　评论偏爱积累和思考
——评论员素养之我见

邵华泽在《同研究生谈新闻评论》一书中,对"评论员素质的基本要求"提了三条:第一,政治上要强;第二,业务上要精;第三,作风上要正。秦珪、胡文龙在他们的《新闻评论学》一书中,也提了三条要求:第一,加强政治修养;第二,提高理论、政策水平;第三,学识渊博、精通业务。丁法章教授在他的《新闻评论教程》一书中,则提了五条要求:第一,"目光四射,触觉锐敏"——政治家的眼光;第二,"以其昭昭,使人昭昭"——理论家的头脑;第三,"上'天'有路,入'地'有门"——社会活动家的本领;第四,"视野开阔,知识渊博"——杂家的智能;第五,"下笔千言,倚马可待"——作家的技巧。

还有其他专门家的新闻评论著作,也都对评论员的素养,或多或少地提了几条要求。细细解读,其基本精神基本一致,或叫大同小异。只不过,丁教授的"五家"要求更高、更全、更系统、更精心,给专职评论员指出了一个奋斗目标。但我在上评论课时,不敢这样提,因为我离这"五家"的要求很远很远,"一家"也谈不上。"己所未及,勿施于人"嘛。我学写新闻评论就是从记者生涯开始的,甚至不知道什么是新闻评论,我要讲的评论员素养,针对的是普通的编辑记者。对于评论员素养的要求,我用自己的实践总结出来的一句话,就是"评论偏爱积累和思考"。

从一篇评论的写作看积累

首先讲积累的重要性。人们认识事物总是从个别到一般的,因此认识积累对于撰写评论的重要性,也要从具体的案例讲起。先请大家阅读我写的一篇署名评论,然后,我略加解释。

第十讲 评论偏爱积累和思考——评论员素养之我见

关于"吃"的思考

古训曰:"国以民为本,民以食为天"、"夫定国之术,在于强兵足食"。中国已有11亿人口,吃,更成了天大的事情。邓小平同志是这样说的:"不管天下发生什么事,只要人民吃饱了肚子,一切就好办了。"他曾提醒过:如果90年代我们要出什么问题的话,这个问题就是农业问题。陈云同志则更直截了当地说:"无粮则乱。"因此,党的十三届五中全会把实现农业特别是粮食的稳定发展,提到关系国家安危的高度来看待。

靠中国自己解决

原因很简单,就是中国有11亿人口。靠世界粮食市场吗?断断使不得,也不可能。第一,世界上不可能有这么大的稳定的粮食市场;第二,就是有,中国也不可能有那么多的外汇去购买;第三,就算有钱买也运不来。以去年为例,我国进口1500万吨粮食,若以万吨大轮装运,就要1500艘,还不算与其配套的港口、铁路、仓储设备等。而这1500万吨占全国粮食总产量的4%还不到。如果再上升几个百分点,外汇和运输将更难以支撑。

当然,根据互惠互利的原则,适当进口一部分粮食,来调剂和稳定国内市场,这是完全必要的。但是,我们的立足点必须建立在自力更生的基础上。

中国的吃饭问题,历朝历代都没有很好解决。美国的艾奇逊曾断言共产党解决不了"四亿七千五百万"中国人的吃饭问题。但是,在中国共产党的领导下,经过农村十年改革,终于解决了较建国初期增长了1.3倍的中国人的温饱问题。中国以只占世界7%的耕地,解决了占世界22%人口的吃饭穿衣问题,这是一件了不起的大事。

期望值不能过高

只要不是苦行僧,人们总希望吃得好一些,这是人之常情。我们搞社会主义的目的之一就是提高人民的生活水平,提高全民族的身体素质。两千多年前的孔老夫子还"食不厌精,脍不厌细"哩!

但是,对吃的期望值要求过高不符合中国的国情。因为中国人多地少,人均只有1.32亩土地。何况人口每年还要增加一千几百万,土地要减少几百万亩。目前,我国农业的综合生产能力基本上是4000亿公斤粮食、8000万担棉花。目前只是一个温饱型的农业水平,要想吃得好一些还要不懈地努力。

中国农业的潜力还很大,有2/3中低产田,有宜农荒地5亿亩,草场40亿亩,可养淡水8500万亩,沿海滩涂3000万亩,等等,专家称作为"大粮食"开发,潜力很大。但是,把这些资源转化为现实的生产力,是一个长期渐进的过程,有许多扎扎实实的基础工作要做。专家们预计,即使逐步开发这些资源,但就粮食而言,随着人口的增长,到本世纪末,人均占有量也只会400公斤左右。安徽除去外调的15亿多公斤,也大体是这个水平。也就是说,在相当长的时期内,我们的食物构成只能在400公斤粮食范围内做文章,其中包括种子、饲料、口粮和工业用粮等。而世界上发达国家以肉奶蛋为主的食物结构是建立在人均占有粮食750至1000公斤的基础上的。相比之下,我们的食物结构在一个很长的时期内,总体上只能是以素食为主,我们祖先在《黄帝内经》中提出的"五谷为养,五果为助,五畜为益,五菜为充"的配膳原则,仍将适用于现代中国的国情。

提高"吃"的文明程度

专家们提出要跳出400公斤粮食的圈圈,树立"大粮食"的观点,开拓吃的领域,改进粮食质量,提高饲料转化率等等,这是一条向科学要食品使中国人吃好的路子。另一条出路就是从科学合理中提高吃的质量。

那么在中国的饮食上,有哪些不科学、不合理的东西呢?

当首推正在纠正的以公款消费为特征的吃喝风。近些年,在中国大地上刮起的公费吃喝风,已引起人民的愤慨。其危害性固不待说,就其本身来说,那样的肥吃海喝既不科学也不合理,于国、于民、于自己身体都不利。食物的总量就那么多,少数人倚权多消费了,多数人的正常消费必然少了。有志者,还是要在把"蛋糕"做大一些上下功夫。

还要单提一个"喝"字。近几年,我国粮食产量徘徊不前,但酿酒业用粮却每年以100多万吨的速度递增。去年,我国白酒和啤酒的产量分别达500万吨和654万吨,耗粮1400万吨,接近全国人口一个月的口粮。不仅耗粮,而且损体耗钱。据调查,1988年全国心血管疾病死亡率中,长期大量饮酒的占81％,全国低智儿中,父母有嗜酒习惯的达65％以上,全国酒的年消费额为130亿元,加上菜肴,有人按1∶6.5估算为845亿元,共计975亿元。这其中有很大一部分是既不科学也不合理的公款消费和超前消费。

在城市,很多居民嫌粗食挂嗓子,非精制大米不吃,非富强粉不买,结果

第十讲 评论偏爱积累和思考——评论员素养之我见

米饭和馒头白了,不少人的脸却黄了;在农村,特别是在我省山区,不少农民用米煮饭,将米汤滤下喂猪,猪肥了,人却瘦了。道理很简单,维生素、粗纤维、矿物质等人体必需的营养成分,绝大部分贮存于果实的皮层和胚芽中。难怪世界上的发达国家,家庭主妇们也热衷于购买麸皮比重很高的黑面包。

至于在城乡,在传统的节日中暴饮暴食,或互相辗转请吃的现象更是比比皆是。不仅浪费了食物,而且损害了身体。每逢节日,医院里的肠胃病人剧增就是明证。

看来"吃"中大有学问,它是与一个国家的文明程度联系在一起的。为了国家有一个好的社会风气,为了吃得既省又好,也为了您的身体健康,请您提高"吃"的文明程度。

(原载1989年12月23日《安徽日报》)

这篇评论是我拿出十来张资料卡片,说家常似的,一气呵成写出来的。当时,我还没有条件使用电脑,一些资料主要靠记卡片、剪报、读书读报笔记,并将其分类保存。这篇2000多字的评论,在当时《安徽日报》一天只有4个版的情况下,被安排在一版位置刊登,说明评论被老总们看中了。

这篇评论的背景是,党的十三届五中全会特别重视国家的粮食安全。于是,我从会议精神中找到了新闻由头,评起了中国人吃饭的大问题。论述这样的大问题要靠论据来支撑,论据从哪里来?靠平时积累。这样,我平时积累的相关资料就派上了用场。

你看,评论开头论述"吃"的重要性,用的全是理论性论据,其中有古训,有邓小平的论述,有陈云的讲话,还有党的十三届五中全会的相关论述。理论性论据讲究真理性和权威性,这里,两者都有了。

从第二段开始,几乎全部都是事实性论据。这些论据绝大多数都是我读书看报时积累下来的,包括进口粮食的情况、土地和粮食的生产现状及展望、每年酿酒的用粮、酗酒的危害,甚至《黄帝内经》中提出的"五谷为养,五果为助,五畜为益,五菜为充"的配膳原则,还有中国不文明的吃喝风等资料,都被我用上了。这些资料,回答了"吃什么、怎么吃"的大问题。

这篇评论的写作特色是拉家常,没有居高临下的态势,更没有教训人的口吻,全部是娓娓道来,有的还有点幽默,如城市居民"非精制大米不吃,非富强粉不买,结果米饭和馒头白了,不少人的脸却黄了";在山区"农民用米煮饭,将米汤滤下喂猪,猪肥了,人却瘦了"。这些情况也来源于我平时的积累。

评论关于提高"'吃'的文明程度"的论述,至今也有很强的针对性。近年来,媒体曾热议过"舌尖上的浪费"的话题,说中国人的餐桌上浪费的食品够两亿人吃一年,浪费2000亿元啊!

庄子说:"水之积也不厚,则其负大舟也无力;风之积也不厚,则其负大翼也无力。"从一定意义上说,评论也是积累出来的。评论员没有丰厚的积累,就无法判断一篇新闻的评论价值,即这篇新闻值得还是不值得评论一番,叫判断力。判断力源于积累。某一方面的知识和情况积累多了,就会形成自己的观点,或支撑自己的观点,于是,论点和论据都有了,与新闻由头一碰撞,就有了写评论的冲动,就形成了"我要写"。我的绝大多数评论都是这样写出来的。还有一种情况就是积累丰厚了,能够随时应对"要我写",就是按时按要求完成领导交办的任务。前面说到的1993年9月,我撰写的关于农村剩余劳动力转移的4篇评论文章就是一例。有时,下午编前会上,老总提出某头条新闻需要配评论见报,写作时间只有一个多小时,写好后再由编前会通过。这种情况只是偶遇,我叫"遭遇战",完全靠平时积累。就像一棵大树,评论员的新闻评论成果仅是地面上的部分,其地下根系远远超过地上的部分,这个根系就是评论员的积累。地下根系发达,地上才会枝繁叶茂。

搞工业有一个原始资本积累过程,评论员也有一个原始积累过程,这个积累不是资本,而是包括知识和思想在内的一切总和。谁完成了这个积累,谁就有可能当一个优秀的评论员。而且这个积累没有终点。因此,评论员永远处于学习和积累状态。记得儿时唱过一首《中国少先队队歌》,其中有两句歌词叫"准备好了吗?时刻准备着"。对于评论员来说,也要"时刻准备着",这个"准备"就是平时的积累。因为你不知道领导什么时候会交给你什么评论任务。机会只给有准备的头脑。积累就是评论员头脑里的"内存",内存大,到时候,鼠标轻轻一点,要什么就来什么。你想当一个优秀的评论员吗?请你在积累上下功夫。

评论员必备的"知识圈"

评论员的积累,包括知识积累、思想积累、经验积累、材料积累、情况积累、感情积累,等等。诸多积累中,一个重要方面就是知识积累。新闻评论背后的支撑力是知识,新闻评论作品是各种知识的融合件。因此,新闻评论要有多种学科的知识作铺垫,新闻评论就是由各种学科和行业知识所滋养的大树。

第十讲 评论偏爱积累和思考——评论员素养之我见

几乎所有的新闻评论教科书都要求评论员"知识渊博",这是完全正确的。但庄子说:"吾生也有涯,而知也无涯,以有涯逐无涯,殆矣。"意思是说,人生有限,知识无限,什么都学,是不可能的。何况现在已经是知识爆炸时代!因此,我套用新华社南振中关于记者要建立自己的"知识圈"的说法,认为评论员也要根据各人的实际情况,建立适合自己的必备的"知识圈",然后逐步扩大。为什么叫"必备"呢?就是说,这些知识是基础,是基本要求,评论员必须具备。

第一,社会科学。马克思主义理论和一切科学的理论,经济、哲学、法律、社会学、历史、党史,等等,这是认识社会和剖析问题的工具。

社会科学要强调几点:

一是强调学理论。恩格斯说:"一个民族想要站在科学的最高峰,就一刻也不能没有理论思维。"我们也可以说,一个优秀的评论员,一刻也不能没有理论思维。科学的理论是 X 射线,有穿透力,使人看问题入木三分;理论是评论员发现和剖析问题的望远镜和显微镜。我们在撰写新闻评论时,对问题是否看得清、分析得透,主要取决于作者的理论水平。很难设想,一个没有理论思维的评论员,能够写出有思想深度的评论。对此,邵华泽先生有一段精辟的论述,他说:"写评论要'高、远、深、透':站得高,看得远,想得深,讲得透。站得高,就是起点要高,观察事物的角度要站得高。看得远,就是你评论的虽然是当前的事情,但你着眼的是事物长远的发展,力求过几年回过头来看看,你这篇评论不仅在当时是站得住脚的,而且是经得起历史检验的。想得深,就是别人没想到的,你想到了,别人只看到了事物的现象,你却看到了事物的本质。讲得透,就是你能够把你所要阐述的道理阐述得相当透彻。'高、远、深、透'靠什么?最根本的还是看你对党的理论、路线、方针、政策理解得如何……包括评论员的思想水平、理论水平。"

二是强调学历史。江泽民特别强调要学习中国历史和世界史。他说,以史为鉴,可以知兴替。一个民族如果忘记了自己的历史,就不可能深刻地了解现在和正确地走向未来。我们常说,要站在历史的高度来观察问题,就是这个道理。有了历史知识,可以把所评论的问题放入历史长河中去考察,纵论古今,气势磅礴,就会使评论有历史的纵深度。

三是强调学法律。我们正在建设法治社会,很多评论涉及基本的法律知识,没有法律知识,评论员将寸步难行。以法律评论为例,某高官在被审判中,就有媒体发表评论,说他"态度恶劣,百般狡辩",这种说法违背基本的法律知识。因为法律不能按态度定罪,法律赋予被告有辩护权,他在法庭上为自己辩护是合法的,至于怎样辩护,也是他的权利。还有的评论对某镇在执行"计划生育一票否决"的政策中,充分肯定镇党委对某村"两委"主要负责人就地免职的"果断措施"。这也是缺少法律知识的表现。在共产党内,村书记可以由上级党组织任免,但村民委员会主任就不行了。因为根据《村民委员会自治法》关于"谁选举谁罢免"的规定,村民委员会主任是不能由镇党委一纸文件罢免的,必须按法启动"罢免程序",由选民投票决定。上述评论都存在着"非法治"意识,这是评论员的大忌。

第二,文学基础知识。包括文章学、文学概论、古诗词、现代汉语、逻辑学、修辞学,等等。文学是写作的学问,对评论写作主要强调三点:

一是表达准确。新闻评论讲究准确的判断,准确的判断,要求用准确的语言来表达。包括论点、论据和论证过程,也都要求用准确的语言来表达。怎样才能做到呢?执笔无词,或勉强用其他词来代替,以斧代锯,是写不好评论的。如前所述,新闻评论有时是急就章,这就对语言提出了更高的要求,即表达得心应手、挥洒自如、信手拈来。优秀的评论家,都是很有文学修养、词汇极其丰富的人,他们拿起笔来,胸中早有"雄兵百万"供写评论调遣。

学习语言的途径主要有两条:一是向群众学习。群众语言,生动活泼,而且随着时代的发展而变新,取之不竭,用之不尽;二是向古人学习。其中一个重要捷径是熟读古诗文,熟读中外名家经典。物理学家杨振宁说过:熟读古诗古文,一生受用无穷。受用无穷作何解释?只能体会。因此,远在1997年,中国青少年发展基金会,就决定实施"中华古诗文经典诵读工程",聘请了很多大师级人物为顾问,有杨振宁、季羡林、南怀瑾等。高明的评论家在熟读前人文章的基础上,不但能向前人借词、借句,作标题,还能借气、借势,翻出新意,写出可读性很强的评论,还能陶冶情操,提高做人的品位。

二是富有文采。古人说:"言之无文,行而不远。"人们常说,写新闻评论主要运用逻辑思维,写通讯主要靠形象思维,但"主要"并不排斥"次要"。事实上,通讯需要逻辑思维,评论也需要形象思维,可以借用一些文学笔法,使说理形象化,做到"寓理于形"。我们主张评论里有饱含生活气息的素材,有群众语言、人物对话,有些诗词、史地知识等,就是说评论语言也应该生动活泼,幽默风趣,有文采。

三是逻辑严密。如果说,新闻报道主要回答"是什么",那么新闻评论回答的主要是"为什么"、"怎么办"。这就需要评论员要有相当的分析、概括能力,而逻辑思维就是讲概括、分析能力的,评论员的主要思维形态是逻辑思维。没有这一条,你就难以对现实生活中大量的现象进行归纳、综合,进而提出问题;你也难以对众说纷纭的事物展开剖析,画龙点睛般地说清"为什么"和简明而周到地回答"怎么办"。而在分析、概括中,逻辑不严密,就会授人以柄。这是评论员的又一大忌。

新闻评论既要旗帜鲜明,赞成什么,反对什么,毫不含糊,又不能有片面性,讲过头话,走极端。这里面当然有多种因素,很重要的一点就是逻辑要清楚,行文要很严密,先谈什么,后谈什么,一层一层展开,前提、结论不容辩驳,论点、论据有机统一,从而让论据本身的逻辑力量一步步征服读者,任何旗帜鲜明又不带片面性的评论,都是逻辑严谨、层次分明的。换句话说,评论员在语言文字上要具有相当的逻辑能力,既能把评论写得尖锐、泼辣,又不失之于偏颇。

第三,新闻评论专业知识。本书就是论述这方面知识的,其重要性前面已经讲过,这里不再赘述。

第四,与自己工作密切相关的专业知识。在实际工作中,一般报纸的专职评论员都很少,大部分都是像我一样,叫编辑记者式的评论员,为自己采写或编辑的新闻配写评论,即某一方面的兼职评论员。比如我,主要从事经济报道,尤其是"三农"(农业、农村和农民)报道,因此,我的评论主要涉及经济方面尤其是"三农"问题。因此,编辑记者对自己经营的"一亩三分地"要精耕细作,写出别人难以写出的评论,不光成为某一方面的报道专家,而且成为某一方面的评论专家。如果一家媒体方方面面的评论都有人写,都写得很好,那么,这家媒体的评论就一定会成为丰富多彩的百花园。

以上是评论员必备的"知识圈",不是说有了这些就够了,评论员一个永恒的任务是:学习,学习,再学习;深入,深入,再深入。

像"拾穗"的老妇那样

前面讲了评论员积累什么的问题,下面主要讲怎样积累。

怎样积累?我的回答是:靠长期的刻苦学习和实践,日积月累,积少成多,只有硬功夫,没有巧办法。古人对写作大家的成长之路总结为两句话,叫:读万卷书,行万里路。徐迟加了一句话:识万般人。我加一句:想万民之所想。"读万卷书",就是向书本学习,清华大学新闻与传播学院,新生一人学,学院就向其开列了100本必读的书目,最大限度地扩大学生的知识面;"行万里路,识万般人"我理解为向社会学习,在实践中学习;"想万民之所想"则要求有社会责任心。三者缺一不可。以上是写作大家的积累和成长之路,其精神也适用于我们普通评论员,就是说多读书,多向社会实践学习,有责任心,这也是一个评论员成长的必由之路。

"不积跬步,无以至千里;不积小流,无以成江海"。著名学者、报人、评论家邓拓,把知识积累比喻为农民捡粪,他说,老农出门总是带个筐,见粪就捡,不管牛粪、羊粪、人粪一概捡回来,长期积累,积少成多,供养庄稼。新华社记者郭超人就是一位勤奋的"拾粪者",他的办法是"无球跑动":随身带着3种笔记本,一种做采访笔记,一种做生活杂记,一种做思考摘记。生活杂记的内容很丰富,包括山川风物、传闻轶事、突出的印象、有趣的人物、生动的场景等。总之,凡是接触、观察到的一切,他都不停地记,不断地积累,像足球场上的运动员一样,不停地跑动抢球。

新华社社长南振中在中央党校学习5个月,读了104本书,写了4000多张读书卡;《中国青年报》名记者李大同,"文革"期间下放内蒙古草原,带了4牛车书下乡牧羊。什么叫寂寞?李大同说:"一个人,方圆几十里地就你一个人,你在那儿过三年,你才知道什么叫寂寞。听到一声狼叫还感到亲切哩!"3年,4牛车书,加上牧羊人的生活,奠定了一个名记者的根底。

美国名记者约翰·根宝,一生积累了6万张卡片资料。《经济日报》詹国枢曾经坚持每天5小时读辞海,做笔记。

记者是这样,评论员更应该这样,何况我这里讲的评论员,绝大多数本身就是编辑、记者。我的体会是:长期实践,勤于思索,点点滴滴,日积月累。我是做法是:①看书、看报、看电视、上网、与人交谈,随时记录或下载,我看电视都备有本子和笔,随时记下我感兴趣的东西,或记下关键词,再上网搜索;②随身带本子,随时记下有点意义的人、事、思想、观点;③想到就写,随时写下自己的所见、所闻、所思、所感,而且是一有思想火花,一有灵感,就写下来。在化学家的眼里,没有废物;在评论员的眼里,没有无用的积累。当时看似无用,到时候就派上用场了。我的很多新闻评论就是这样积累出来的。

《北京晚报》记者张沪专访美学家朱光潜,朱说:"你们还记得米勒的那幅《拾穗者》的画吗?……我就像那幅画中的老妇,在落日余辉中,捡起我点滴的收获。"希望大家,包括我在内,都来做这样的老妇,"在落日的余辉中,捡起我点滴的收获"。

第十讲　评论偏爱积累和思考——评论员素养之我见

做一个思想者

前面我们研究了积累的重要性和怎样积累的问题。是不是有了丰厚的积累,就一定能写好新闻评论呢?应该说,积累是写好评论的基础,但不是写好评论的全部条件,关键还需要在积累的基础上的深刻思考,将积累上升到理性的高度。为什么在思考前加上"深刻"一词呢?现实生活中的人,都是有不同的知识和生活积累的,也没有不思考的人,问题是思考什么,怎样思考。

评论员的职业本能,就是遇事要思考。孔子说:"学而不思则罔,思而不学则殆。"韩愈说:"行成于思。"说的都是思考的重要性。"心之官则思"。人脑是个加工厂,思考就是人脑的加工过程。就撰写新闻评论而言,思考的过程就是把我们所积累的知识,特别是理论知识,作用于社会实际,理论与实际相结合,产生新的思想观点的过程,也就是立论的过程。就撰写评论而言,积累是基础,思考是关键。

那么,我们应该怎样思考呢?

首先,要敢于独立思考。这是评论员的成功之道。前面已说过,1978年5月11日,《光明日报》发表的特约评论员文章《实践是检验真理的唯一标准》及其以后展开的讨论,在重要的历史关头,起到了拨乱反正的作用,甚至影响了20世纪的中国历史的进程。这是评论员敢于思考的典范。当时可是"两个凡是"盛行啊!评论员冒着极大的风险,但推动了历史的进步。

当然,这是发生在高层的事。就一般意义上说,只要你是评论员,你的脑袋就要长在自己的肩膀上,不能人云亦云,从这个意义上说,评论员要成为思想者。在现实生活中,最大的困难在于处理上级精神与下面实际情况的关系问题。从我们党为人民服务的宗旨来说,两者从根本上是一致的。但事物是在不断发展变化的,各地的情况又是千差万别的,从认识论上说,有时又有不一致的现象发生。怎么办?在事关坚持中国特色的社会主义道路上,是一定要保持一致的,这个不能含糊;但具体的方针、政策,则要坚持我们党一贯坚持的实事求是的思想路线,坚持"从群众中来,到群众中去"的群众路线。标准,就是陈云同志一贯强调的"不唯上,不唯书,只唯实"的教导。两者关系,我在21年前曾写过一篇评论进行过论证,请看评论的原文:

"红头文件"是从实践中来的

近闻,在一次会议上,一位省领导同志对向他要"红头文件"的干部说:"你们大胆地试,大胆地闯,做出新成绩、创造出新经验,我就有'红头文件'了。总之,希望你们自己创造'红头文件'!"

乍听此话,似乎难以理解。但仔细琢磨,颇有辩证法。

正确的"红头文件"是从哪里来的?照马克思主义观点,只能从实践中来。毛主席对正确的认识和决策来源于实践,曾有极精辟、极透彻的阐述。我省乃至全国农村推行大包干的过程就是一个生动有力的证明。一开始,"红头文件"是"不允许"、"不要搞";中间则是"可以"试试;而到了1983年,党中央则充分肯定大包干"是在党的领导下我国农民的伟大创造,是马克思主义农业合作化理论在我国实践中的新发展"。由此可见,人们的认识,包括党中央对家庭联产承包制的认识,也是在实践中不断地"校正"和深化的。说到底,事关中国农村第一步改革的第一个"红头文件",是"下面"闯出来的,即人民群众创造出来的,同时也是我们党坚持"从群众中来,到群众中去,集中起来,坚持下去"的群众路线的产物。

大包干是这样,其他种种改革措施,如企业承包、劳务市场、土地转让、"三资"企业、股票市场等等,也都不是一开始就有"红头文件"肯定的。而是在实事求是的思想路线指导下,由广大干部群众"试"出来、"闯"出来的。领导机关的责任就在于及时、正确地总结人民群众的实践经验,形成"红头文件"再指导下面,如此循环往复,推动改革前进。

社会主义改革是前无古人的事业,每前进一步,都会遇到许多新情况、新问题。大量未知的、带有不确定性的东西摆在人们面前,要解决这些问题,不可能从现成的"红头文件"中全都找到答案。这就需要我们在实践中敢试,敢闯,敢冒,敢突破,创造出一个利国利民的"红头文件",给自己的各项工作找准"座位"。倘使我们都囿于陈规,一味地等、靠、要,对改革开放和安徽的振兴,肯定是做不出多大贡献的。鲁迅先生曾批评过一种人:"必须前面贴着'光明'和'出路'的包票,这才雄赳赳地去革命"。这话很刺耳,却是利于行的忠言和利于病的良药。

(原载1992年6月28日《安徽日报》一版　署名:言赅)

现在看来,虽然时过21年,但观点仍不过时。敢于思考不是胡思乱想,要坚持从实际出发,一切以时间、地点、条件为转移,这是马克思主义的认识论。当然,这种思考要有理性,要有建设性。基于这种认识论,我对于一些问题的认识,坚持了自己的独立思考,比如:对中共中央理论刊物上的文章,我曾写过"敢与权威论是非"的文章(见《多一些探索 少一些批判》一文);对中央的粮食定购政策我曾写过"为农民说话 向政策献策"的文章(见《粮农呼唤保护价》一文);在安徽省"两会"期间,我还写过质疑省政府工作报告中赶超目标的文章(见《赶超目标要留有余地为好》一文),等等。评论员坚持独立思考,才能言他人所不敢言,写出与众不同的评论;坚持独立思考的评论员越多,我们的认识就越接近真理,新闻评论这个百花园也就越加绚丽多姿了。

第二,要往深处去思考。有许多事情,猛一听似乎有道理,但细细一想,往深处想,往往就不是那么简单了。20世纪80年代新华社曾发过一篇稿件,题目是《太原一座新楼 年余不通水电 市委书记过问 6天解决问题》。远在千里之外的《羊城晚报》在转载时,编辑大笔一挥,将原标题改作肩题,加了一个评论性主标题《事事惊动书记怎么得了?!》。立马,报道思想深刻了,人们自然要问:那些主管部门干什么去了?甚至产生联想:我们党政不分的领导体制要改革。这个编辑通过思考,透过现象看到了本质。

2011年5月11日,《市场星报》刊登了"板车女孩"(2013年被评为中国十大孝心儿童)的事迹。报道一个从7岁起,就要负起照料高位截瘫父亲的女孩,从十来岁起,就用板车拉着瘫痪的父亲去北京、上海看病,感动了社会各界。我看这篇报道,看着看着就流泪了。看后深思,觉得有话要说,于是信手写了篇评论《"板车女孩",期待政府更大作为》,刊登于《市场星报》时评版。深思,使我看到了事物的另一面。

1991年安徽遭受了特大的洪水灾害,全国人民都支援安徽,特别是北京,几百辆大货车载着首都人民支援的衣被,浩浩荡荡开往安徽,场景非常壮观感人。媒体发表的评论自然是赞扬共产党好、社会主义好。这无疑是正确的。但我想起不寒而栗的三年大饥荒,于是写了一篇评论:

想起三年困难时

看过纪实文学《红墙内外》的人都知道,毛泽东喜欢吃红烧肉,但三年困难时期,他老人家却有很长一段时间不吃肉。这反映了领袖和人民同甘共苦的风范,也说明当时的食品太匮乏了,以至于党和国家领导人也都要和全国人民一道,节衣缩食渡难关。

在那大饥馑的年代,谁不想赈济饥民呢?可是,苦于仓里缺粮,手中无物,心有余而力不足,只好"低标准,瓜菜代"。现今四十几岁的人,想起来真是不寒而栗。

今年,我省遭到历史上罕见的洪涝灾害,光重灾民和特重灾民就有2700多万人。但是,今非昔比,灾区人心安定,社会稳定。何以如此?一个重要原因是国家和人民有了强大的救灾实力。大灾之年,我省却仓满粮足。"手中有粮,心里不慌",这无疑是最大的稳定因素。最近,国务院号召北京人民捐赠棉衣、棉被,仅半个月,几百万件棉衣、棉被就送到我省灾区。试想,如果京城皆寒士,何有寒衣赠?

事实说明,救灾也讲实力。实力从何而来?是12年来改革开放的结果。有人曾设想,今年的灾情如果发生在改革开放前人民尚未解决温饱的年代,那会是什么样?电影《焦裕禄》中兰考火车站的大逃荒的场面,可能就是一个缩影。

社会主义的中国要改革开放,改革开放是强国之路,安徽的救灾事实又一次证明了这个真理。

(原载1991年10月4日《合肥晚报》一版 署名:言赅)

写出这篇与人不一样的评论,是因为我向深处思考了:同样是社会主义国家,同样是共产党领导,为什么三年大饥荒时,无力救灾,眼看着国人大量"饿、病、逃、荒、死"呢?"事实说明,救灾也讲实力。实力从何而来?是12年来改革开放的结果"。两相对比,我觉得,光一般地宣传社会主义好还是不够的,要宣传社会主义的改革开放好,宣传改革开放的社会主义好。在评论中,我得出了"社会主义中国要改革开放,改革开放是强国之路"的结论。面对苏东剧变,半年后,我看到了邓小平在南方视察中"不改革死路一条"的讲话,真是振聋发聩!

第三,用开放和发展的观点去思考。

我在学马克思主义政治经济学中,记得老师曾讲过小汤姆的故事。那是在资本主义大危机的时期,小汤姆问他的妈妈:冬天了,我家为什么没有煤取暖?妈妈说:因为你爸爸挖的煤太多了。汤姆问:爸爸挖的煤多了,为什么反而没有煤取暖呢?妈妈说:煤多了,卖不掉了,资本家停产了,你爸爸失业了,没有钱买煤,所以家里没有煤取暖。说到底,煤挖得多了,反而没煤烧。当时这个故事是说明资本主义罪恶的。

第十讲 评论偏爱积累和思考——评论员素养之我见

实行社会主义市场经济后,我们也遇到了类似的现象。1997年冬,中央电视一套的《社会调查》栏目的一个报道,引起了我的思考。报道主要反映沈阳市的一些国有困难企业,由于严重亏损,无钱向职工宿舍供暖。沈阳冬天是很冷的,不解决这个问题政府是不得安宁的。于是政府采取了紧急措施调运救济煤。而近在咫尺的抚顺市,煤炭却堆积如山卖不出去。这就与小汤姆的故事有某些相似之处。就是生产过剩带来的经济萧条和工人失业。只要我们搞市场经济,这个问题就是绕不过去的坎。资本主义几乎被这个问题搞垮了,但最终找到了缓解问题的办法,这就是国家进行宏观调控启动经济。主要表现在1933年的罗斯福新政和资本主义世界实施凯恩斯主义。1997年发生东南亚经济危机后,我们国家从1998年开始,实施积极的财政政策和较为宽松的货币政策,加大基础设施建设,以扩大内需,启动经济,这一套东西基本是从西方社会拿来,结合中国的实际实施的。如果我们不学习西方经济学,就很难理解当时国家采取的积极的财政政策和相应的货币政策。当时,我在安徽日报社经济部工作,根据这一理论及国家实施的政策,策划组织了一系列扩大内需的报道和评论,自己也撰写了关于刺激消费、扩大内需的系列评论。

在"文化大革命"中,国人只准学一种书,叫红宝书。外国的东西、古典的东西都不准学,被叫做崇洋媚外或封资修。打开国门后,发现外面的世界很精彩,值得我们学习的东西很多。马克思主义本身就不是封闭的,而是开放的,马克思主义的三个组成部分就有三个来源:科学社会主义来源于法国的空想社会主义,马克思主义哲学来源于德国的古典哲学,政治经济学则来源于英国的古典政治经济学。社会主义也不是从天上掉下来的,而是站在资本主义的肩膀上建立和发展起来的。改革开放后,我们打破了一个最大的禁区,就是可以研究和学习世界上一切有用的东西并拿来为我所用。就拿发展经济来说,资本主义国家在几百年的时间内,积累了很多成功的经验,这些经验反映了市场经济的一般规律,是人类共同的财富,资本主义可以用,社会主义也可以用。就像人吃了羊肉不会变成羊一样,社会主义学习和引进资本主义发展市场经济的一些好东西,只会壮大自己,绝不会变成资本主义。中国改革开放,引进了很多东西,就经济方面来说,我们引进了资本、技术、管理、人才等等,成就伟大,但我觉得,最大的引进莫过于引进市场经济体制。我们的老祖宗是不主张搞市场经济的,大家只要看一看《哥达纲领批判》就知道了。在世界经济一体化的情况下,我们的评论员一定要以开放的观点去思考,吸收人类文明的共同财富为我所用,不光我们的知识面宽了,评论问题的视野也开阔了。如是,我们就可以套改古人的两句诗:"不畏浮云遮望眼,只缘鸟瞰地球村。"

至于用发展的观点去思考,理由也是显而易见的。最能说明问题的是:2013年8月29日,中共中央首次对外公开宣布,决定废止和宣布失效1978年以来制定的300件党内法规和规范性文件。因为时代在发展,历史在前进,旧规章不适用了。邓小平说过:"绝不能要求马克思为解决他去世之后上百年、几百年产生的问题提供现成的答案。列宁同样也不能为他去世五十年、一百年所产生的问题提供现成答案。真正的马克思列宁主义者必须根据现在的情况,认识、继承和发展马克思列宁主义。"他还说过:"老祖宗不能丢,过去行之有效的东西要加以坚持,同时要敢于讲老祖宗没有讲过的话,敢于抛弃那些被实践证明是无效的甚至是有害的原则、政策、体制、方法等。"后来,我们的改革就是这么做的。同样的道理,我们也不能苛求邓小平,邓小平没有讲过的话怎么办?事实上,我们党在大力坚持邓小平理论的同时,也在不断地发展和丰富邓小平理论。比如,三个代表理论和科学发展观。马列毛和邓小平理论是一个不断发展的科学体系,从历史的长河来看,马克思主义是不断发展的相对真理的总和。我们的评论员在不断学习的同时,也要敢于思考领袖们没说过的怎么办,"本本"上没有的怎么办。当然,这是一个很高的要求,历史期待出现这样的评论员。

第四,要有正确的思维方式。

评论员总是在不断地思考中,问题在于思维方式要正确,而且要创新,与众不同。但人的思维又容易形成定势:一是书本定势,二是权威定势,三是经验定势。这些都是我们思维创新的桎梏。敢于突破思维定势,这是评论员写出与众不同评论的前提。思维方式很多,大的分类就两种,一是逻辑思维,二是形象思维。逻辑思维中又有很多种,什么发散思维、逆向思维、求异思维、联想思维(相似联想,相关联想,对比联想)、跟踪思维、超前思维,等等。关键在于"活学活用"。对我而言,逆向思维体会最深。

所谓逆向思维,就是遇到事情倒过来想一想,从相反的方向或角度来观察思考问题。毛泽东曾说过,共产党员对任何问题都要问一个为什么,想一想它是否真有道理,绝对不要盲从。有哲人说:"真理,诞生于100个问号之后。"逆向思维的核心是遇事问个为什么。我撰写的一些有深度的评论,都是逆向思维的结果。对此,后面我将联系案例详细评述。

此外,我还用联想思维和跟踪思维,写出了一些我认为的得意之作。

总之,深刻思考是评论员的成功之道,其背后是评论员的责任心。

评析篇

  积累是写好评论的基础,但不是写好评论的全部条件,关键需要在积累基础上的深刻思考,将积累上升到理性的高度,产生出新的思想观点。

——作者题记

総括論

单篇评析

由此及彼的联想

在新闻评论的写作中,有一种写法叫"从某某说开去",这是一种"由此及彼,由表及里"的联想思维。这种联想思维在评论的写作中被广泛运用。《"贷款期一天"的启示》的署名评论,就是一个代表。

这里的新闻由头是天长县民办的汊涧金融所发生的"贷款期一天"的故事。如果就事论事,写一篇这家民办金融所"改善服务态度,提高工作效率"的表扬稿就得了。但我却从"贷款期一天"这件从未听说过的事,联想到很多事,写出了一篇针对性和指导性很强的评论。

我联想到哪些事呢?

我联想到,"我省企业效益低的一个重要原因是资金使用效率低,其表现是资金周转慢,慢则占用银行的贷款期长(少则以月计,多则以年计),长则付银行利息多,多则影响企业的效益"。

我联想到,"我省年财政收入不到 40 亿元,可是每年全省付银行的利息达十几亿元,接近省财政收入的一半"。

原因何在?我指出,除了企业吃国家资金"大锅饭"外,主要原因是企业内部管理上的大锅饭体制。

"出路何在?"一篇评论光提出问题、分析问题还是不够的,最终要解决问题。由此,我又联想到,和县鞋帽厂"在实行'纵横连锁、互相制约'的责任制中,对资金的使用效率,也制订了经济责任制:财务股与供销股签订了合同,规定了合理的库存占用资金额和相应的奖惩措施;厂长则与财务股签订合同,规定了年资金周转率和相应的奖惩措施……使资金使用效率大大提高"。

由和县鞋帽厂企业内部的改革,我提出解决问题的办法:"打破旧体制铸成的'大锅饭'……深化企业内部管理改革。"

一篇"从某某说开去"的评论就这样写出来了。这篇评论写于20世纪80年代,其针对性和指导性,即使在现在,对公有制企业仍不过时。

联想,联想,评论员头脑里要有东西可想啊。这就要求评论员头脑里贮存很多资料,需要时信手拈来。

需要指出的是,联想思维不能脱离事物内在的联系,去不作边际的想象,在逻辑上一定要有关联性。

作品:

"贷款期一天"的启示

在天长县汊涧金融所采访,听到这样一件事:去年秋季的一天下午,运销大户闵家均在个体商会会长的担保下,只花几分钟的时间,就在金融所办好了一笔三万元的贷款手续。闵当即用此款到各粮食收购点收购大米。当晚四十吨大米就装车起程运往扬州。第二天上午交货后,闵旋即带着汇票赶到汊涧金融所还了贷,贷款期为一天。这个金融所主要是为个体户服务的,据他们说,贷款期一天的事,在他们那里已发生很多回。

贷款期一天,未必都有必要和可能,但这件事却给人以深刻的启示。

目前,我省企业效益低的一个重要原因是资金使用效率低,其表现是资金周转慢,慢则占用银行的贷款期长(少则以月计,多则以年计),长则付银行利息多,多则影响企业的效益。我省年财政收入不到40亿元,可是每年全省付银行的利息达十几亿元,接近省财政收入的一半。可见,提高我省资金使用效率对提高企业经济效益,使我省财政状况根本好转,具有重大的意义。

为什么资金使用效率不高呢?除了贷款利率过低、企业吃国家资金"大锅饭",主要原因是企业内部管理上的大锅饭体制。笔者以为,像闵家均这样贷款只用一天的事,在国营和一些集体企业是很难想象的。是经济利益原则驱使闵家均创造出如此高的资金使用效率。原因很简单:根据一点二分的月利息,闵多占用一天贷款,就要多付利息12元,一个月就是360元。而目前,绝大多数国营、集体企业还没有这样的驱动力。原因也很简单:资金使用效率的高低,与资金使用人的经济利益脱节。

驱动力从何而来?出路在于改革。

据报载:有些国营大中型企业在经营承包中设企业内部银行,从车间、班组到个人,一律有偿使用资金,结果大大加快了资金周转的速度,少付了银行的利息。和县鞋帽厂是一个集体小企业,该厂在实行"纵横连锁、互相制约"的责任制中,对资金的使用效率,也制订了经济责任制:财务股与供销股签订了合同,规定了合理的库存占用资金额和相应的奖惩措施;厂长则与财务股签订合同,规定了年资金周转率和相应的奖惩措施。这样一来,供销股千方百计推销产品减少库存,财务股科学调度资金,使资金使用效率大大提高。事实说明,国营和集体企业资金使用效率并非就一定低,"非不能也,是不为也"。与调动职工劳动积极性和创造性一样,关键在于打破旧体制铸成的"大锅饭"。怎么打破?靠深化企业内部管理的改革。这就是闵家均贷款期一天之事给我们的启示。

(原载 1988 年 9 月 7 日《安徽日报》 署名:言赅)

要有一双锐利眼

这是一篇评论,评的是《在危急关头,还是共产党员行!——含山县黄墩大闸抢险纪实》这篇通讯。通常这样的评论,一般是歌颂性的,即对共产党员们的精神再提炼一下,号召人们去学习。而这篇评论则是从正面看反面,从表彰声中看出了倾向性的问题——汛前准备走过场。这需要评论员的眼力。

眼力从何而来?首先来自懂行。

我长期从事农业报道,有较多的水利建设和防洪救灾等方面的知识。看了通讯中关于险情原因的交代:"是由于黄墩引水闸'钢筋水泥铸成、重达 500 公斤的闸门突然全部崩毁'所致",我脑子的第一反应是:"汛前检查干什么去了?""险情的发生,是工作失职所致"——这是我读完通讯后的看法。一个不懂行的编辑和评论员是看不出这个问题的。

就这篇评论而言,我的眼力还来自于联想思维。

联想一:"1983 年 8 月 7 日,含山县 5 万亩农田的杨柳圩溃破,就是在退水情况下麻痹大意,对运漕闸未加设防造成的。"我怎么会联想到这件事呢?说来也巧,黄墩大闸与运漕闸同在一个大联圩内。1983 年我作为安徽日报社驻巢湖记者站的记者,亲历了当年的抗洪救灾工作,含山县杨柳圩溃破我去现场采访了,灾民凄凄惨惨的情况至今历历在目。由这个教训,我在评论中作了联想推理:"如果吸取了 1983 年运漕闸崩溃的教训,对黄墩大闸加固除险,险情也就可以避免了。"

联想二：中国社会经常有这样的事，即出现了险情或重大事故，一说事故不可抗逆，二对抢险中的人物进行表彰，甚至用评英雄、追认烈士的办法来掩盖问题。最典型的莫过于 1978 年冬渤海 2 号钻井平台倾覆、72 名职工遇难一事。当时的国家海洋石油勘探局领导就是采用追认烈士的办法来逃避责任的。由此，我联想到含山县黄墩闸抢险一事，因此在评论中提出，"防止在热热闹闹的庆贺表彰声中把问题掩盖掉，把教训丢到脑后"的论点。

联想思维是一种由此及彼的推理，经常运用于新闻评论的论证中，运用得好，可以增强评论的说理性。

这篇只有 486 个字的署名评论，见报后却引起了不小的反响。安徽省水利厅领导表扬了这篇评论，说"评论讲到了点子上，给各地打了一个预防针"。含山县领导则有点紧张，派人打听评论的"来头"，取消了表彰会。当时还是汛期，他们不敢懈怠，县乡两级领导分头到第一线抓防汛，对涵闸陡门和险工要段派重兵把守。果然，又下了一场大暴雨，由于预防及时，全县安然度汛。知情人告诉我说，幸亏《安徽日报》的言论提醒了含山县，县领导也从内心感谢《安徽日报》了。

作品：

谨防把问题掩盖掉
——从黄墩大闸出险谈起

看了《安徽日报》7 月 19 日通讯《在危急关头，还是共产党员行！——含山县黄墩大闸抢险纪实》，深为共产党员们的英勇的抢险事迹所感动。但是，透过文章觉得事情还有另一面，就是：这个险情可不可以避免？如果能防患于未然，岂不更好！

关于险情，通讯在一开头就交代清楚了：是由于黄墩引水闸"钢筋水泥铸成、重达 500 公斤的闸门突然全部崩毁"所致。对防汛设施，各地年年都要进行汛前大检查，奇怪的是这个"含山县最大的"、事关"7 万多亩良田和 5 万人民的生命财产"安全的黄墩大闸，却一再"躲过"了检查。可见汛前准备、汛前检查一定要动真格的。

有防汛知识的人都知道，涵闸陡门在汛期最容易出险，一般都派重兵把守，很多地方还采取加外障的除险措施，确保万无一失。1983 年 8 月 7 日，含山县 5 万亩农田的杨柳圩溃破，就是在退水情况下麻痹大意，对运漕闸未加设防造成的。黄墩大闸与运漕闸同在一个大联圩内,在今年的防汛中,如果吸取了 1983 年运漕闸崩溃的教训,对黄墩大闸加固除险,险情也就可以避免了。

现在抢险成功了,值得庆贺。但教训值得各地记取。要防止在热热闹闹的庆贺表彰声中把问题掩盖掉,把教训丢到脑后。

(原载 1989 年 7 月 30 日《安徽日报》 署名:言赅)

妙用典故说理

这是 1991 年安徽大水灾后,我写的一篇署名评论。从表面看,是宣传抗灾要以防为主的观点,更深一层看,则是讲领导机关更要以实际行动倡导这种理念。我的论证方法是比较法加妙用典故类比法。

在第七讲我们已经讲过,比较法是一种常见的论证方法。这里两个县两个大圩的比较,是我在调查中发现的。这是一种横比,而且可比性强,很有说服力。当时文中提甲、乙两县,分别指的是无为县和含山县。由于怕对含山县刺激太大,评论中没有直接点名。这个对比事实论证了什么呢?论证一个观点,即抗灾要靠实力,实力从何而来?防灾工作要做在前。

但我的论证并未到此止步,笔锋一转,指出"对甲进行表彰,弘扬抗洪精神是非常正确的,但从防灾这个角度考虑,乙更应该得到表彰"。为了说明为什么"乙更应该得到表彰"这个论点,我引用一个典故,采用类比推理来论证。什么叫"类比推理"?前面讲过,类比推理是由两个(或两类)事物的某些属性相同,推导出它们的另一属性也可能相同的一种直接推理。前面的比较是无为和含山两个县的横比,而这里的类比,则是古代的防火灾与现代的防水灾的纵比,其共同属性都是强调对灾害要以防为主。"曲突徙薪无人问,焦头烂额座上客"典故是一个很经典的案例,而现在,我们的做法正重蹈了古人的覆辙。古人设宴感谢救火人,请他们为座上客,这本身没有错,错在忘记了劝他搞预防的人。同理,表彰含山县奋勇救灾保圩的人,这本身也没有错,问题在冷落了连续"八个冬春固堤除险"的无为人。作为上级领导机关,表彰谁,不表彰谁,这里有一个导向问题。这篇评论的观点很鲜明:无为县更应该得到表彰。言下之意是类似无为县这样的地方,没有得到表彰,导向是有问题的,实际上是婉转地批评了有关部门的做法。

在类比推理的基础上，评论最后正面向领导机构提出建议："在总结表彰今年抗洪抢险的先进事迹的同时，也应该总结表彰那些年年苦干不止、提高抗灾实力的先进事迹。这样，就可以很自然地把干部、群众在抗洪抢险中的那么一种干劲，一种拼命精神，引导到今后的水利建设上去，把防汛抗洪工作建立在可靠的抗灾实力上。"

这篇评论由于说理透彻，涉及的人都能接受，发表后产生了很好的效果，受到安徽省水利部门的称赞。根据这一思想，后来我建议在《安徽日报》开辟《灾后反思篇》专栏，专门总结1991年的受灾教训。评论之所以成功，很大程度上得益比较法和类比推理，特别是恰当地引用了一个典故说理，给读者留下了深刻的印象。

作品：

他们更应得到表彰

今年抗洪抢险期间有这样一件事：甲、乙两县都有一个数万亩面积的大圩隔河相望，同样的水位，两圩的抗洪能力却迥然不同，甲岌岌可危，而乙却安然无恙。甲由于种种原因圩堤防御标准低，险象环生。但由于从乡村干部到县领导带领群众奋勇抢险，顽强拼搏，终于保住了圩堤，涌现出很多可歌可泣的英勇事迹。乙的圩堤由于1983年大水以后连续八个冬春固堤除险，防御标准高，水位高峰期圩堤照样行汽车，整个汛期基本未出现险情。由于无险可抢，也就没有什么惊心动魄的场面，当然也就涌现不出抢险英雄。甲由于抢险事迹突出，受到了上级领导的表彰，而且被请到北京进行讲演。

笔者认为，对甲进行表彰，弘扬抗洪精神是非常正确的，但从防灾这个角度考虑，乙更应该得到表彰。

由此，笔者想到一个"曲突徙薪无人问，焦头烂额座上客"的典故。突者，烟囱也。曲突，是把烟囱打一个弯。是说一个好心人，发现一户人家的防火意识不强，便建议这户人家把烟囱打个弯，以免火星直接往外冒；还建议把柴禾挪得离锅灶远一点。可是人家不听他的建议。不久，果然失火了，救火人被烧得焦头烂额。房主人感谢救火人，把他们请为座上客，却冷淡了向他提建议的人。由这个典故，笔者想到今年的抗洪救灾。

古今同理。大家知道，今年我省遭受了罕见的洪涝灾害，很多地方是人力难以抗御的。但是，大灾之后，在我们冷静思考问题之时，又不能把责任完全推给老天,不能用"难以抗御"来掩盖一些地方水利建设工作中存在的问题。许多地方的事实证明,同是差不多雨情、水情、汛情,凡是年年大兴水利、防洪除涝标准高的地方,今年的灾情就大大减轻,抗洪中所付出的代价也小,像打仗一样,平时多流汗,战时少流血;反之,灾情重,付出的代价大。因此,大灾之后,要反思,要总结正反两方面的经验教训。

我省境内有长江、淮河横穿而过,由于抗洪标准不高,每到汛期,各级领导都提心吊胆,南征北战,高度紧张,广大干部、群众在防汛抗洪中也都能一呼百应,奋勇拼搏,谁也不敢掉以轻心。这已经成为一个好的传统,在今年的抗洪抢险中表现得尤为突出。但是,拼搏精神必须与抗灾实力相结合才能更好地发挥作用。试想,如果堤防千疮百孔,防不胜防,光靠抗洪中的拼搏精神是不行的,即使守住了,付出的代价也太大。因此,我们在总结表彰今年抗洪抢险的先进事迹的同时,也应该总结表彰那些年年苦干不止、提高抗灾实力的先进事迹。这样,就可以很自然地把干部、群众在抗洪抢险中的那么一种干劲,一种拼命精神,引导到今后的水利冬修上去,把防汛抗洪工作建立在可靠的抗灾实力上。

"宜未雨而绸缪,毋临渴而掘井"。今年的大灾又一次这样提醒了我们。

(原载 1991 年 10 月 18 日《安徽日报》 署名:言赅)

找一个切口评大事

笔者长期搞农业报道,学会了唱"四季歌",其中之一是报道每年一次的全省秋种工作会议。除了发会议新闻外,一般都要配发本报评论员文章,内容不外乎号召全省人民,提高认识,加强领导,打好秋种这一仗,夺取明年午季大丰收,云云。实事求是地说,自从 1979 年起,我省率先实行大包干后,这种以计划经济为特征、下达秋种任务的秋种会,就没有实质性意义了。因为农民已经有了种植自主权,种什么,不种什么,是市场这只无形的手在指挥着他们。这种情况领导者也心知肚明,但由于习惯于计划经济的工作方式,每年一次的秋种会还是要正儿八经地召开的,领导作报告,提要求,交流典型经验,再回去层层传达,结果是劳民伤财。

1992 年邓小平南方讲话后,党的十四大正式确立了社会主义市场经济体制的改革目标,安徽省政府终于打破了上述工作惯性,表现之一就是从这一年起,我省一年一度的秋种工作会议终于不开了。

西方新闻学理论中有一个反常学,就是正常工作和生活不是新闻,反常了,一反常态了,才是新闻,最典型的表述方式就是"狗咬人不是新闻,人咬狗才是新闻"。因此,从这个意义上说,一年一次的秋种会不是新闻,不开秋种会了,属反常现象,才是真正的新闻。真正的新闻才值得撰写评论议论一番。写什么?就从不开秋种会这件说开去,说什么?就是论证"社会主义市场经济体制正在向我们走来"这个大主题。于是,我一层层地用事实论证开去,结论是:"在社会主义条件下,实行市场经济能够促进生产力的迅速发展。"最后还提出了一个未加论证的大课题:"转变政府职能,帮助农民进入市场。"

这是一篇较早宣传社会主义市场经济的评论员文章,由于以小见大,说理性强,被安排在《安徽日报》一版显著位置刊登。当时的背景是:刚刚结束的党的十四大,正式确立了社会主义市场经济体制的改革目标,这是一件具有划时代意义的大事。心中装了这件大事,一有机会总想评论一番。全面评论这件大事是很难的,但评论员有一个办法,就是找一个切入口,叫"一叶而知秋"或"一滴水见太阳"的办法。机会终于来了,当我在第一时间知道今年我省不开秋种会这件事时,第一感觉是,市场经济体制真的在向我们走来了,便立即决定抓住这件事做文章,于是,一篇宣传社会主义市场经济的本报评论员文章应运而生。

作品:

今年没开秋种会

眼下,全省农民正在热火朝天地忙秋种。细心的人们从报纸、广播和电视上可以发现,今年秋种前,从省到地、市、县,都没有开秋种会,没有层层下达指令性秋种计划,种什么,怎么种,都由农民自己决定,各地只提出一个指导性计划供农民参考。这是邓小平同志南巡讲话①后农村改革出现的一个重大变化。它表明,社会主义市场经济体制正在向我们走来。

事实上,14年来,中国农村改革走的就是市场取向的路子。它源于以大包干为特征的家庭联产承包责任制。"交足国家的,留足集体的,余下都是自

---

① 邓小平视察南方讲话,历史上曾被称为"南巡讲话"。为尊重史实,引文中保留"南巡"一说。下同。

己的"，意味着农民有了部分产品的支配权，14年来，中国农村改革走的就是市场取向的路子。

乡镇企业异军突起，就是因为它一诞生，就与市场经济联系在一起。国家没有计划安排，没有计划物资供应，不给投资，也不包销产品，但它充满活力，仅10多年时间，就在全国工业总产值中"三分天下有其一"了。

10多年来，我国居民的菜篮子越来越丰富。人们从中发现：凡是市场放开的农副产品，产量都迅速发展，质量不断优化，如水产、水果、畜禽、肉类、蔬菜等等。即使前几年粮油棉等国家统购产品连续徘徊，但"二水"（水产、水果）却持续"奔流"。

总之，农村改革的实践证明，中国是可以而且必须搞社会主义市场经济的。

这一点，党的十四大已作出了科学的论断，划时代的选择。

最近，国务院已决定进一步把农产品推向市场，包括逐步放开粮食市场。对此，有人担心有风险。比如秋种前，有人担心在粮价疲软的情况下放开粮食市场，农民会不会少种或不种粮了。其实，这个担心是不必要的。因为市场这只无形、巨大的手在指挥着农民。省农调队的抽样调查也表明，秋播粮食面积，特别是小麦，不是减少了，而是增加了。因为在我省的粮食市场中，小麦和面粉近几年都比较畅销。可以预料，明年早中稻种植面积中，品质差的籼稻会下降，粳稻和其他优质稻面积会上升，这正是市场调节的巨大作用，调节的结果就是推动农民走高产优质高效的路子。当然，农产品市场放开后，谁也不能打包票说一点风险也没有。特别是粮油棉等较迟放开的产品，在市场还没有充分发育和国家调控机制还不健全的情况下，加上自然灾害，生产及其市场会出现一定程度的波动，这是不可避免的。但是，从总的来说，在社会主义条件下，实行市场经济能够促进生产力的迅速发展，这一点已被我国的改革实践所证明。减少市场波动，也只有从健全市场和国家调控机制找出路。

今年没开秋种会，其实，不开会并不意味着撒手不管。比如，有的地方开了机播现场会，有的派科技人员下乡搞承包示范，有的为秋种提供多种形式的统一服务，都很好。至于怎样转变政府职能，帮助农民进入市场，则更是一大课题，有待以后论述了。

（原载1992年10月23日《安徽日报》一版 署名：本报评论员）

为农民说话　向政府献策

如鲠在喉，不吐不快

长期以来，中国实行工业化的资本积累，主要是靠剥夺农民来完成的，途径是通过工农业产品的不等价交换来实现，经济学上叫"剪刀差"。尤其是粮食，新中国成立不久就强制推行粮食统购统销，严重挫伤了农民的生产积极性，加上强制推行人民公社，造成了三年大饥荒时期中国农村"饿、病、逃、荒、死"的大悲剧。

农村第一步改革后，农民有了生产自主权，但粮食、棉花等重要农产品，在一段很长的时间内，并没有销售自主权。国家对粮食实行了定购政策，规定农民必须首先向国家缴纳定购粮食，价格由国家说了算，农民完成定购任务后的余粮也只能卖给国家，或到国家经营的批发市场去出售。这样，很多国家基层粮站就成了盘剥农民的奸商。

当国家粮食紧俏、粮食定购价低于市场价时，粮站就通过农村基层干部强制农民向国家缴粮，演出了很多干部强行到农民家扒粮、农民反抗、相互对立而产生的恶性案件，严重损害了党群关系和干群关系。

而当粮食发生暂时或局部过剩、市场粮价低于国家定购价时，一些国营粮站则从自身的利益出发，拒收，或"打白条"，或压级压价收购农民的定购粮和余粮。而按国家规定，粮食属国家专营物资，其他人不得经营。这样，国家不收，又不让别人经营，就把农民逼得无路可走。这篇评论就是在市场上粮食价格下跌到1984年后的最低谷、国家粮站普遍拒收或压级压价收购农民的定购粮的情况下撰写的。

在中国，农民是弱者，作为一个党的新闻工作者，我觉得自己有责任从国家和人民的根本利益出发，反映农民的呼声。一时间，写作冲动，如鲠在喉，不吐不快。

以情动人，以理服人

这篇评论不是简单地呼吁各级领导"提高认识，加强领导"，而是站在维护国家长远利益的高度，以情动人，以理服人，晓以利害，努力使评论达到一个新水平。

评论第一段是抓住新闻由头提出问题，第二段则用反差很大的事实，从对比中歌颂中国农民的奉献精神,字里行间实则批评了国家对农民利益的剥夺和不守信用,提出"设身处地为农民想一想"的问题,写得情真意切,力透人心。

如果说,第二段主要是摆事实讲道理,以情动人的话,第三段则是站在维护国家长远利益的高度,以理取胜,即以新颖的论点取胜;这个论点就是以"以'吞'抬价,以'吐'压价"的宏观调控思想,维护国家粮食生产和价格的稳定,进而维护国家的粮食安全。指出现在正是国家"吞进"的最好时机。这一段其实是向国家进了一个粮食大政策。文中委婉地批评了国家的粮食定购政策,建议"国家要拥有足够的粮食吞吐能力",即建立国家粮食储备制度。

第四段也是最后一段,从国家长远利益的高度论证了如何正确处理国家财政与维护农民利益的关系,尖锐批评了在两者关系发生矛盾时,"牺牲农民利益"的政府行为。并用经济学的基本理论论证了这种行为可能造成的严重后果。指出"一旦挫伤了农民种粮的积极性,将造成粮食生产和粮食市场的大起大落,对此,我们不能不防"。

这篇千字文的评论,采用了立论法,即直接论证作者提出的论点。在立论中,我首先采用了对比法。有比较才能鉴别,比较是认识事物和说明事物的好办法。我对比了国营粮站在两种不同情况下的不同做法,含蓄论证了农民是现行国家粮食政策的受害者。接着我采用引证法,论证了我提出的基本对策。所谓引证法,即引用已被证明的、公认的道理、原理或理论,来证明作者提出的论点。在此,我是用"以'吞'抬价,以'吐'压价"和"谷贱伤农、伤工、伤商、也伤财"的经济学基本常识,来证明自己的论点的。通篇从提出问题开始,分析问题,解决问题,层层推进,环环相扣,具有较强的说服力。

一个正确的观点不是从天上掉下来的,也不是头脑里固有的。在这以前,我研究了国内外关于粮食问题的大量资料,也调查了农村的实际情况,并从理论的高度进行总结,所以在评论中敢于提出自己的论点。当时的安徽日报社领导敢于在第一版发表这篇评论,也是需要勇气的。在此,我表示深深的感谢。

产生反响,预言准确

前面已提到,评论曾提出:"一旦挫伤了农民种粮的积极性,将造成粮食生产和粮食市场的大起大落,对此,我们不能不防。"事后证明,这一警告是很有预见性的。由于农民种粮积极性受挫,粮田大面积抛荒,粮食产量下降,仅事隔一年,粮价大幅度上扬,带动整个农产品价格的大幅度攀升,使整个国家出现了严重的通货膨胀。这是一大教训。此后,国家采取了两大政策,才使粮食出现了稳定增长的局面:一是大幅度提高了定购粮的收购价格;二是建立了国家粮食专储,特别是1998年以后,利用国债资金,大量建立国家粮食储备库,为放开粮食市场、建立"以'吞'抬价,以'吐'压价"的机制创造了条件,也为从根本上保障国家粮食安全创造了条件。

评论见报后,很多读者来信反映这篇评论富有胆识,有很强的针对性;一些农民和基层干部则来信感谢报社反映了他们的呼声。1993年4月,该评论被评为安徽省好新闻一等奖。评选委员会的评委们在评论此稿时,一致认为,这篇评论立论新颖,说理有力,为国家制定粮食政策提供了理论依据。

理性的批判性思维

这篇评论的成功,得益于理性的批判性思维。评论员要有批判性思维,对现状不能有思维定势,要敢于说"不"。邓小平正是因为有批判性思维,才成为中国改革开放的总设计师而被载入史册的。但是,批判性思维不是瞎批判,不是痛快一时的愤怒和叫骂,要有建设性,要解决问题,要对社会负责。这需要评论员的理智和见解。

作品:

粮农呼唤保护价

10月初,省粮油食品局曾发出通知,要求各地"抓紧定购粮收购,努力完成全年定购任务。凡未经省政府批准放开粮食购销价格的地方,不准拒收农民交售的定购任务"。可是,农村反馈的信息表明,不少地方粮站至今仍拒收或压价收购农民的定购粮,致使市场粮食价格一降再降,农民叫苦不迭。

前几年,粮食紧俏,50公斤籼稻市场价一度高达50元,与当时的定购价相差近30元。当时国家强调定购粮是指令性任务,一定要完成,这个巨大的差价农民认了,表现了中国农民可贵的奉献精神。眼下,市场上50公斤籼稻普遍降至20元左右,比国家规定的定购价低20%左右。可是,在这种情况下,一些地方的国营粮站却不执行国家规定的定购价,两相比较,反差太大,对此,农民是有意见的。因此,无论从保护农民种粮积极性来看,还是从取信于民来看,都应该用国家规定的定购价来收购农民的粮食。我们应该设身处地为农民想一想。

建设社会主义市场经济体制,需要国家建立强有力的宏观调控机制。对粮食来说,为了防止市场价格大起大落,最主要的办法就是国家要拥有足够的粮食吞吐能力。这就要求:粮食如发生暂时的或局部的过剩,国家以保护价(目前即定购价)收购,以"吞"抬价,保护生产者;相反,如发生暂时的或局部的紧缺,国家实行抛售,以"吐"压价,保护消费者。目前,粮食价格已跌至近6年来的最低点,应该说正是需要国家"吞进"的时候,以实施宏观调控。当然,对农民来说,要加快种植优质粮的步伐。

粮站拒收定购粮的背后还隐藏着一个如何正确处理维护各级地方财政利益与维护农民利益的关系问题。历史事实告诉人们,就政府行为来说,在两者发生矛盾时,往往牺牲农民利益这一头。目前一些地方拒收定购粮的做法就是这种行为的一个反映,这是不可取的。谷贱伤农,农民购买力下降,又会影响工商业的繁荣,最终还会影响到财政收入。最重要的是一旦挫伤了农民种粮积极性,将造成粮食生产和粮食市场的大起大落,对此,我们不能不防。其实,前面说到的"吞""吐"调节本身就是经营。"贱则买之,贵则卖之",既可以平抑粮价,经营得好,又可以做到不赔,至少可以少赔。当然,为了稳定粮食这个基础的基础,即使赔一些也是应该的。关键在于各级领导以农业为基础的思想是不是牢牢地扎根了。

(原载1992年11月1日《安徽日报》 署名:言赅。获中国新闻奖三等奖、安徽省好新闻一等奖,入选《中国高级记者成名作透视》评论卷)

评有文势 一气呵成

对这篇评论的写作,我要自我欣赏一下,就是这篇评论写出了气势,文章学叫"文势"。文章的气势是作者的一种风格,一种表现形式,受制于题材和主题,叫内容决定形式吧。大题材,你可以写"三万里河东入海,五千仞岳上摩天"式的庄严雄伟,文势可以是"如霆,如电",激越奔进,雄伟壮观;小题材,你可以写"小荷才露尖尖角,早有蜻蜓立上头"式的轻松愉快,如清风,如月下,如杨柳,优游舒缓,何尝不是又一种文势呢?就是说,题材决定文势。这篇评论评的是党的十四大精神中的大问题——确立社会主义市场经济体制的改革目标,这个大题材决定了评论可以有强劲、开阔、雄壮的气势。以这篇评论的开头为例：

> 举世瞩目的中国共产党第十四次代表大会庄严宣布：中国经济体制改革的目标是建立社会主义市场经济体制。从此，社会主义的旗帜上第一次写上了"市场经济"4个大字。这是社会主义经济理论的又一次重大突破，也是我们党对马克思主义的一个重大发展。

三句话，114个字，既点明了主题，又写出了确立社会主义市场经济体制改革目标的重大意义，虽不敢说有"大江东去"的气势，却也澎湃、激越、雄壮，荡气回肠。

评论的气势，实质上是评论员气质的反映，它与评论员的禀赋和生活经历密切相关。在接下来的论证中，充分体现了这一点，其表现是事实性论据充分准确：从"对长途贩运是不是投机倒把的讨论"到"主辅论"；从"主辅论"到"有计划的商品经济"；从"有计划的商品经济"到"计划与市场调节相结合"；再到"国家调节市场，市场引导企业"；再到1992年邓小平关于市场经济的讲话，"诊治了我们在计划经济与市场经济关系问题上常犯的'恐资病'"。10年间，这些事实信手拈来。它们排列起来，论证了一个分论点：市场经济"这个改革目标的确立来之不易"。

在文学作品中，排比这一修辞手段，是较为常用的一种抒情形式，它抒发浓烈的激情，强化语言的急促感，可以形成一泻千里的文气。同样，在评论的论证中，同类事实的排列，加以严密的逻辑推理，也可以形成对论点不容置疑的论证气势。之所以能一气列了10年间这么多争论，是因为我经历了从计划经济到市场经济转变的艰难历程。

在接下来的论证中，我又以计划经济时期商品匮乏的事实，和改革开放后"很多领域和部门实际上引入了市场经济机制"，使得"商店里商品琳琅满目，居民的菜篮子日益丰富"的事实，两相对比，以实论虚，论证了建立社会主义市场经济体制的必要性。评论写道：

> 43年前，我们选择了社会主义制度，因为只有社会主义能够救中国；43年后，我们在改革开放中选择了社会主义市场经济体制，因为只有社会主义市场经济才能发展中国。

这个结论，振聋发聩，气势恢弘，势不可挡。

文贵天然。实事求是地说，我在撰写这篇评论时，并没有刻意想到要写出什么气势来。只因为经历了计划经济时期的苦难生活,又经历了改革开放带来的翻天覆地式的变化,我对中国的改革开放充满了深厚的感情,所以,当我接到撰写这篇评论的任务时,文思泉涌,用自己的语言,一气呵成地写出了这篇我比较满意的代表官方的评论。

作品：

社会主义经济理论的重大突破
—— 四论学习贯彻党的十四大精神

举世瞩目的中国共产党第十四次代表大会庄严宣布：中国经济体制改革的目标是建立社会主义市场经济体制。从此,社会主义的旗帜上第一次写上了"市场经济"4个大字。这是社会主义经济理论的又一次重大突破,也是我们党对马克思主义的一个重大发展。

这个改革目标的确立来之不易。回想改革初期,报纸上对长途贩运是不是投机倒把还讨论了好一阵子。但是,随着改革开放的深入,我们党的认识在不断深化。让我们回顾一下十多年来的改革历史：十二大提出计划经济为主,市场调节为辅；十二届三中全会指出我国社会主义经济是公有制基础上的有计划商品经济；十三大提出社会主义有计划商品经济的体制应该是计划与市场内在统一的体制,还指出,新的经济运行机制,总体上说应当是"国家调节市场,市场引导企业"；十三届四中全会后,提出建立计划经济与市场调节相结合的经济体制。我们在改革目标上,之所以苦苦探索了十多年,除了认识上的原因外,主要是因为不断受到姓资姓社争论的困扰。"计划经济不等于社会主义,资本主义也有计划,市场经济不等于资本主义,社会主义也有市场,计划和市场都是经济手段,计划多一点还是市场多一点,不是社会主义与资本主义的基本区别"。邓小平同志南巡讲话中这一科学论断,诊治了我们在计划经济与市场经济关系问题上常犯的"恐资病",为十四大确立正确的改革目标奠定了基础。

人们十分清楚地记得改革开放前我们国家的经济生活是一种什么情况。那时期实行高度集中的计划经济体制,企业产品和人民公社的农副产品基本上都由国家统购包销,结果,越统越死,越死东西越少,越少就越统,形成恶性循环,亿万农民终年劳动不得温饱,城市居民也只能依靠多种票证维持很低的生活水平。改革开放14年,我们在很多领域和部门实际上引入了市场经济机制,结果国民经济上了一个新台阶。如今,商店里商品琳琅满目,居民的菜篮子日益丰富,乡镇企业异军突起,农副产品充裕,各种非国有经济成分迅猛发展。正是由于坚持了改革,我们党才能面对国际风云变幻,使社会主义旗帜在中国的大地上高高飘扬。

祖国要富强,人民要富裕,这是中国人民世世代代的梦想,也是中国共产党人的奋斗目标。43年前,我们选择了社会主义制度,因为只有社会主义能够救中国;43年后,我们在改革开放中选择了社会主义市场经济体制,因为只有社会主义市场经济才能发展中国。如果我们不这样提出和认识问题,一有风吹草动,又会在姓资姓社问题上纠缠不休,这样就会贻误社会主义大业。

我国14年改革开放的实践表明,凡是市场作用发挥得比较充分的地方、部门和企业,那里的经济就充满活力,发展速度就快。为什么我国东南沿海地区这十多年来发展比较快?除了历史和地理的原因外,就是他们思想解放,充分发挥了市场的作用。与先进地区相比,我们安徽之所以经济发展还处于落后状态,除了历史和地理原因外,根本原因是思想不够解放,没有充分发挥市场的作用。从这个意义上说,只有社会主义市场经济才能发展安徽,振兴安徽。因此,我们只有加快建立社会主义市场经济体制,才能跟上先进地区的前进步伐。

加快建立我省社会主义市场经济体制,要做的事很多。从我省实际情况来看,当前最主要的是在抓紧转换企业经营机制的同时,下决心转变政府职能,把政府机关从过去计划经济的框框中解放出来,变直接管理为间接管理,加强统筹规划、掌握政策、组织协调、提供服务和检查监督。当前最重要的就是落实《条例》,把《条例》规定的14项自主权真正还给企业。在市场经济面前,我们不熟悉、不懂得的新问题、新领域很多。怎么办?唯有学习才能前进。学什么?要学习和掌握邓小平同志建设有中国特色社会主义的理论;要学习和掌握现代科学文化知识;要学习和掌握现代经济管理知识,包括学习和掌握资本主义发达国家先进的经营管理知识和经验,努力掌握现代市场经济的发展规律。刻苦学习,大胆探索,及时总结,我们就一定能顺利地完成我省经济体制的转换。

(原载1992年11月15日《安徽日报》一版 署名:本报评论员)

重在具体分析

世界上的很多事情是非常复杂的,不是一个简单的是与非就能回答得了的,必须具体问题具体分析。因此,评论员对一些事物的评议,不能简单化,重在具体分析。特别是改革开放中的一些做法和问题,更应该如此。这是评论员很重要的一种世界观和方法论。

20世纪90年代初,为打破分配上的"大锅饭",企业内部普遍采取"工效挂钩,超额奖励,分段递减"的分配制度。而安徽省农机公司却大胆采取"分段递增"的分配办法,效果很好。公司经理解释说,这个办法符合他们的实际情况。我回来后,没有就他们的做法写新闻加以推广,而是写了一篇题为《可以,可以,也可以》的署名评论,对企业内部的分配制度改革进行具体分析,得出的结论是:可以这样,可以那样,也可以其他样。并且推而广之说:"一切以时间、地点、条件为转移……现在其他一些被视为模式、定规的东西,是否也可以作点具体分析呢?!"显然,这样分析是为了探索改革的路径。因为中国的改革就是"摸着石头过河"。

分析也是一种说理。而此前,我们的一些新闻报道和评论会常常这样说:"某某地方(或单位)能够做到的,你们那儿为什么就做不到呢?"这就有点儿强加于人了。马克思主义的一个基本原理是:一切从实际情况出发,具体问题具体分析。评论员要学会分析,分析就是讲道理。这篇评论是怎样分析的,读者一看原文就知道了。

这篇评论的标题有点儿新奇,叫《可以,可以,也可以》,非常吸引读者。它来源于20世纪80年代初关于农村改革的一份中央文件,说可以以生产队为核算单位,也可以分组作业联产计酬,也可以包产到户。当时,对于中国农村的第一步改革,怎么改,全国上下争论得死去活来。邓小平说话了,他说,先干起来,不争论,让实践去体验。于是,就出现了"可以,可以,也可以"的说法。这个说法,被我应用到评论的标题中来了,还是很有新意的。同样,对这个说法,具体到不同的事也要具体分析。比如人的行为规范,很多是"不可以"的,"不可以"突破道德底线,党员"不可以"违纪违规,领导干部"不可以"搞"四风"(形式主义、官僚主义、享乐主义、奢靡之风),更"不可以"贪污受贿,等等。这又是一种具体分析。

新闻评论不神秘

作品：

可以，可以，也可以

"工效挂钩，超额奖励，分段递减"，是许多企业在内部分配中的一个通常做法。所谓奖励"分段递减"，就是超额的部分，到了一定的程度通常按百分比划成几段，奖励不再是原来的比例，而是"递减"了。据说，这样做的目的是为了防止两极分化。"分段递减"办法，还在国家与企业的留利分成中被普遍采用，据说是为了保证国家得大头。

今年年初，省农机公司在企业内部实行承包责任制中，一反常规，大胆采用了"分段递增"的奖励办法，结果效益大增，一个100多人的公司，年利润猛增50万元。公司经理锁德明在解释为什么这样做时说："农机是国家规定的微利经营产品，1991年，公司人均利润就达1万多元，基数很大，再上，困难更多，付出的劳动更多。因此，奖励'分段递增'是符合我们企业实际情况的，也符合按劳分配原则的。"

省农机公司的做法无疑是一个突破。说突破并不意味着全盘否定"分段递减"，至今，这个办法在很多情况下仍然是适用的，比如承包起点低、基数小、潜力大的企业和品种等等，但作为一种模式一刀切就容易挫伤企业和职工的积极性。因为那些微利经营企业，特别是人均创利基数已经较大，如超利越多，奖励的比例越低，他们就会感到投入和付出的太多，而得到的却很少，积极性也就难以进一步提高。同样的道理，"分段递减"也容易挫伤那些利税基数高的先进企业的积极性。至于担心"分段递增"法会引起两极分化，则完全是一种误解，常识告诉我们，两极分化绝不是按劳分配造成的。至于保证国家得大头，也要作具体分析。如果挫伤了企业积极性，按比例国家虽然得到了大头，但绝对数却很小，这个"保证"也就值得研究了。

至此，我们对采用"分段递减"，还是"分段递增"，还是其他办法，可以借用农村实行责任制初期的一句话，叫"可以，可以，也可以"。一切以时间、地点、条件为转移，标准是邓小平南巡谈话中的"三个有利"。推而广之，现在其他一些被视为模式、定规的东西，是否也可以作点具体分析呢？！

（原载1992年12月15日《安徽日报》 署名：言赅）

敏感话题　中肯分析

20世纪90年代中期,乡镇企业产值的虚报浮夸问题,一度成为人们议论的话题。但这个问题很敏感,因为涉及各级领导的政绩,而且事情本身也很复杂,在党报上是不能轻易发表看法的,评得不好,一是出不来,二是惹麻烦。但虚报浮夸毕竟是很不好的事,写不写,怎样写,我一直很纠结。这时,我想起范敬宜的话,大意是什么东西都可以写,看你怎么写。乡镇企业作为中国农村工业化过程中的一种重要模式,其贡献是很大的,邓小平曾有"乡镇企业异军突起"的评价。因此,我的基本定位是:充分肯定乡镇企业,把虚报浮夸问题作为发展中的问题来看待,而且要有建设性。即使这样,只要评论中有"虚报浮夸"的字眼,哪怕是个人署名评论也是难以通过的。这就要动脑筋了。

我是怎样解决这个难题的呢?我的办法是写两篇署名评论,第一篇叫《假如没有乡镇企业》,用充分的数据和事实,称赞了乡镇企业的巨大成就和贡献,首先发表。第二篇就是《实事求是话"水分"》,紧接着第二天发表。两篇作为一个整体,表明了我对乡镇企业的总体看法。为使稿件能够顺利通过,事前,我与分管的老总作了充分的沟通。果然很顺利。评论发表后,各方都能接受,应该说效果是好的。原因是我在评论中对乡镇企业的虚报浮夸问题,从产生的原因,到怎样看待、怎样解决,都作了中肯的分析。怎样分析,请看原文。

评论员经常遇到一些敏感的话题,不能凭一时的痛快,一味地指责、问责和抨击,而要实事求是,讲究方法,从而有利于问题的解决,遇到挫折,还要有一点韧性。

作品:

实事求是话"水分"

"水分"者,虚报浮夸也,与实事求是相悖。然而,就一些同志议论的乡镇企业"水分"问题,笔者认为应作实事求是的具体分析。

"'水分'是压出来的。"这话不能笼统地这样说。近些年,我省各级加大发展乡镇企业的工作力度,把乡镇企业作为一方领导的一个政绩来考核,应该说对各地的压力是很大的。有压力才有动力。不少地方还自我加压,加快发展,出现了你追我赶的局面。这是竞争中的压力。这种压力是好事。从某种意义上说,没有这种压力,就没有近几年我省乡镇企业如此快速发展的好形势。然而,任何事物都有两重性。对少数党性不强、作风不正的同志来说,为了个人的荣辱升迁,压力一大,他就可能说假话,掺"水分"。这是我们要坚决反对的。同时也提醒我们,在下达指标时,千万不能搞"一刀切",一定要因地制宜,防止真的"压"出了"水分"。

"乡镇企业产值是'报'出来的。"此话更要具体分析。1984年中央4号文件决定,将原来的社队企业改称为"乡镇企业",而且把户办、联户办企业也列入乡镇企业统计范围。这样,乡镇企业就由乡(镇)村两个轮子变成了四个轮子。在当时的情况下,中央的这个决定对刚刚起步的户办、联户办企业是个有力的保护,至今仍有重要意义。但是,这样做也给乡镇企业的统计工作带来极大的困难。特别是户办企业,由于缺乏定性定量的标准设置,更由于管理水平和素质较低,很多没有会计报表,不核算成本,甚至不记账。面对如此众多的户办企业,有人曾极而言之:"神仙也难以统计准确!"何况乡镇企业不仅包括工、商、运、建、服等二三产业,还包括农、林、牧、渔等第一产业,点多面广,统计起来的确难度很大,再加上没有形成统计网络和队伍,更缺乏先进的统计设备和手段。在这种情况下,一些地方乡镇企业的统计数据不那么准确,甚至有不同程度的"水分",恐怕是难以完全避免的。对此,我们应把它看作发展中的问题,前进中的问题。至于前面讲到少数同志,不能正确看待压力,搞"乡(镇)村办企业不够,户办联户办来凑",凭嘴巴报数字,则是党纪和《统计法》所不允许的。

近些年来,一些同志,特别是一些老同志对乡镇企业的"水分"问题议论较多,总的来说是出于对乡镇企业的关心和爱护,我们要从积极的方面去理解;也可以组织他们去看一看,议一议,以便统一认识,改进工作。如确有问题,绝不能讳疾忌医。另一方面,我们又要理直气壮地肯定我省乡镇企业的大好形势,保护广大基层干部发展乡镇企业的积极性。再遇到议论怎么办?是否坚持这样几条:第一,埋头干,大发展,不争论;第二,淡化产值意识,增强效益观念;第三,探索科学的办法,改进乡镇企业的统计工作。

(原载1995年3月7日《安徽日报》 署名:言赅)

逼出来的"假如法"

前面我曾讲过,论证的方法分两类:立论法和驳论法,在第七讲、第八讲中我分别有具体的阐述。这里我要联系我撰写的一篇评论——《假如都像朱永祥》,讲一种教科书上没有提及的论证方法——"假如法"。这是我在实践中总结出来并加以研究的,意在抛砖引玉。路是人走出来的,研究无禁区嘛!

没有办法的办法

事情是这样的:

1995年6月13日,当时的安徽省委书记批来了一份颍上县卅铺乡农技服务站站长、农民技术员朱永祥推广农业技术,全心全意为农民服务的调查材料。指示安徽日报社第二天在《安徽日报》一版配评论发表。撰写评论的任务落到我头上。说实话,压力还是很大的。因为是省委书记交办的,报社领导很重视,如果写不好,报社老总不好向上交代。问题在于怎样写出新意。农技服务、科学种田是个老话题,报道中没有提供新观点,也找不出新角度,怎样写出新意呢?像这样省领导批示的典型,过去配发的评论一般都是号召型的,即动员全省农技战线的同志向朱永祥学习。但这样动员性的评论容易落俗套。我反复看原稿,发现朱永祥事迹很典型,效益也很突出。而我掌握的全省农村面上的种田水平,与朱永祥所服务的乡相比,差距很大。差距就是潜力。"如果都像朱永祥的水平,该多好!"我思索着。豁然,心里一亮,何不就按照这个思路来写呢?这是没有办法的办法。于是一篇题为《假如都像朱永祥》的评论员文章诞生了。这篇评论用对比、算账的方法,着重选用报道中科学种田的新材料、新事实来论证科学种田的巨大威力。加上论证方法也比较新颖,评论见报后反应很好,在安徽日报社好新闻月评中获得一等奖。

退休后,我在2001年出版的《新闻评论范文评析》一书中发现,早在1980年4月20日,《中国农民报》就发表了一篇题为《假如都像徐永山》的评论员文章,从标题到论证的方法,与我的那篇评论基本相同。遗憾的是,我是后来者。后来,我便注意收集这方面的案例,如2001年8月27日《人民日报》的《假如媒体缺席……》和2004年2月23日《安徽日报》的《假如没有农民工》等案例。

为什么叫做"假如法"?

我认为,这是一种特殊的论证方法。让我们来分析这种方法属于哪一类:

其一,是不是立论法?不是。立论法是正面和直接论证自己的观点,而我所收集的案例都拐了一个弯,假设了一下。

其二,是不是驳论法?驳论的特点是先设一个与自己对立的观点,然后加以驳斥,使自己的论点在驳论中确立起来。这里的假设是不是与自己对立的观点呢?不是。比如《假如媒体缺席……》,这篇评论的论点是讲媒体监督的重要性的,文中没有提出媒体监督不重要的相反观点。

其三,是不是归谬法呢?我所收集的案例中的假设都不是荒谬的,而是客观存在的,或经过努力可以做到的。因此,不属于归谬法。而前面第八讲中的案例《如果所有母亲都生男孩》,是一种荒谬的假设,属归谬法(是驳论中的一种)。

我所涉及的案例,既不属于立论法,也不属于驳论法,因此,我觉得这是值得研究的另一种论证方法,就给它取了一个名字叫"假如法"。

如何运用"假如法"?

我所收集的案例有一些共同特点:

一是论证的主题都比较大。

《假如都像徐永山》,从一个拖拉机手说起,论证实现四个现代化,要讲经济核算,把高消耗降下来。好大的主题;

《假如媒体缺席……》,是论证舆论监督重要性的;

《假如没有农民工》,是论证农民工重要性的。

好家伙,篇篇论证的都是大主题。我发现,"假如法"论证的都是大主题(或以小见大),否则一般用不上这种论证方法。

二是假设的东西与现实必须有较大的反差,比如,《假如都像徐永山》一文,就是通过对比算账,利用反差的衬托来论证自己的观点的。

三是假设的东西必须合乎情理。什么叫合乎情理?就是摸得着,看得见,客观存在,或经过努力能做到。

四是评论员必须把握全局。我写《假如都像朱永祥》为什么比较成功?源于我对全省农业情况的了解,掌握了大量具体的数据。《假如都像徐永山》的作者更是全局在胸,从而论如析薪,层层深入。请看:

假如都像徐永山，一台拖拉机一年节省柴油一吨半，单是60万台大中型拖拉机，一年就可以节省90万吨柴油。

假如都像徐永山，一台拖拉机一年节省修理费1500元，全国就是9亿多元。

假如都像徐永山，一台拖拉机一年少开支费用2800元，全国就可以为农民节省20多亿元。

假如都像徐永山，十年如一日，精心保养操作，全国200多万台拖拉机，就可以一台顶一台、甚至顶两台用。

假如我们不能把高消耗压下来，不讲经济核算，不讲经济效益，那四化就没有希望。假如都像徐永山，实现四个现代化就大有希望，时间也可以大大提前。

一连五个"假如都像徐永山"的排比句式，势不可挡，高屋建瓴，使数字得到了妙用，增强了说服力。

假如法是一种发散性思维，说理性强。有时候，评论员会遇到这样的情况，就是我在前面分析的那样，没有新思想、新观点、新见解，又选择不到新角度。在这种情况下，一个好办法就是寻找新的论证方法，用新方法去取胜。其中，"假如法"不失为一种论证的新方法。2012年夏季，郑州因高温出现大面积停电。停电某小区是我国首位飞天女航天员刘洋父母居住区，该区业主打出了一个条幅：刘洋，别回家，家里没水没电。此举被广大网友称为"智慧"维权行动。我国首位飞天女航天员的娘家停电了，这还了得！作为开发商和物业管理方，董事长张瀛岑在这条维权微博发出17分钟后就发出致歉微博，同时称向受损的业主每户补偿500元钱。这条新闻发布后，各媒体纷纷评论，在评论中，有媒体以《假如刘洋的父母不在该小区》为题，就这一现象进行了评论，评论写得趣味盎然，引人注目，令人深思。

我的体会是，"假如法"不宜多用，但偶尔用之，可产生出其不意的效果。

作品：

假如都像朱永祥

看了卅铺乡农技服务站站长、农民技术员朱永祥为农服务的报道，着实使人振奋。假如都像朱永祥，那是什么样的情景呢？

我省每年大约播种小麦3100万亩。假如都像朱永祥那样，每亩增长150公斤，全省每年将增产小麦46.5亿公斤，打个对折吧，23.25亿公斤，那也了不得。

还是3100万亩的播种面积，每亩用种量20公斤。假如都像朱永祥，把播种量降到12.5公斤，光种子全省一年可节约2.03亿公斤。

在卅铺乡，与朱永祥搞了技术联产承包的农民，主要由于增产的原因，人均纯收入增加了360元。假如都像朱永祥，全省麦产区的农民每年仅因此一项可增收近70亿元，打个对折吧，也是35亿元，那也很惊人。

现在，一些地方为农民提供"四统一"、"五统一"的服务，主要靠乡村干部们亲自出马。假如都像朱永祥，由民办服务组织为农民提供从种子到销售的全程服务，岂不可以大大加快农村社会化、专业化的进程。

朱永祥的农技服务站在为农服务中，经过三四年的滚动发展，已有了30多万元的资产，去年，经营额达230万元，创利税11万元，职工收入大大增加。假如都像朱永祥，我省1800多个国有及乡镇办的农技推广站，将拥有5.4亿元资产，将形成一个庞大而有力的服务产业，一些地方的农技站就不会出现"网破人散"的现象了。

一句话，假如都像朱永祥，将大大推动我省传统农业向现代农业的转变，加快我省从农业大省向农业强省的跨跃。

假设归假设，根据事物发展的不平衡规律，事实上不可能每个地方都像朱永祥一样，也有的地方可能超过朱永祥。我们之所以这样提出问题，意在说明朱永祥经验的典型意义，它使人看到了科技兴农的希望，给人以信心，给人以鼓舞，因此，我们要宣传朱永祥，学习朱永祥。

向朱永祥学习什么？

我们要学习朱永祥全心全意为农民服务的精神。你看，他为农服务可以先记账后结算，为解决农户卖种后的口粮问题，他统一加工面粉、面条，按实际价格送货到村。这些，关键在于有为农服务的好思想。

与农民搞联产技术承包，减产赔偿，是要有胆识的，胆识来源于朱永祥有过硬的农业技术，有省农科院杨教授作后盾。现在，一些农业技术人员，不敢大胆地开展技术联产承包，一个重要原因就是自己的技术不过硬。光有为农服务的精神，不掌握为农服务的本领也是不行的。因此，向朱永祥学习，要学习他刻苦钻研农业技术的精神。

现在一些国有的乡镇农技推广站，已处于"有钱养兵，无钱打仗"的地步，有的甚至连"兵"也养不起了。按保护农业的政策,国家是不能对他们"断奶"的,但躺在国家身上是没有出路的,出路在于为农服务,以农为主,多种经营,壮大自己。

我省科技兴农,寄希望于经过改革转变经营机制的国有农技推广部门,也寄希望于像朱永祥这样的民办科技服务组织。

(原载 1995 年 6 月 14 日《安徽日报》 署名:本报评论员)

"引凤还巢"第一腔

这是我为自己采写的消息《无为县实施"光彩工程"吸引外出务工经商人员回乡显身手》配写的评论,在我省首次提出了"引凤还巢"的口号,为我省"引凤还巢"工程开了第一腔。

一个县的个体私营企业表彰会,竟然上了省报的头版,而且还配发评论,按常规这似乎是不大可能的。我之所以做成这件事,是看出了会议中提出的"吸引和鼓励外出务工经商人员归来发展个体私营经济"这个新闻眼的。

为什么要配发评论呢?新闻主要用事实说话,新闻中蕴含的意义,不是所有的人都能领会的,还需要解读。所以,消息写好后,我又配写了一篇短评,把新闻的普遍意义揭示出来,深化了报道的主题。我在评论中,第一次引用了群众的语言"引凤还巢",并把它作为口号报道出来,直到十几年后,这个口号,还在被广泛引用。我曾开玩笑说:"我有资格为这个口号申请专利。"

我省是农业大省,搞工业的原始资本积累从何而来?光靠农业自身积累,很慢,引资吧,落后地区很难,人家不来。劳动力外出打工,本意是就业脱贫,但外出较早的一部分人中,他们在市场经济的闯荡中,"挣了票子,换了脑子,闯了路子","引凤还巢",把他们的资金转变成资本,是欠发达地区加快工业化步伐的重要途径。因此,无为县的做法,对全省有普遍指导意义,是符合我省省情的一种发展思路。所以,我从省情出发撰写了这篇评论。撰写这篇评论的背后是评论员对全局的把握,叫"胸中有全局,手下有评论"吧。

作品:

做好"引凤还巢"大文章

无为县的"光彩工程"提出了一个很重要的问题,就是如何开发好外出务工经商人员这个资源宝库,使其成为一个新的经济增长点。

我省正处于从农业社会向工业社会的社会转型时期。实现工业化有一个资本、技术和人才的积累过程,在传统的农业地区,光靠农业本身,这个积累是很缓慢的。因此,需要通过外引、外联大力引进资金、技术和人才,来加快经济发展的步伐。但是,在一些条件比较差的贫困地区,引进的难度是很大的。于是,这些地方就有了大量的劳务输出。他们的初衷是为了脱贫和就业,但实际上是在进行资本、技术和人才的积累,正如无为县的同志所分析的那样,是"挣了票子,换了脑子,闯了路子"。"引凤还巢",把他们的资金转变成资本,是欠发达地区加快工业化步伐的重要途径。

我省有 300 多万常年外出务工经商人员,加上季节性外出,号称 500 万皖军。按每人一年至少净赚回 2000 至 3000 元计算,全省就是 100 至 150 亿元,这是一个巨大的数字。可惜目前,他们的资金投向主要是盖房子,其中的一些人甚至是相互攀比,拆了盖,盖了拆,造成资金的巨大浪费。目前,摆在我们面前的一个重要任务,就是想办法吸引他们改变投资方向,回乡兴办二三产业和开发性农业。事实上,他们中的一些人已自发地回乡办企业了,各地都有这方面的典型事例。特别是一些 80 年代早期和中期外出的人中,经过十多年的闯荡,已积累了发展二三产业所必需的资本、技术和市场信息,可以说,万事俱备,只欠东风,关键在于我们要做好"引凤还巢"工作。

开发好外出人员这个资源宝库,是一篇大文章,无为县已开始破题了,这是可喜的,希望更多的地方、更多的同志都来做好这篇大文章。

(原载 1996 年 2 月 25 日《安徽日报》一版)

敢与权威论是非

从 1994 年起,我应聘当了 15 年《求是》杂志第一读者,任务是阅读《求是》每月两期杂志,对刊登的文章提出表扬或批评性意见,也可以从总体上和倾向上对办刊提出自己的建议。《求是》是中共中央主办的理论刊物,被聘为第一读者,我觉得是一次很好的学习机会;同时,我也忠实地履行义务,写了很多评刊意见,有表扬,有批评,也有建议,批评有时还很尖锐。其中,影响最大的当数题为《多一些探索 少一点批判——对〈为了把小企业搞得更好〉一文的不同看法》的新闻评论。

为什么说是新闻评论呢？因为《求是》杂志1996年第1期《理论热点》栏目刊登了《为了把小企业搞得更好——国有小企业改革座谈会综述》（以下简称《综述》），我是对这篇《综述》性的新闻进行评论的。

　　我国实行改革开放后，国有企业特别是中小型企业，在与"三资"企业和私营企业等非公有制经济的竞争中，经营状况每况愈下，大约有70%的企业长期亏损，企业负债率达80%，很多企业资不抵债，发不出工资，导致政府也发不出工资。一些地方还出现了工人围困政府的现象，因为原有的国有企业体制，使政府成了无限责任公司。在这种情况下，1993年11月中共中央十四届三中全会通过的《关于建立社会主义市场经济体制若干问题的决定》，提出了"抓大放小"的战略措施，决定对国有企业实行战略性调整。于是，各地纷纷对中小型国有企业实行产权制度改革，以求从改革中找出路。山东的诸城市和我省当时的宿县地区[①]、无为县等地，率先实行多种形式的试点。在试点的基础上，我省则于1997年大张旗鼓地推广滁州市整体推进的做法。当然，对国有中小企业改制，也有很多反对意见，《求是》杂志的《综述》就是一种很强的反对声音。以上就是我撰写这篇评论的背景。

　　这篇评论的论证特点是全面的驳论法：

　　一是用事实去驳斥对方的论点。《综述》说（你们）"把国有小企业都出售给个体和私营经济"了，我在评论中说这不是事实，即使是这样也不要大惊小怪：

> 　　各地在搞活国有小企业的过程中，都采取了兼并、承包经营、租赁、破产、出售等多种形式，出售只是其中的一种形式，出售的对象也是各种经济成分都有，真正出售给个体私营企业的，只是少数。多数情况是"先售后改"，改成国家控股或参股、由企业内部职工持股的有限责任公司或股份合作制企业，仍然是一种新型的集体经济。……即使个别地方是这样，把该地变成了另一个"温州"，又有什么大惊小怪的呢？

　　《综述》还设想，"如果全国广大的县、乡企业都私有化了，大城市中的国有大企业就将成为私有小企业的汪洋大海中的孤岛"、"私有经济必将在县一级起主导作用，各级政府行为都会听命于它，政权的性质也会发生变化"。我

[①] 当时的宿县地区还没有实现"地改市"。下文中的滁县地区亦然。

说这是一种耸人听闻的说法，我摆事实反驳道：

> 哪有这么严重？！温州是一个以个体私营经济为主体的地区，那儿的政府都听命于个体私营企业主了吗？政权的性质在那儿发生了变化吗？党的十四届三中全会决定指出："就全国而言，公有制在国民经济中应占主体地位，有的地方、有的产业可以有所差别。"难道这些"有所差别"的地方和产业中的政权性质就会发生变化吗？

二是从理论上批驳对方的谬误。《综述》对下述说法进行批评，即"企业出售之后收回了相应的货币，只是由实物形态变成了价值形态，国有经济并没有损失什么"。我用市场配置资源的原理，对其进行反批评，我说：

> 这个观点本来是正确的，可是《综述》却把它当作谬论来批判，似乎实物形态比价值形态更重要。如果在计划经济时期，持这种观点尚可理解，但在当前的市场经济条件下，价值形态的不断转化已成了最常见的社会现象，正是这种不断转化，才有各种资源的优化配置，才有国有企业的资产重组和国有经济结构的战略性调整。

三是抓住对方论证中的谬误进行反驳。《综述》讨论的是国有小企业改制问题，但却驴头不对马嘴地设想出售国有特大型企业宝钢的事。说什么："可以想象，如果把宝钢卖掉换成几百亿人民币，从价值形态看，国有经济似乎毫无损伤，但宝钢的800万吨钢的生产能力也随之丧失了，宝钢这么一块社会主义生产关系也不复存在了。"我针锋相对地批驳道：

> 不论这个例子的观点是否正确，《综述》作者却犯了一个文不对题的逻辑错误，因为文章讨论的是搞活国有小企业问题。

《综述》回避整个国有小企业经营状况不好的问题，说什么"从各地区来看，不但有整个国有小企业状况都很好的县，而且全国大多数县里都有办得很好的小企业"，制造出全国小企业都很好的假象。我批驳道：

> 这个评价，犯了以点代面的错误，偌大的中国找出所谓"整个国有小企业状况都很好的县"和"大多数县里都有办得很好的小企业"，能得出整个国有小企业已经很好的结论吗？

指出对方犯了两个错误：一个是犯了逻辑上的错误，一个是犯了以点代面的错误，这样，对方的论点自然不攻自破。

为了击中《综述》的要害,我引用邓小平1992年南方视察中的讲话,指出"改革开放迈不开步子,不敢闯,说来说去就怕资本主义的东西多了,走了资本主义道路。要害是姓'资'还是'社'的问题"。这是说服力很强的、权威性的理论性论据。

最后点题。在指出中央文件"执行得很不顺利,原因在于做的没有批判的多"的现状后,我诚恳地希望"在改革问题上,还是要多一点探索,少一点批判。因为中国特色的社会主义道路就是在探索中形成的"。整篇评论,始终平心静气,摆事实讲道理,不给对方戴帽子。

《求是》是中共中央的理论刊物,具有很强的权威性,我写这篇评论也是有思想斗争的。但我坚持两点:一是履行第一读者的义务;二是坚持真理面前人人平等。所以我鼓足勇气,理直气壮地去批驳。从思维创新上讲,这里有一个突破权威定势的问题。所谓权威定势,就是对权威的迷信。古人云:"学贵有疑。"被权威牵着鼻子走,人类社会永远不能前进。一部科学发展史,实际上是一个不断推翻、否定权威的过程。所以,我主张:"评论员在权威面前,要敢于问一个为什么?他说的是不是真有道理?"

《求是》杂志总编室的同志对我说,我的这篇评论引起总编辑邢贲思同志的重视,发表在1996年《求是》编辑工作简报第五期。也许是由于不打不成交的缘故,这一年我应邀赴京参加了《求是》杂志第一优秀读者会议。

作品:

多一些探索　少一点批判
——对《为了把小企业搞得更好》一文的不同看法

《求是》杂志1996年第1期"理论热点"栏目刊登了《为了把小企业搞得更好——国有小企业改革座谈会综述》(以下简称《综述》),我作为贵刊物的第一读者,想对此文谈一点不同看法,与编作者商榷。

看了《综述》全文发现,该文是批判把国有小企业都出售给个体和私营经济这一做法的。据我了解,各地在搞活国有小企业的过程中,都采取了兼并、承包经营、租赁、破产、出售等多种形式,出售只是其中的一种形式,出售的对象也是各种经济成分都有,真正出售给个体私营企业的,只是少数。多数情况是"先售后改",改成国家控股或参股、由企业内部职工持股的有限责任公司或股份合作制企业,仍然是一种新型的集体经济。在这种情况下,先树一个"把国有企业都出售给个体和私营经济"靶子,然后加以批判,这到底是为了什么呢?即使有个别地方是这样,把该地变成了另一个"温州",又有什么大惊小怪的呢?值得这样专文批判吗?

"企业出售之后收回了相应的货币,只是由实物形态变成了价值形态,国有经济并没有损失什么。"这个观点本来是正确的,可是《综述》却把它当作谬论来批判,似乎实物形态比价值形态更重要。如果在计划经济时期,持这种观点尚可理解,但在当前的市场经济条件下,价值形态的不断转化已成了最常见的社会现象,正是这种不断转化,才有各种资源的优化配置,才有国有企业的资产重组和国有经济结构的战略性调整。恰恰相反,国有企业的一大弊端就是把国有资产凝固化。在这里,文章的作者不仅观点难以立脚,而且又犯了一个逻辑上的错误:本来是批判出售国有小企业的,却举了一个想象的出售国有特大型企业的例子,来证明自己的论点,这就令人费解了。《综述》说:"可以想象,如果把宝钢卖掉换成几百亿人民币,从价值形态看,国有经济似乎毫无损伤,但宝钢的800万吨钢的生产能力也随之丧失了,宝钢这么一块社会主义生产关系也不复存在了。"不论这个例子的观点是否正确,《综述》作者却犯了一个文不对题的逻辑错误,因为这里讨论的是搞活国有小企业问题。

《综述》还设想了一种耸人听闻的情景:"如果全国广大的县、乡企业都私有化了,大城市中的国有大企业就将成为私有小企业的汪洋大海中的孤岛"、"私有经济必将在县一级起主导作用,各级政府行为都会听命于它,政权的性质也会发生变化。"在这里,作者首先给出售国有小企业者戴上了"私有化"的帽子,继而提高到动摇"政权性质"的高度。哪有这么严重?!温州是一个以个体私营经济为主体的地区,那儿的政府都听命于个体私营企业主了吗?政权的性质在那儿发生了变化吗?党的十四届三中全会决定指出:"就全国而言,公有制在国民经济中应占主体地位,有的地方、有的产业可以有所差别。"难道这些"有所差别"的地方和产业中的政权性质就会发生变化吗?

《综述》还断定,出售小企业"将在全国范围内引起新一轮的国有资产流失"。其实,国有资产流失早已是一种客观存在,有资料表明,近些年已流失了5000亿,不少企业早已成空壳。如果不搞改革,国有资产的流失才真正不可避免。即使是出售小企业,也未必就一定流失。关键在于操作中是否严格资产评估,完善产权市场,公开市场操作,真正实行等价交换。

《综述》的标题是《为了把小企业搞得更好》,按照题意,似乎现在的国有小企业已经很好了,"放活小的"是为了把它搞得更好。这里存在着一个如何评价现有国有小企业的现状问题。就安徽的情况来说,国有小企业实际上有70％左右的亏损面,负债率达到80％以上。就全国来说,情况也大体如此,是很不好的,因此,中央才提出"抓大放小"的战略措施。显然,《综述》的观点与中央的战略是很不一致的。其实,《综述》在论述中也自相矛盾。文章说:"从各地区来看,不但有整个国有小企业状况都很好的县,而且全国大多数县里都有办得很好的小企业"。这个评价,犯了以点代面的错误,偌大的中国找出所谓"整个国有小企业状况都很好的县"和"大多数县里都有办得很好的小企业",能得出整个国有小企业已经很好的结论吗?

其实,国有小企业的现状,进行实际工作的县市长们是最清楚的。国有企业应该说是他们的"亲生儿子",他们为这些国有企业不知花费了多少心血,说他们"把主要精力用于扶植非国有经济成分而把它们(指国有小企业)抛在一边"是太委屈他们了,不是出于无奈,他们愿意出卖"亲生儿子"吗?现状是:大量不活的国有小企业把县市长们"缠"死了,企业发不出工资找他们,离退休职工找他们,更不说破产企业了;财政也被这些企业"拖"死了,搞得干部发不出工资。如果不把大量的小企业搞活,弄不好,我们有的地方政府真要被这些小企业拖垮,才真有可能影响地方政权的性质哩!我们一定要从这个紧迫的现实出发来理解中央"抓大放小"的战略,从而多方探索搞活的路子。其实,改革开放十几年来,国家为搞活国有企业,不知出台了多少政策和办法,不同程度地取得了一定的成效,但都没有从根本上解决问题,原因在于"左"的影响。正如邓小平同志所指出的那样,"改革开放迈不开步子,不敢闯,说来说去就怕资本主义的东西多了,走了资本主义道路。要害是姓'资'还是'社'的问题。"

党的十四届三中全会《关于建立社会主义市场经济体制若干问题的决定》公布已经两年多时间了,但执行得很不顺利,原因在于做的没有批判的多,而批判者并没有开出什么可操作的处方。我觉得在改革问题上,还是要多一点探索,少一点批判。中国特色的社会主义道路就是在探索中形成的。

(原载 1996 年 4 月 25 日《求是》编辑工作简讯第五期)

此评有了前瞻性

这是一篇 17 年前撰写的署名评论,评论中曾预言:"这东一座西一座的楼房,说不定到了退房还田时,还要付出很大的代价哩!"没想到,这个"退房还田"的预言还真的成了现实。

事情是这样的:

17 年前,我在家乡无为县采访,发现一种难以理解的现象:远远看上去,很多村庄的楼房鳞次栉比;近看屋内空空,蛛网封门,铁将军把门;偶见一老妪看门,称其儿子媳妇都在城里买了房子,孙子也到城里上学去了。陪同我采访的乡镇干部说,这样的现象很普遍,老人被戏称为"属狗的"(指看门)。我问:这些人还会回来种田吗?得到的回答是:绝大多数人不回来了。他们还告诉我,很多农民工挣钱后的第一选择是回家盖楼房,而且互相攀比。但"外面的世界真精彩",城市文明吸引着他们,他们渴望过上城里人的生活,于是,他们中的一些人在城里又买房置业,把老婆孩子也接去了。这样,农村就留下大量空荡荡的楼房。

这种现象引起了我的深思:随着现代化的发展,农村人口的城镇化是必然趋势。这些楼房除了在一段时间内满足建造者光宗耀祖的心理需求外,是很少有使用价值的。说不定到了退房还田时,还要付出很大的代价哩!采访回来后,这一座座空置的楼房一直在我脑子里萦绕,驱使我提笔撰写了这篇评论,告诫农民工朋友:眼光看远些,不要把自己辛辛苦苦挣来的钱埋入土中。

进入 21 世纪,国家出台了"造一征一"土地管理政策,即一个地区,你要征用一亩耕地,你必须先要造一亩耕地。于是,各地在规划新农村建设中,那些楼房里空荡荡的"空心村",理所当然地就成了"退房还田"对象。这样做,农村的面貌变了,耕地却增加了不少,一举多得。

回过头来看,这篇评论之所以成功,有两点值得一提:

一是要有敏锐的眼光,善于发现新情况、新问题。这有赖于评论员敏锐的洞察力,善于透过个别看一般,透过现象看本质,能在风起于青萍之末时就识别出风向,在一般人尚未察觉或没有完全察觉到的时候,就能敏锐地辨别和判断。要是涉世不深的年轻记者,看到鳞次栉比的楼房,说不定还要写一篇农民盖楼房、富裕起来的新闻哩。

二是要有远见。这个远见就是城镇化是中国实现现代化的必由之路。而长期以来，城镇化滞后，使中国长期处于落后的农业社会阶段。纵观发达国家实现现代化的历史，从一定意义上说，就是一部农村人口向城镇转移的历史。要知道，当代发达国家的农村人口，只占总人口的百分之十几和百分之几啊。当我看到农村这一幢幢空置的楼房时，首先想到的是中国未来的城镇化，于是就有了撰写这篇评论的冲动，也才有了"退房还田"的这个预言。

作品：

勿把金钱土中埋

这是一个偏僻的村子，由于大批劳力外出务工经商而变成了一个富裕村，远远看去，楼房鳞次栉比；近看则是东一座西一座，屋内空空荡荡，不少是铁将军把门。偶见一看门老妪，称其儿子媳妇都在某城市买了房子入了户，孙子也到城里上学去了。这样的老人在当地被戏称为"属狗的"（指看门）。

这儿的楼房大多是下五间或六间，上面是四间或五间，再加后面一个院子，占地一亩有余，造价少则七八万元，多则十几万元。盖了楼房后又不去住，等于把钱埋入了土中。这些楼房随着我国城镇化的加快，除了在一段时间满足建造者光宗耀祖的心理需求外，是很少有使用价值的。自己辛辛苦苦挣来的钱，又埋入土中，多可惜！

中国几千年的封建社会，造就了不少"土财主"，其特征之一就是把聚集的金银财宝埋入土中，一怕露富二怕抢。因此，打土豪分田地时，贫下中农挖了不少"浮财"。现在在农村，把钞票直接埋入土中的事很难找了，但像上述那样别一种形式的土中埋还是屡见不鲜的。

假如这些钱不埋入土中呢？在农村发展二三产业，投入几千元就可以使一个劳力就业，这些资金可使农村十几个剩余劳力就业；投到城市，按两万元就业一个劳力计算，这些资金亦可使二四个及至五六个劳力就业，同时，投资者的腰包也可鼓起来，岂不美哉！退一步说存入银行，则可转化为间接投资，个人也可得利息，利国利民利己。据说，声震四海的徽商衰败的一个重要原因，就是把辛辛苦苦挣来的金钱，用在深山里盖那些豪华而古老的住宅。如果说，当年的徽商覆灭后还留下著名的徽派建筑艺术的话，那么，如今这东一座西一座的楼房，说不定到了退房还田时，还要付出很大的代价哩！

"土财主"与资本家的一个重要区别，就是前者是守财奴，后者是有一个钱至少要用两个钱,然后再用四个钱。比如,他办了一个厂子后,便用这个厂子作抵押到银行贷款,再办一个厂子,然后,他再用这两个厂子作抵押再贷款办厂,一个钱变成了四个钱。资本家称这为钞票生钞票。资本家剥削工人的手段是要坚决反对的,但它营运资产,叫资产增值的办法却是可取的。

然而,新时期的农民毕竟不是"土财主"。"外面的世界很精彩!"他们中的一些人经不起城市文明的"诱惑",经过几番钟摆式的摆动后,终于在某一个城镇落户了。这是农民的异化。中国农民太多了,世界上每三个农民就有一个中国农民。因此,这种异化无疑是历史的一大进步。当他们完成这种异化后,看着那些移不动、卖不掉的楼房,留给他们的只能是深切的后悔。

既然如此,何必当初!愿更多的农民兄弟和地方政府汲取这个教训。

(原载 1996 年 5 月 4 日《安徽日报》 署名:言赅)

为文要有霹雳声

这个标题取自《人民日报》原副总编梁衡的一首论新闻写作的诗,诗云:"莫以量多论英雄,为文要有霹雳声。路长空余尘和土,碑厚才好计里程。"鼓励记者写出有影响、有震撼、掷地有声的佳作。

"为文要有霹雳声",也应该是评论员的一种追求。1997 年 7 月,我在无为县公有制企业改制的报道中,曾经作过尝试,其过程惊喜相伴。

1997 年的上半年,无为县在全省率先进行国有和乡镇集体企业改制,办法是整体推进股份制改革,使 4 万多职工参股。从内心说,我是赞成这种改革的。改制是搞活国有、集体中小型企业的必由之路。因为在公有制企业,我们一直强调职工是企业的主人翁。但长期以来,企业的主人并没有真正到位,其中的一个很重要原因就是企业的产权模糊。办法之一,就是把企业真正改造成劳动者共同占有的股份制或股份合作制企业。这样做以后,出现了很多"联股联利又联心,一草一木总关情"的动人场面。这使我看到了希望。于是,我满怀激情地写了一篇题为《无为县 4 万职工有其股》的报道。

意犹未尽,我又一气呵成,写了一篇短评,题为《为工者有其股叫好》,满腔热情地歌颂了这种改革。我在评论中写道:"发源于我省的农村家庭承包责任制,实现了'耕者有其田'",现在,正在进行的"工商企业的股份制和股份合作制改革",又实现了"工者有其股"。"这种改革,把传统的公有制企业改造成马克思所说的'劳动者共同所有'的'联合体',其所产生的巨大效应将不亚于当年农村的大包干"。这种提法和论证很新鲜,也很响亮,可以说,有了"霹雳声"。消息和评论很快被报社领导认同,安排在7月20日《安徽日报》一版显著位置刊出,其影响自不必说。应该说,报社领导是有眼力,也是有胆略的。

但且慢,不要高兴得太早。当年8月1日,中宣部第423期《新闻阅评》出来了,题为《〈安徽日报〉报道无为县整体推进企业股份制改革》。阅评摘录了消息和评论的主要内容,不加评论。阅评员大概是作为新动向"供中央领导参阅"的。但这样的阅评传到报社,就叫人提心吊胆了。不知什么时候,这把似乎是悬在头上的达摩克利斯剑会掉下来。此前,中宣部的《新闻阅评》曾多次表扬过《安徽日报》的某些报道。表扬的阅评来后,总编辑总是高兴地批示党组成员传阅,并表扬报道的组织者和作者,甚至在外面张贴出来。这次不同了,总编辑的批示不予表态,只在内部默默传阅。似乎在无声中等待着什么。我也担心这样的报道和评论会给报社领导带来麻烦。

所幸不久,江泽民同志在中央党校的讲话发表了。讲话是为党的十五大定调子的。讲话中提出了"抓大放小"的国有企业改革方针,在"放小"中,提出了多种形式搞活国有企业的政策,其中一个重要政策就是推进企业的股份制和股份合作制的改革,并将其定性为新型的公有制形式。看了江总书记的讲话,我悬着的一颗心终于放下了。因为我写的报道和评论,与江总书记的讲话精神完全一致。

虽然虚惊了一场,但我认为:值!我觉得,评论员要敢于冒风险,只要是看准了的,就要敢于报道,敢于讲新话,敢于标新立异,敢于"言人所不敢言"。四平八稳、人云亦云,只能永远踩着别人脚印走。

作品:

为"工者有其股"叫好

无为县4万多职工当上了企业的股东,我们为这种"工者有其股"叫好!

发源于我省的农村家庭承包责任制,实现了"耕者有其田",其改革成就举世瞩目。工商企业的股份制和股份合作制改革与农村第一步改革有诸多的不同,但有一点是相同的,都在一定程度上实现了劳动者与劳动对象的直接结合。"联股如联心,联谁谁操心",很多事实说明,"工者有其股"已成为企业发展的强大推动力。

在公有制企业,我们一直强调职工是企业的主人翁。但长期以来,企业的主人并没有真正到位,其中的一个很重要原因就是企业的产权模糊。"工者有其股"把传统的公有制企业改造成马克思所说的"劳动者共同所有"的"联合体",使职工与企业结成了"风险共担,利益均沾"的共同体。这样广大职工就会以一个主人翁的责任感去关心企业,只有在这时企业的主人才可能真正到位,才会出现"一草一木总关情"的场景。

经过十几年的探索,我们对传统的公有制已经找到了一个很好的实现形式,这就是股份制和股份合作制。我省一些地方、一些企业的实践证明,这种制度具有强大的生命力,应该成为我省企业制度创新的一种主流形式。因此,省经济体制改革会议要求各地,拿出当年"大包干"的劲头,在全省范围内迅速推广开去。当然我们不能苛求所有的企业"一股就灵"。但只要我们以积极的态度去实践、去巩固、去完善,在制度创新过程中出现的问题是可以解决的。我们相信,当我们在全省范围内实现"工者有其股"时,其所产生的巨大效应将不亚于当年农村的大包干。

(原载 1997 年 7 月 20 日《安徽日报》一版)

由表及里的深层次思考

媒体报道合肥市两大"水缸"告急,从淠史杭"买水喝"这件事,浅层次的思考是:合肥市民很幸运,能够喝上大别山无污染的甜水。

进一步思考:巢湖是合肥的母亲湖,濒临八百里巢湖的合肥市,为什么不能喝上巢湖水呢?原因是巢湖污染严重。老合肥人都知道,20 世纪 90 年代以前,巢湖曾是合肥市的饮用水的重要来源之一。

再进一步思考:现已 300 万合肥市民的饮用水,主要依赖淠史杭供水,是有风险的。如遇 1978 年安徽大旱,淠史杭灌区无法自保,何以解渴于合肥呢? 水,可是一个城市的命脉啊! 有阅历的六七十岁老人会这样思考。

更进一步思考:想起权威杂志《求是》刊登的文章,说据世界银行研究,如果计算经济发展的环境成本,那么我国 2001 年的环境损失可能超过 GDP 的 10%,真实的 GDP 可能是负值。结论是:"牺牲环境的发展是不可持续的。"令人高兴的是,在党的十八大,"推进生态文明建设"已成了全党的共识。

我为什么能够对一条新闻进行深层次思考呢？主要原因是我有这个阅历和积累。我是一个年逾古稀的老人，评论中的很多事实和论据，都是我亲身经历过的。特别是"巢湖水上一日游"的见闻，让我对巢湖的污染刻骨铭心。这些亲身经历的事实，与合肥市"买水喝"这条新闻一碰撞，就有了撰写评论的冲动，一条由表及里的深层次思考的评论就这样产生了。

作品：

有感于省城"买水喝"

2月18日，《市场星报》以显赫的大字标题，报道合肥市两大"水缸"告急，从淠史杭引水4000万方，"解渴"省城。报道说，"合肥市饮用水主要来源于淠史杭灌区的佛子岭、响洪甸两大水库。去年11月份，董铺、大房郢水库管理处已从淠史杭总局引水，总量达到1.35亿立方米"。当然，市场经济条件下，引水绝不是无偿的。

作为合肥市民，看了这篇报道，为能够喝上大别山无污染的甜水而高兴。但又对合肥人，濒临八百里巢湖，却不能喝上巢湖水而遗憾，因而感慨甚多。

在20世纪90年代以前，巢湖曾是合肥市的饮用水的重要来源之一，随着巢湖污染的逐步加重，水厂取水管越来越伸向湖心，最后干脆停用了。

过去，笔者只从媒体上看到巢湖污染的报道，却没有亲身感受。然而，三年前，即2008年春，笔者所在的退休党支部组织的"巢湖水上一日游"，使我对巢湖的污染忧心忡忡。巢湖一日游，我们看到了什么呢？首先看到的南淝河下游全是发黑的臭水，螺旋桨激起黑浪滚滚，令人作呕。进入巢湖，80年代初清澈见底的巢湖不见了，巢湖中的姥山还是青山，但巢湖再也不是青水了，而是无边无际的深绿色（富含绿藻），风吹起，绿浪滚滚，卷起千堆绿。20世纪80年代初，笔者在巢湖采访，中庙岸边还能看到浪下鹅卵石的美景，现在，什么也看不到了。游了一天，扫兴而归，深深叹息。合肥"大建设"，滨湖建新城，可是，如果新城濒临的是一个臭湖，这不是千古遗憾吗？因此，笔者曾撰文呼吁：合肥"大建设"，治污要跟上！尽管近年来巢湖治污正在加紧进行，但总体来说，效果不尽理想，与人们的期望值相距甚大。

环境保护是个世纪性的话题，也是个世界性的话题。我们国家曾发誓，绝不走资本主义国家先发展后治污的路子。因此，以胡锦涛为总书记的党中央提出了科学发展观和可持续发展问题。种种事实表明，我们的环境污染还是越来越严重。早在 2005 年《求是》杂志第 23 期曾载文称:"据世界银行研究,如果计算经济发展的环境成本,那么我国 2001 年的环境损失可能超过 GDP 的 10%,真实的 GDP 可能是负值"(世界银行《2001 年世界发展报告》)。读后令人震惊!仔细一想有理,因为恢复环境是后代人的事,当代的繁荣很可能要多少代后人来补偿。牺牲环境的发展是不可持续的。合肥的"大建设"乃至安徽的大建设也应该有这样的忧患意识!现已 300 万合肥市民的饮用水,主要依赖淠史杭供水,正常年景可以,遇到特殊情况也是有风险的。以 1978 年为例,巢湖干涸见底,省市委动员机关干部到巢湖,为自来水厂挖引水渠。当时淠史杭五大水库很多已是死库容,不能供水,连淠史杭灌区也来了北京打井队,即使发扬"龙江风格",淠史杭也不可能供应合肥啊!当时合肥只有 50 万人口!水,可是一个大型城市的命脉啊!

当然,巢湖的污染非"一日之功",是方圆三个市(合肥、巢湖、六安),30 多年的事,几百万人的事,治理起来也绝非一朝一夕!但总要治,一步一步治。不积跬步,无以至千里。先减少污染,减缓污染趋势,再逐步根治。如果合肥市的本届领导能够带一个治污的好头,就功莫大焉!我期待,在三市人民的共同努力下,总有一天,濒临巢湖的合肥人,能够吃上巢湖水。

(原载 2011 年 3 月 1 日《市场星报》 署名:言赅)

评到问题的另一面

请读者注意,《市场星报》在 2011 年 5 月 11 日发表了"板车女孩"的事迹,这篇署名评论 12 日就见报了,体现了新闻评论的新闻性和时效性。

看了报纸后,我想了很多,久久不能平静。提笔便想写一篇评论,评什么?通常的写法是,要联系当今孩子的娇惯,赞叹"板车女孩"一番;或者从社会各界对她的爱,赞扬我们社会的正气。但我没有这样做,而是从报道中看出另外一个问题,就是"政府哪里去了?"的问题。两个版的报道,连看两遍,终于看出了这个问题。不说别的,只就"高位截瘫"的残疾人来说,按政策也应该得到政府更多的照料。

一个问题往往有多个侧面,评论员可以选择不同的侧面进行评论。通常我们的媒体是坚持"以正面宣传为主"的方针的,但正面报道,不经意间也有负面效果。"板车女孩"绝对是正面报道,但我看出了报道的另一面,就是政府不够作为的问题。于是,我就选择了这个角度进行评论。评论员如果就事论事,评论就会千人一面,浅尝辄止。关键在于要向问题的深处思考,想到问题的另一面。

当然,这篇评论的论证还是比较"正面"的。比如标题《"板车女孩",期待政府更大作为》,就没有直接批评的意思,用了"期待"、"更大"的用词。在论证中,也似乎是王顾左右而言他,比如写道:"笔者想,假如'板车女孩'的事发生在汶川,会是什么样儿?"又写道:"不知道,当地党政官员们……乃至全省的官员们,看了这两个版的报道后会有何感想。"其实是用换位思考方法,婉转地批评了政府的不够作为。我想这样的批评更人性化一些,效果也可能更好些。写批评性的评论,不能图一时之快,更多的要有理性,考虑效果。

作品:

"板车女孩",期待政府更大作为

5月11日,《市场星报》刊登"板车女孩"黄凤的事迹,催人泪下!一个从7岁起,就要负起照料高位截瘫父亲的女孩,真是叫人难以置信的事;然而,这却是事实。一个十来岁的女孩,拉着瘫痪的父亲去北京、上海看病,凭着自己的力量是不可能实现的,然而,凭着她的意志和精神,感动了社会各界,终于实现了。从这里,笔者看到了大爱的力量,社会的力量和人性的力量。

女孩十来岁,正是在爷爷、奶奶、爸爸、妈妈怀里撒娇的年龄啊!包括政府官员们的孩子!

问题是"政府哪里去了?"笔者左看右看,两个版的报道,连看两遍,终于看到了女孩黄凤说的一句成人化的语言:"镇里的领导专门在初中门口为我家租了房子"。此举,为她上初中和兼顾照料父亲创造了条件。应该说,这也是政府的一种作为吧,因为,按义务教育法,让所有的孩子接受九年制义务教育,是政府应尽的法律义务。除此以外,笔者从报道中未看到政府在此事中其他应有的作为。是记者的疏漏吗?不可能,笔者是记者出身,这类事,记者会想方设法搜集的。笔者之所以提出这个问题,旨在期待政府在"板车女孩"的事情上,有更大的作为。

5月12日,是汶川大地震三周年纪念日,媒体铺天盖地地报道三年救灾的成就,这是令世人震惊的三年。笔者想,假如"板车女孩"的事发生在汶川,会是什么样儿?那儿是中外记者汇集的地方,当地政府官员是不会让一个十来岁的女孩把载着瘫痪父亲的板车拉到上海、北京的。假如发生了,会产生什么样的舆论影响?笔者想,不会的。

感谢《市场星报》把"板车女孩"的事迹报道出来了,相信读者看了,会见仁见智。不知道当地党政官员们,包括村书记、民选的村民委员会主任、镇长书记们、民政局长们、县长书记们,乃至全省的官员们,看了这两个版的报道后会有何感想。

但愿安徽不再出现第二个"板车女孩"!

(原载 2011 年 5 月 12 日《市场星报》 署名:言赅①)

说个"不"字又何妨?

这是看报纸后,我有感而发写出来的评论。当时,某报是作为正面典型而加以报道的。你看,"要求 699 名在职副科以上干部,两年内'一对一'帮扶 699 人成功创业,力争 3 年催生万名'小老板'",这是多好的事啊!难怪,该报将其在显著位置加以刊登哩。

毛泽东同志说过,共产党员遇事要问个为什么,想一想是否真有道理,绝对不要盲从。作为媒体的评论员更应该如此。我看后的第一感觉是,用心良苦,但不符合市场经济原则。我想了很多,中国改革开放的目标,一开始就是以市场经济为取向的,如果从 1992 年党的十四大正式确立社会主义市场经济的改革目标算起,也近 20 年了。而我们的一些地方的党政领导,身子进入了市场,但脑子还是计划经济那一套,官员培育"小老板"就是一种典型的做法。于是,我觉得有必要对此事评论一番。

否定别人的做法必须以理服人。一是以确凿的事实来论证,主要是温州"小老板,睡地板"的创业事实,和"我省数以万计的农民工,拎着'蛇皮袋'外出闯荡,成为大大小小的老板"的事实,来说明"小老板"不是官员培育出来的,而是他们在市场中摔打出来的。而官员帮扶,还可能"滋生腐败";二是用市场经济理论来论证。我用了一个形象的比喻,即"在市场经济条件下,政府的功能……主要是两个:一是'修球场',二是当裁判",由此推理否定官员培育"小老板"的做法。这就从理论与实践的结合上讲清了道理,叫人心服口服。

---

① 2013 年 11 月 8 日,由中央电视台主办的"寻找最美孝心少年"大型公益活动名单正式揭晓,五河县孝女"板车女孩"黄凤获"年度最美孝心少年"称号,并第一个上台领奖。

评论员要独立思考,绝不能人云亦云。关键是怎样思维。就这篇新闻而言,人家是正面报道,你也来个"正面"评论,对这个县的做法妙语称颂一番,这是常规;但这是老思维,经不起推敲。可我来了个逆向思维,说了个"不"字,说个"不"字又何妨?! 在很多时候,评论员就要站出来说"不",这是一种责任。

作品:

"小老板"是官员帮扶出来的吗?

不久前,某报在显著位置刊登一题为《培育"小老板"创业带就业》的新闻,报道我省某县出台一项措施,要求699名在职副科以上干部,两年内"一对一"帮扶699人成功创业,力争3年催生万名"小老板"。笔者认为,这是该县领导发展经济的良苦用心,但这样做不符合市场经济原则。

"小老板"是怎么产生的?是政府官员帮扶出来的吗?不是,是"小老板"自身在合适的环境下,在市场中摔打出来的。远在20世纪90年代,针对国有企业厂长躺在国家身上要这要那的问题,我们的媒体曾经宣传过"找市场,不要找市长"的口号。因为市长救不了企业,只有市场才能救企业。时隔十几年,现在我们又回过头来搞官员帮扶培育"小老板"了,实质是"领导高明论"的翻版。科以上的干部都会创业吗?能"'一对一'帮扶699人成功创业"吗?不一定。"术业有专攻",他可以当某个部门、单位的科以上干部,但自身并不一定会创业,会当"小老板",如果此人不当官了,自身还可能创业无门呢。温州的"小老板"遍布国内外,他们是官员帮扶出来的吗?否。温州有句名言叫"小老板,睡地板",表明"小老板"是在市场中艰苦摔打出来的。我省有数以万计的农民工,拎着"蛇皮袋"外出闯荡,成为大大小小的老板,也不是官员们帮扶出来的,只是在他们创业成功后,为了"引凤还巢",官员们才和他们亲近起来。

从市场经济的观念来看,"小老板"创业成功,是市场优化配置各种资源的结果,绝不是政府官员的"拉郎配"。在市场经济条件下,政府的功能除了宏观调控外,主要职能是两个:一是"修球场",二是当裁判。"修球场"就是搞好软硬环境,让企业包括"小老板"们这些"运动员"去比赛;"当裁判"就是依法治理,对不守规则的"运动员"以处罚,维护公平竞争。按照政府的这个职能,官员帮扶"小老板"的做法,是不符合市场经济公平竞争原则的。在我们这个社会,官员帮扶,执行起来就是"官员帮亲"、"权力帮亲",滋生腐败。因为谁有权有钱,谁帮扶的所谓成效就大。在一个县,县委书记和县长的权力最大,可以动用的帮扶资源最多,他们帮扶的成功率也就越大。在计划经济时期,很多所谓成功的典型就是这样帮扶出来的,但这样的典型只能看,学不起。

据了解,该县是一个大县,有创业意愿的人成千上万,为什么只选择699人被帮扶呢?这699人又是怎样被选出来的呢?报道没有说明公平选择的办法,叫"一对一",其实是"选亲"。对大多数有创业意愿的人来说,这样做则有失公平。

该县"培育'小老板'创业带就业"的思路是完全正确的,问题在于怎样培育。正确的做法是创造环境,出台政策,搞好服务,让市场去培育。官员帮扶的做法还是老思维啊!

(原载 2011 年 11 月 14 日《市场星报》 署名:宛言)

用数据说理

2011年11月下旬,我连续多天关注媒体关于中美扶贫的报道,有感而发,写出了题为《此贫困非彼贫困:中国扶贫任重道远》的署名评论。这篇评论用媒体公开报道的数字,从扶贫角度让国人明白一个现实,即中美经济的巨大差距,套用孙中山的名言:"革命尚未成功,同志仍需努力!"

我是学数学专业的,似乎有种本能,即对数字特别敏感。当我看到《美贫困人口达4900万创纪录》的报道,和中国农村贫困人口已减少到2688万后,我的第一反应是查出最新的美元对人民币的汇率1:6.3765,一计算,美国的贫困标准是中国的30倍。13天后,我高兴地看到中央扶贫开发工作会议决定将农民人均纯收入2300元(2000年不变价)作为扶贫标准,猛提了92%,使中美扶贫标准比由1:30下降至1:16,自己与自己比,这是一种巨大的进步。但我还是要用评论告诉国人,虽然我们已经是世界第二大经济大国,但从人均的角度看,还是一个穷国,更不是一个经济强国,中国扶贫任重道远,中国的发展更是任重道远。于是,我把分散在多篇报道的数据收集起来,进行梳理分析,用数据说理,旨在对比中使国人猛省:我们不能松懈,更不能骄傲啊!

这篇评论似乎是家长里短似的谈心,但却把一个个枯燥的数字融于一个个引人关注的事实中,用事实说话,事到理至,评论员只在关键处画龙点睛议论几句。读者只要读完事实,心里也就明白了,无须评论员长篇大论。

　　这篇评论还借鉴了消息段落短、句子短的写法。全文不到1300字,却分了10个自然段。这样做便于阅读。评论还借鉴了散文的写法,一个个事实和数字看似很散,但形散神不散,始终围绕一个主题选材议论。也就是说,评无定格。

作品:

此贫困非彼贫困:中国扶贫任重道远

　　不久前,各媒体都在显著的位置刊登了《美贫困人口达4900万创纪录》的报道,称美国贫困人口2000年已占总人口16%,有的报纸还在国际版头条用通栏标题报道此新闻。

　　一个星期后,各媒体都在要闻版刊登了国务院新闻办发表的《中国农村扶贫开发的新进展》白皮书,称中国农村贫困人口数量,已从2000年底的9422万减少到2010年底的2688万,10年减少了6712万;农村贫困人口占农村人口的比重从2000年的10.2%下降到2010年的2.8%。

　　一眼看去,对比鲜明:中国农村只剩下2688万穷人了,而美国穷人却增加到4900万。大部分读者看报都是看标题的,得出的印象是应了毛泽东当年说过的话:我们一天天好起来,帝国主义一天天烂下去。

　　好在两篇新闻都是客观事实的报道,只要读者细心读完且有相关的知识,就会得出自己的结论:此贫困非彼贫困也。主要是衡量贫困的标准不可同日而语。

　　据报道,国家根据经济社会发展水平的提高和物价指数的变化,曾将全国农村扶贫标准从2000年的865元提高到2010年的1274元人民币。以此标准衡量,中国农村只剩下2688万穷人了。按最新的美元对人民币的1∶6.3765汇率,1274元人民币,折合200美元。

　　同样据报道,美国人口调查局最新统计贫困标准是:一个4口之家年收入在24343美元,人均6085美元,兑换成人民币是15.5223万元,人均3.8805万元,是1274元人民币的30倍。30倍啊,达此标准,在中国堪称令人羡慕的中产阶层了。

应该说,自己与自己比,中国政府开展的扶贫开发,成果巨大,为全球减贫事业作出了重大贡献。但毋庸置疑,与发达国家比,同是贫困,相差太大。也就是说,我们的穷人真是太穷了。另一方面,中国的贫富差距又太大了。国际通用的、反映贫富差距的基尼系数显示,2010年中国已达0.48,大大超过了0.4的警戒线。中国农村的扶贫开发,真是任重道远啊!

好在我们的党和政府是清醒的,就在国务院新闻办白皮书公布13天后,中央扶贫开发工作会议决定将农民人均纯收入2300元(2000年不变价)作为扶贫标准,猛提了92%,使中美扶贫标准比由1:30变为1:16。虽然按此标准,中国农村的贫困人口将增至1.28亿,说起来不大好听,但却向世界表明,中国又有7000多万农村贫困人口将得到政府的帮助,同时也表明,中国政府有能力这么做。据报道,中国政府今年的财政收入将会突破10万亿元,有人戏言:(官员)牙齿缝里省出来的就可以了。戏言归戏言,不论怎么说,提升扶贫标准的意义是巨大的:让人民群众共享改革成果,彰显了社会的公平和正义,促进了社会的和谐稳定。

扶贫标准是一个动态的不断提高的过程,2300元绝不是也不应该是最后标准。如果说,此前,中国农村扶持对象主要是绝对贫困户、解决温饱问题的话,那么,历史将记住2011年11月29日:此后,中国农村乃至全国,扶持对象将逐渐从绝对贫困转向相对贫困、小康标准,这是历史的进步。按照唯物辩证法,相对贫困是永远存在的。从这个意义上说,扶贫永远无尽时。届时,扶贫将被视为建设和谐社会的一大"稳定器"。

当然,扶贫还有一个怎么扶的问题,这是另外一个话题了。

(原载2011年12月5日《市场星报》 署名:言赅)

绕道建言的背后

2013年安徽省"两会"上,时任省长李斌在政府工作报告中提出:今后5年,全省生产总值(GDP)要比2012年翻一番,经过8年的努力,即到2020年,经济总量在全国争先进位、人均GDP和居民收入赶上全国的平均水平。当天,我从电视上知道这个赶超目标后,第一感觉就是:指标太高了,难以实现。

为什么有这种想法呢?

前面已经讲过,我是学数学的,对数字非常敏感,因此,马上列出一个5年倍增的数学方程式,得出的结论是每年递增率约为15%。这是不可能的。

说到赶超全国目标,我头脑里立即显现20世纪90年代中期,我省提出的赶超目标,要求"到2000年,人均主要经济指标基本达到全国平均水平"。屈指一算,已赶超了15年。结果怎样呢?我计算的结果是与全国的平均水平差距拉大。现在要用8年时间赶上全国水平,也是难以实现的。

基于以上思考,当天,我就写了一篇题为《赶超目标留有余地为好》的署名评论,用电子邮件发往某报编辑部。我想,作为一个公民,我也有权对政府工作报告发表意见啊。可是一连几天都让我失望。在该报社帮忙的一个"老新闻"对我说:"老总说您的文章写得很好,但是,由于你可以理解的原因,报纸是不可能刊登的,只能请您谅解了。"当时,我看到的省城各报纸,对李斌省长政府工作报告的讨论,都是只刊登赞扬的发言,就没有再向其他报社投稿了。但我心不死,决定给李斌省长写信。可是,信发出去不多久,李斌省长就离开安徽到北京赴任了。2013年3月中旬,我在安徽省院士专家联谊会的《关于报送信息的通知》中得知,联谊会主办有《建言献策》一事,"向省委、省人大、省政府或省政协领导,反映院士专家的意见、建议和呼声"。作为联谊会的会员,我很高兴,找到了一条向上反映意见的渠道。当天,我就将文章用电子邮件发往联谊会。没想到,我的这篇题为《赶超目标留有余地为好》的文章,很快在《建言献策》第2期上刊出了。我的建言终于绕道报送了。

评论员要敢于独立思考,遇到挫折后,要有韧性,韧性的背后是责任心,这是我绕道建言的体会。尽管有人说我书生气、太迂腐,但我还是要这样做,这叫秉性难改吧。

作品:

赶超目标留有余地为好

原李斌省长在政府工作报告中提出了赶超全国的奋斗目标:今后5年,全省生产总值(GDP)比2012年翻一番,经过8年的努力,即到2020年经济总量在全国争先进位、人均GDP和居民收入赶上全国的平均水平。笔者注意到,国家的GDP和收入倍增计划,是2010年到2020年,10年时间。因此,从历史和现实的结合上考量,笔者觉得我省的这个赶超任务太艰巨了。

早在20世纪90年代中期我省就提出了赶超目标,要求"到2000年,人均主要经济指标基本达到全国平均水平"。当时的省人大常委会副主任吴昌期告诉我,安徽人口约占全国5%,如果我省的GDP占全国的比重达到5%,就意味着达到了全国的平均水平。1996年权威统计数据表明,我省生产总值(GDP)2320亿元,占全国生产总值(GDP)67795亿元的比重为3.4%。赶超了16年,怎么样呢?2012年只有3.3%,占全国的比重不升,反降了0.1个百分点,5年前的2007年曾一度下降到2.8%(见2013年1月23日《安徽日报》),总量维持在第14位,原地踏步。2011年人均GDP在中部省份垫底,全国排队倒数第5,与贵州、云南、甘肃、西藏等省份排在一起(据国家统计局网站)。这说明,16年来,我省经济发展虽快,但总的来说还是没有赶上全国发展的水平,更不用说赶超了。

政府报告提出5年全省GDP翻一番的目标,方程式$(1+X)^5=2$告诉我们,X的近似值应为0.15,这意味着未来5年我省经济要达到15%的递增率。至于8年赶上全国的平均水平,也大体要有这样的递增率。这在全球经济不确定因素很多,国家已主动将发展指标降低到7.5%的情况下,安徽要独善其身,达到15%的递增率,是难以想象的。

安徽经济总体落后,是历史造成的。应当说,上届政府尽力了:5年GDP平均增长13.2%,增速居中部第一、全国第九位,占全国经济总量(GDP)由2007年的2.8%上升到3.3%,近年来势头更好。可谓功不可没。但提出未来5年乃至8年的奋斗目标时,笔者以为本届政府给自己压的担子也太重了:16年的赶超,占全国比重下降了0.1个百分点,未来8年比重要上1.7个百分点,多年积累的赶超任务,要在短短的8年内实现,除非出现了奇迹。愚以为,赶超目标还是留有余地为好。

还有一个低调宣传问题。省"两会"前,很多媒体动不动就是我省某项经济指标"领跑"中部省份。经济指标不下百余项,某个指标暂时领先,并不代表"领跑"。有的指标领先或"领跑",没有多大意义,比如消费增长率"领跑"中部省份,对自己来说确是好事,说明老百姓收入增长了,拉动内需了。但用消费边际效应递减的经济学原理来看,恰恰说明我们省还很穷,相反,富裕地区和富人消费增长率不会很高的。宣传也要留有余地啊,否则人家会说我们安徽会吹牛。

但愿未来的实践证明我是一个保守派。

(原载安徽省院士专家联谊会主办的《建言献策》2013年4月10日第2期)

"驳论"也可以活起来

这是为当时《安徽日报》经济一部编发的农村经纪人专版配写的评论。论证的方法是驳论法。我以前撰写的评论中,不少"驳论"板着面孔,呆板枯燥。这一次,我用谈心的方法,娓娓道来,使"驳论"活起来了。"'倒'来'倒'去并不增加社会财富",很多人陷入了这个认识误区。我运用现代经济学理论,驳斥得还是比较有力的。这又一次说明,评论员要学习西方经济学。否则,市场经济条件下出现的很多问题,你用传统的政治经济学是说不清道不明的。

作品:

为农村经纪人喝彩

"经纪人值得喝彩么?"答案是肯定的。

"不是什么二道贩子,他们是搞活流通的二郎神!"早在1982年12月,当时的中央主要负责同志在我省的砀山县就这样肯定过他们,尽管当时很多人不理解。20多年的市场经济改革的实践证明,特别是在买方市场的条件下,他们的作用越来越被人们所认识。

有人曾作过这样的估计:在没有大的龙头企业牵动的地区,农村经纪人是搞活农村流通的主要力量。实际情况也是如此,哪儿形成市场,那儿就一定有一批活跃的经纪人;哪儿经济发达、农民收入高,那儿的经纪人就一定队伍壮大,神通广大。一句话,农民致富,离不开经纪人,他们已经是农村产业化中的一个不可或缺的链条。否则,千家万户的小生产怎能与千变万化的大市场相联结?!

有人对经纪人的作用作过这样的概括,称赞他们是"新信息的侦察兵,新技术的二传手,新生产力的代表人"。评价是否完全准确,可以商量,但农村经纪人的重要性是不容置疑的。

"'倒'来'倒'去并不增加社会财富。"这是中国几千年来崇本抑末、抑商重农的观点。其实,经纪人在市场中"倒"的是"比较优势",按照现代经济学理论,只要是公平自由的交易,双方的增值就在交易之中。至于"倒爷"们传递价格信息,引导生产,使供求基本均衡,减少无效生产,贡献更大。

经纪人驱动力来自利益原则。只要是守法经营,就会实现互利;经纪人获利,农民增收更多。经纪人是市场经济的探险家,市场经济的一个原则是,风险越大,获利也可能越大。经纪人在守法经营条件下的获利,应该得到保护。

当然,庞大的经纪人队伍参差不齐,有人干出了坑农和坑害消费者的事,是需要严加管理直至处罚的。但瑕不掩瑜。总体上看,他们的贡献太大了,我们不能不为他们喝彩!可不是吗?不久前,砀山县就举行了表彰经纪人大会,请他们上座,给他们披红戴花;还有的县市开展评选十大经纪人活动,等等。为啥?因为他们使大量农副产品变成了商品,让农民增产增收,真是功莫大焉。

(原载2002年7月5日《安徽日报》,署名:言赅)

一付修身养性的良方

退休后,我协助原省委宣传部副部长、安徽日报社原总编辑王鸿同志,为我省最大的商业企业——徽商集团创办了《当代徽商报》。其间,目睹了个别领导人的"霸气"所带来的严重后果,感到领导人,特别是主要领导人要有亲和力。因此,有感而发,撰写了这篇评论。评论以充分的论据和严格的逻辑思维,论证了什么是领导人的亲和力,指出"有时微笑比训斥更显示能力"、"理解和宽容是领导人的大智慧"以及领导人应注重"气质和风度的修养"等,是领导人一付修身养性的良方,也是一篇针对性很强的评论。评论在《当代徽商报》一版刊登,后上了徽商集团网站,点击率很高。

作品:

领导要有亲和力

所有的人都应该有亲和力,小至家庭成员,大至党和国家领导人。共和国的两个总理周恩来、温家宝就极具亲和力。企业领导理所当然要有亲和力。这是企业外树形象、内增凝聚力的需要。

什么是亲和力?我想引用作家赵昂的话来表述,他说:"亲和力源于人对人的认同和尊重,它所表达的不是人与人之间物理距离的远近,而是心灵上的通达和投合,是一种基于平等待人的古道热肠和悲天悯人的恻隐怀柔。真正的亲和力以善良的情怀和博爱的心胸为依托,它是发自内心的特殊禀赋和素养。"赵昂也警示:"亲和力一旦落到作秀者的头上,就会'画虎不成反类犬',变得虚伪和龌龊了。"

亲和力是一个人内在的"特殊禀赋和素养",是模仿不了,更与作秀无缘。目前,无论是官场,还是商场,作秀的都太多了,很讨厌。电视连续剧《渴望》之所以受欢迎,是它反映了人们渴望真诚、诚信的需求。因此,我们讲亲和力,最终是讲真情,讲真诚。

培养亲和力,是尊重现代社会人际交往的基本规律。这就是马斯洛关于现代社会人的五种需求规律:生理需求、安全需求、尊重需求、交往需求和价值实现需求。

古人云:"敬人者,人恒敬之。"人人都希望得到别人的尊重,反过来,人人都必须尊重别人,这是一个处理人与人关系的准则。企业领导都希望得到下级和员工的尊重,那他必须首先尊重他的下级和员工。有时微笑比训斥更显示能力;"请您"两个字具有无比的魅力。

亲和力来自于与人相处的平视状态,或者说是对等状态,即对下级,对身边的人,不居高临下,不盛气凌人;对领导,对名人,对上层人员,不卑躬屈膝,不丧失人格。

理解和宽容是领导人的大智慧。海纳百川,有容乃大。我们需要包容差异,需要"和而不同"。切不可有唯我独尊的"官气",更不能有唯我正确、顺之者昌逆之者亡的"霸气"。领导要了解别人的情绪,理解别人的感受,察觉别人的需求,总之,善解人意,时刻把工作对象的喜怒哀乐看在眼里、放在心上。

管理需要建章立制,但不能视"人"为工具,忽视人的价值和人格尊严。人和动物的区别是有感情,"金钱"报酬不是人的唯一需求,人的最高需求是实现自身的价值。因此,领导的亲和力来自人性化管理,有人情味,无情规章,有情操作,处处以人为本。实践证明,越是有人情味的领导越能够成功。那些动不动就叫人"下课"的人,人们只能对他离而远之,最终使自己成为孤家寡人,上演《霸王别姬》。

大凡有亲和力的人,都有一种气质和风度。在任何场合,他的一言一语,一举一动,一笑一颦,一投足,一举手,直至一个眼神,都是那么得体。这种气质和风度,是人的内在美的外在表现形式。亲和力是一个人综合素质的表现,是长期修炼的结果。希望我们企业的领导同志都能注意这方面的修炼。

路径很多,必由之路是多读书。有道是:读书润德,腹有诗书气自华。

(原载 2007 年 8 月 10 日《当代徽商报》一版,署名:言赅)

西方新闻学中的好东西也可以为我所用

新闻界轰轰烈烈的"走基层、转作风、改文风"活动开展后,我发现"走基层"的报道局限于新气象、新面貌、新成就,还有好人好事,总之很热闹,鲜有发现新事物,研究新情况、新问题的深度报道。于是,我引进了西方新闻学中的"冰山理论"对这一现象进行解剖,指出,在弘扬真善美的同时,揭露假恶丑,特别是揭露事关大众利益而被掩盖了的事物真相,这是作为公众利益代言人——记者的天职。"走基层"怎么深入?我觉得这是一条路径。"冰山理论"属西方新闻学,我认为,我们的新闻改革,与经济改革一样,也可以把西方新闻学中的一些好东西拿来为我所用。

作品:

"走基层"怎样深入?从"冰山理论"说起

去年 8 月以来,新闻界掀起"走基层、转作风、改文风"活动,使一线大量鲜活生动的报道呈现在读者面前,增强了媒体的亲和力和公信力。这项活动如何深入下去呢?笔者想起了西方新闻学的"冰山理论"。

美国学者赖恩·希格尔曾对《纽约时报》与《华盛顿邮报》第一版新闻的出处作了分析统计,发现记者依靠新闻发布会获得的材料占 72.3%,非正式发布的材料占 20.1%,两者相加,达到 92.4%,记者独自采访的只占 7.6%。希格尔经过分析认为,政府和公共机构及企业,提供给媒体的新闻是经过选择,对自身有利的新闻。这些组织之中存在的消极阴暗的东西,则被隐瞒起来。据此,西方新闻学有一种"冰山理论",认为新闻媒体对社会生活的反映,仅仅是冰山浮出海面的一角,而真正的山体则在大海的深处。从这个意义上说,什么是新闻?新闻是某人某处试图掩盖的东西。因此他们主张,记者不应该依赖别人提供的材料,而要自己去搜集,挖掘表象后面隐藏的东西。在我们的社会,是不是存在着事关大众利益而某人某处试图掩盖的东西?答案是肯定的。

应该说，开展"走转改"活动以后，记者依赖别人提供的材料少了，自己采访的报道多了。这是一大进步。但就报道的内容来看，基本是新气象、新面貌、新成就，还有好人好事等等，总之，报喜不报忧，一片莺歌燕舞，鲜有发现新事物，研究新情况、新问题的深度报道。从多数报道内容看，记者"身入"了，但没有"心入"，看到了一些表象，写出了一些热热闹闹的场景，但缺乏深度。这就是敝人对当下"走转改"的一孔之见。

历史在发展，社会在前进，新事物、新情况、新问题层出不穷，因此，发现和支持新事物，研究新情况、新问题，推动社会和民生问题的解决，应该是记者"走基层"的首要任务。但是，真实的"情况"和"问题"往往会被掩盖。这就需要记者有揭盖子的勇气和智慧。

一个社会，真善美和假恶丑总是并存的，基层也是如此。因此，在弘扬真善美的同时，揭露假恶丑，特别是揭露事关大众利益而被掩盖了的事物真相，就是作为公众利益代言人——记者的天职。执行这样的天职，记者背后要站着强大的媒体。

什么是"基层"？从现在报道的范围来看，主要局限在乡镇村、田头、农户、清洁工、敬老院等。其实，"基层"是个很广泛的概念，不光是纵向的概念，还应该是横向的概念，各行各业都有"基层"，更应该是一个社会概念，即社会的底层，社会的弱势群体等。这些地方既有新事物，也有新情况、新问题，如果我们把"基层"的概念拓宽了，走基层的范围广了，报道面扩大了，"走基层"报道的深入问题也就有了更大的空间。

（原载 2012 年 4 月 5 日《市场星报》，署名：言贱）

系列评析

关键时刻发出自己的声音
——坚持大包干改革系列评论回顾

中国农村改革命途多舛,从安徽1978年大旱被迫借地种麦引发的包产到户算起,直到1982年中央1号文件确立包产到户是责任制的一种形式为止,关于包产到户姓资姓社的争论,在全国上下持续了5个年头。中国农村第一步改革,一举解决了中国人民20多年在人民公社制度下没有解决的温饱问题,促进了城乡经济的全面繁荣,成就举世瞩目。然而,受传统社会主义模式的影响,一些人始终怀疑它的社会主义性质,一遇风吹草动便流言四起。

1989年的风波以后,全国上下出现一股否定农村家庭联产承包责任制的暗流,很多文章和讲话,或明或暗地否定包产到户的社会主义性质,挑起了姓资姓社的争论。这股思潮的出现有两个大背景:一是1989年的风波以后,在批判资产阶级自由化中,"左"的思潮抬头;二是主要由于国家的农业政策问题及家庭联产承包责任制不完善等问题,全国农业连续几年徘徊。有人便据此断言家庭经营承包制潜力已尽,要改弦易辙,主张回到所谓"发展社会主义集体经济的道路上去",言之冠冕堂皇。这股风越刮越大,搞乱了人心,影响了大局的稳定。

安徽是中国农村第一步改革的发源地,作为安徽主要舆论阵地之一的《安徽日报》,理所当然要作出回答。我当时在安徽日报社农村部工作,此前,一直追踪研究农村的改革。因此,我理所当然地承担了这个任务。针对这股暗流,我力主推出两个方面的报道,受到报社领导的支持:一是大包干发源地之一的原滁县地区的三篇系列报道,用原滁县地区连续11年丰收的事实,回答一些人对大包干改革的质疑,其中的《大包干不是大撒手》获安徽省好新闻一等奖;二是拿起评论武器,从理论与实践的结合上回答一些人对家庭联产承包责任制的种种责难及误解,捍卫农村改革。我先后撰写发表了 10 多篇评论,影响较大的评论有 4 篇:《家庭经营承包制要长期稳定不变》、《"统",不是"归大堆"》、《"统",就是服务》和《家庭经营与农业现代化并行不悖》。其中的《"统",不是"归大堆"》,不仅获安徽省好新闻一等奖,还荣获中国新闻奖三等奖。

当时,在中国农村,最重要的事是稳定家庭联产承包责任制,稳定了这一基本政策,就可以稳住 8 亿农民的心。由于评论具有针对性和说理性,起到了稳定农村大局的作用。一些县市和乡镇将其作为开展"社会主义教育"的学习材料。安徽省委政研室还向前来安徽考察的河北省委政研室的同志推荐了《"统",不是"归大堆"》、《"统",就是服务》两篇评论。但就是这些有影响的评论,也留下了一些历史的烙印。比如,评论中提出要发展开发型集体经济,后来发现,多数地方是不成功的;评论中还提出"本着不与大工业争原料、争能源的原则",也是不符合市场经济原则的。看来,新闻评论要经得起历史的检验,是很不容易的,只能看主流了。

不论怎么说,上述两个方面的策划和实施,都是我新闻生涯中的得意之作。

古人提倡立言。我想,一个新闻工作者更应如此,关键时刻要敢于挺身而上,在历史上留下自己的声音。1991 年二三月间,上海《解放日报》刊登的署名皇甫平的《做改革开放的"带头羊"》、《改革开放要有新思路》、《扩大开放的意识要强一些》等 3 篇评论文章,在中国的改革处于停滞状态的关键时刻,对改革开放起到了重要引导作用。这样的事例,在中国新闻评论史上屡见不鲜。

作品:

(1)家庭经营承包制要长期稳定不变

当前,在中国农村,重要的事要数稳定家庭联产承包责任制,稳定了这一基本政策,就可以稳住 8 亿农民的心。生活常识告诉我们,人们对某个事物爱之越深,就越怕丢失。10 年来,从家庭联产承包制中得益最多的中国农民就是这个心态,他们很怕这个好政策会变掉。另一方面,也有一些同志,或受传统的"集体经济"模式的影响,或出于对中国农村前途的担心,他们对家庭联产承包制总是疑疑惑惑的。一个怕字,一个疑字,危害甚大。因此,需要我们从理论和实践的结合上廓清人们对家庭经营承包责任制的种种疑虑。

举世瞩目的中国农村改革起端于家庭联产承包责任制。我们党领导下的中国农民的这一伟大创举，使农民长期被压抑的生产积极性一下迸发了出来，极大地促进了生产力的发展，解决了8亿农民20多年在旧体制下没有解决的温饱问题，促进了城乡经济的全面繁荣。家庭联产承包制带来了中国农村生产力的迅速发展，这一点已没有人怀疑了。但是，确有一些同志怀疑它的社会主义方向。

关于方向问题，让我们从我国农村现有的经营体制说起。第一步改革后，我国农村形成了以家庭承包分散经营和集体统一经营相结合的双层经营体制。在这两个层次中，集体是指乡、村这一区域性合作经济组织，土地、水利设施等最重要的生产资料及乡、村企业等属集体所有，集体对其行使管理、指导、服务、统一等职能；另一个层次就是家庭经营，即家庭承包集体的土地，履行规定的义务，进行自负盈亏的经营。因此，家庭承包经营，只是上述集体经济组织中的一个经营层次，也是集体经济组织内的一种经营方式，又是集体经济组织中的一个不可分割的部分，她受集体经济组织的领导、管理和制约。十年的实践已经证明，实行这种又统又分、统分结合的经营体制，既坚持了社会主义方向，又发挥了统一经营和家庭自主经营的两个积极性。一些同志只看到家庭经营与合作化前的一家一户在生产经营上的某些相似之处，便把家庭经营承包制看作是分田单干，这是一种误解。这里有两条基本事实：第一，土地等最重要的生产资料属集体所有；第二，联产承包体现了按劳分配。所以，我们要理直气壮地说：以家庭联产承包责任制为起端的中国农村改革坚持了社会主义方向。

既然是双层经营，集体统一经营的这一部分也应当发展，它与家庭承包分散经营并不是互相对立的。近几年，虽然乡、村集体企业有了很大的发展，但我省多数地方集体经济还是比较薄弱的。为了增强统的功能，更好地带领农民走共同富裕的道路，我们需要兴办集体企业，发展集体经济。这种集体企业，主要是一家一户不便经营或经营不好的生产、服务、流通等项目，绝不是把一家一户拢起来，归大堆，走"大呼隆"的老路。集体经济实力增强后，有利于为家庭经营提供服务，办好一家一户办不好的事；有利于减轻农民负担，密切干群关系；有利于增强集体组织的凝聚力、号召力。这样，双层经营体制的两个层次就可以互相促进，相得益彰。因此，稳定家庭经营承包制与发展集体经济是完全一致的，两者统一于双层经营的体制之中。

有人说：农业几年徘徊，说明家庭经营承包制潜力已尽，要改弦易辙了。这种判断是轻率的。农业生产连续几年徘徊，令人担忧，但是，对徘徊的原因应作具体分析，不能简单地归罪于家庭联产承包责任制。

大家知道，在家庭经营承包制的推动下，在我国农村，自给半自给的自然经济开始向商品经济转变，传统的农业开始向现代农业转变。在这个转变中，农业要上新台阶，仅仅靠劳动集约和传统的精耕细作是不够的，而是要求更多的物质和技术投入。但是近几年，整个农业生产条件和外部环境都不适应这一新要求。比如，对农业的投入急剧下降，使得水利设施老化失修；农业科技部门已处于"有钱养兵无钱打仗"的困境，大大削弱了发展农业的后劲；还有，农用生产资料化肥、农药、薄膜等供应紧张，价格猛涨；加上国家对粮食等主要农副产品收购价偏低等，这些都挫伤了农民的务农积极性，影响和制约着家庭经营承包制作用的发挥。

另一方面，现阶段的家庭经营承包制本身也确有其局限性，亟待完善提高。哪个地方完善工作做得好，哪个地方家庭经营能量就能进一步释放。率先在全国实行大包干的滁县地区的事实说明了这一点。多年来，这个地区强化统的功能，培育多类型、多层次的服务经济组织，为家庭经营提供多方面的社会化服务。因此，这个地区农业连续11年丰收，1985年以来，粮食和多种经营都稳步增长，并没有出现徘徊。事实证明，家庭经营的潜力还有待进一步发挥，关键是要从内外两个方面做好工作，理顺关系。

与农业现代化相联系的规模经营是农村经济发展的必然趋势和要求。但实行规模经营绝不能把土地、劳力、农具简单地集中起来搞"一大二公"，这个回头路是绝对走不得的。规模经济是与农村一定的生产力水平相联系的，最终要通过发展生产力来实现。根据国内外的实践，实行规模经营的主要条件是：农村中的第二、第三产业比较发达，大多数劳力从土地上转移出来，社会化服务体系建立起来了。显然，除生产力比较发达的地区外，其他大部分地区不具备上述条件。当前我们可以因地制宜实现一定意义上的规模经营。比如，在分户经营的条件下，推行生产的区域化、基地化，服务专业化，收到"一家一户小面积，一乡一村大规模"的效果。

综上所述，我们可以得出这样的结论：农村家庭经营承包制一定要长期稳定不变。发展农村社会主义生产力，是一个综合性的工作，光稳定家庭经营承包制是不够的，还必须在完善双层经营体制上下功夫，即一方面稳定家庭经营，另一方面发展集体经济，强化统的功能，搞好服务、深化农村改革；同时扎扎实实抓好农业基础建设,大搞农业综合开发。只有这样,才能全面提高我省农业的综合生产能力。

(原载1989年12月15日《安徽日报》一版　署名:本报评论员)

(2)"统",不是"归大堆"

据省农调队抽样调查,有54.2%的村干部不知道农村的双层经营是怎么回事,他们把强化统的功能、完善双层经营体制,错误地认为是回到三级所有、队为基础的"大锅饭"的前兆。农民呢,很多人一听"统"字,就有点怕,认为又要"归大堆"。看来,对"统"字有不少误解,需要为它说几句话。

首先让我们弄清楚双层经营体制是怎么回事。它是对人民公社高度集中的体制进行改革后形成的。所谓双层经营,一层是乡村区域性合作经济组织统一经营和管理,另一层是家庭承包经营,两方面宜统则统,宜分则分。这样的经营体制,既发挥了集体统一经营和管理的优越性,又调动了家庭经营的积极性,两者相得益彰。近些年,党中央又明确指出,完善双层经营体制,主要是强化统一服务,建立健全社会化服务体系,为家庭承包经营提供产前、产中、产后服务。因此,双层经营体制,简而言之就是"土地公有,家庭经营,统一服务"。

"我过去就反对分(田),我说那不是方向,可人家说我是顶门杠。现在又说要统啦,要发展集体经济啦。10年转了一个圈。早知如此,何必当初。"在我们强调强化统一经营这个层次时,有的同志这样说。应该说,这个误解是比较深的。这里,我们不说家庭联产承包制推动我国农业生产取得举世公认的成就,也不说中央文件和中央领导同志怎样一再肯定它是"集体经济的新的经营形式","是马克思主义农业合作化理论在我国实践中的新发展",而是用双层经营体制的内涵来回答这个问题:土地集体所有,家庭承包,向国家和集体履行义务,受集体的领导、管理和制约,它是集体经济内的一个层次,一个经营方式,一个组成部分。在农村改革中,很多国营农场也引进了双层经营体制,职工承包创办家庭小农场,大农场为其统一服务。家庭小农场是大农场的一个经营层次,一个组成部分。不言而喻,它们仍然是国营农场。现在的问题是,有的同志把统和分两个相辅相成的方面割裂开来,对立起来,似乎只有讲统一经营才是坚持了集体经济;而讲家庭分散经营就是搞小农的个体经济。这种认识是错误的。在我们强调统一经营这个层次时,要防止否定家庭承包制的"左"的思想抬头。

"什么壮大集体经济、增强统的功能？迟早还不是'归大堆'！"这是很多农民的误解。也难怪，中国农民尝够了高度集中统一、"一大二公"的苦头，至今一讲统、一讲集体，他们还心有余悸，害怕家庭承包制这项基本政策有变。因此，一方面，我们要理解农民的这种心情，另一方面要向农民兄弟讲清道理，比如说要讲清为什么要发展集体经济、强化统一服务？现在的集体经济与过去的有什么不同？怎样发展集体经济？第一要紧的是要讲清，发展集体经济的主要目的是增强集体的凝聚力，更好地为农户服务，进一步发挥家庭经营的潜力，决不是另搞一套，决不是用集体经营来代替家庭经营。要讲明，我们现在强调发展的集体经济，是指适宜集体经营的那一部分经济，如发展乡村集体企业、集体林场，搞好水利建设等，决不是把已经分散经营的土地、劳力、农具等再拢起来。对于怎样发展集体经济，宋平同志提醒人们："一定要因地制宜，逐步发展，决不可一刀切，更不可重犯'一平二调'的错误。"省委和省政府负责同志对发展新的集体经济就明确指出三条路子：利用集体的山水资源，兴办集体林场、果园场、渔场、畜牧养殖场，发展开发型集体经济；围绕为农户的产前、产中、产后服务，建立农机、农技、农资供应和农产品运销组织，发展服务型集体经济；本着不与大工业争原料、争能源的原则，发展乡村工业，特别是要围绕农副产品深度加工，发展加工型的集体经济。在一些集体经济比较薄弱的地方，还提出从服务入手发展集体经济的路子。这是一种积极稳妥的做法。我们把这些向农民讲清了，并付诸实践，农民的误解会逐步消除的。

在农村，双层经营体制从形成到确立虽然已有10年多时间，但现在看来，要使广大农民和干部全面理解、正确贯彻执行这项党在农村的基本政策，还要花很大的气力。

（原载1990年10月22日《安徽日报》一版）

(3)"统",就是服务

蒙城县双涧镇有一个老集村，村里开办了一个农经门市部。年初，他们逐户登记，了解农户对化肥、农药、农膜、柴油等生产资料的需求，然后与供货单位或生产厂家签订供销合同，按生产季节统一购买，供应到户。这叫统一供应生产资料。此外还有：统一耕、耙、播、收、运、脱（粒）等的农业机械作业，统一提供农业技术指导，统一建设和管理水利设施。集体"四统一"，分户经营管理，农民称这是种"省心田"。

老集村的"四统一"，就是双层经营、统分结合体制中"统"的具体形式和内容，就是为农户提供统一服务。在当前强调强化统一经营这个层次时，我们要明白无误地告诉农民：统，就是服务，就是为一家一户办不好办不了的事提供统一服务。

中国的农民非常害怕"归大堆"式的"统"，但客观上却迫切需要统一服务。当笔者把老集村的"四统一"告诉一些农民时，他们说："哪找这样的好事？！"农民迫切要求服务，是实行家庭承包经营后发展商品经济的需要。从农业生产的环节上来说，有些田间作业一家一户可以独立完成，但排灌、制种、抗灾等重要环节和重大农技推广，则无法完成；从商品的生产和运行来看，直接生产过程中的许多事情一家一户能办到，但产前的物资供应，产后的加工运销等则是一家一户力所难及的，其间包括千家万户的生产经营与国家计划及大市场的矛盾；从生产积累机制上看，一般地说，分散的农户对当年的生产投入是有积极性的，而对改善整个农业生产条件虽有要求却无法办到，如水利建设、田林路渠综合治理等。这些问题如何解决？国内外的经验证明，要靠发展社会化服务来解决。在日本，平均经营规模只有16.5亩的家庭小农场，是靠农民自己组织起来的"农协"提供社会化服务的。在国内，凡是农业生产持续稳定发展的地方，都是社会化服务搞得好，如滁县地区的"六站一公司"和老集村的"四统一"。在这里，社会化服务是桥梁，是纽带，它把分散的家庭经营与社会化大生产、大市场联结起来，它还把国家计划通过服务导向与农户生产联系起来，使家庭经营做到"形散神不散"，使商品生产者减少在"跳跃"中的风险。因此，发展社会化服务，是完善大包干、发展农村商品经济的迫切需要。

第四次人口普查表明，中国73.77％人口在农村，从这个意义上说，中国还基本上是一个农业国。国内外的经验表明，农业劳力逐渐向二、三产业转移，农村人口逐渐向城镇转移，是实现农业现代化进程的必然趋势。转移的一个重要条件是农业本身要创造出很高的劳动生产率和土地产出率。这个创造，有赖于发展社会化服务。在一些发达国家的家庭农场，一般只一两个劳力，却耕种着几百亩甚至几千亩土地。因为育种、耕、播、植保、收、运、加工、销售等环节都被专业化公司承包了。看起来是家庭农场，实际上是社会化大生产。在这些国家，直接从事农业生产的劳动力远远小于直接间接为农业服务的劳动力。因此,这些国家的农业人口一般只占总人口的百分之几到百分之十几。当然,中国有中国的国情,而且社会制度也不同,不能照搬照套。但就发展社会化服务来说,是值得我们借鉴的。前面说到的老集村经验也证明了这一点。他们能有80%劳力从事工副业生产,去年人均收入达到1109元,就是因为发展了统一服务,大大提高了农业劳动生产率和土地产出率。因此,发展社会化服务,是实现农业现代化的需要。

发展农村社会化服务,还是密切党群关系、干群关系的需要。大家知道,这些年,一些地方干群关系比较紧张。究其原因,真正以权谋私、违法乱纪的干部是极少数,主要是干部向农民索取的多,给农民服务的少,农民有意见。而前面提到的老集村却不存在这个问题,交粮提存,只要在广播上通知一下,一个星期就能完成任务。

老集村及很多地方的经验证明,搞好了社会化服务,就可以增加农民收入,发展集体经济,减轻农民负担。因此,在农村,抓住了发展社会化服务,也就抓住了密切联系群众的重要环节。

建立健全农村社会化服务体系,是一个与农业现代化相联系的历史的动态过程,绝不是一蹴而就的。因此,只能从各地的实际情况出发,切忌大轰大嗡,更不能刮风。这种服务必须尊重农民的心愿,讲究效益。在集体经济比较薄弱的地方,不能急于求成,可以从提供某一个环节的服务入手,也可以从解决群众最急需的服务入手。这样,从易到难,逐步发展,看起来似乎慢了,但扎扎实实,办一件成一件,日积月累,实际上可能更快些。

几年来,在如何深化农村改革的问题上,众说纷纭。最近,省委、省政府明确指出,深化农村改革的主攻方向就是建立健全农村社会化服务体系。方向明确了,关键在工作。我们相信,只要各级领导真正"铁"下心来,抓服务,并且坚持不懈地抓下去,一定会大见成效的。

(原载1990年11月6日《安徽日报》一版)

(4) 家庭经营与农业现代化并行不悖

关于农业家庭经营承包制能否适应农业现代化问题的争论由来已久。笔者的回答是肯定的,即家庭经营与农业现代化是并行不悖的。

家庭经营,指的是一种经营形式,即家庭是一个经营实体,独立核算,自负盈亏。农业现代化则是一个综合性很强的技术改造和经济发展的历史过程。它包括生产资料机械化、电气化、化学化,生产技术科学化,生产条件水利化、园田化,生产品种良种化,生产组织专业化、区域化、社会化,经营管理企业化等等。世界上各国国情不同,实现现代化都各有特点。中国要实现的是社会主义的农业现代化,是以公有制和按劳分配为前提的。

在中国农村实行第一步改革,即推行家庭经营承包责任制时,我们曾着重从生产关系适应生产力发展的观点来论述包产到户适应于当时我国落后的生产力水平。那么,当农村经过十年的发展,家庭经营承包制是否仍然适应农村的生产力水平?笔者认为:家庭经营这种形式既适应于目前落后的生产力水平,也适应于今后农业现代化的水平。这是由于农业生产本身的特点和我国的国情所决定的。

大家知道,农业生产的劳动对象是具有生命的动植物,以土地为基本生产资料,受生物的生育规律和自然条件的制约,具有很强的季节性和区域性,特别需要因地因时制宜,也就特别需要劳动者高度的积极性和主动性。而要做到这一点,最有效的形式之一就是家庭经营。由于家庭成员在经济利益上的高度一致性,使得经营者不需要复杂严密的管理制度和劳动报酬制度,就能调动每一个成员的积极性,做到人尽其才,物尽其用,地尽其利。家庭经营,由于农户具有自主权,使他们可以根据动植物的生育规律和自然条件的变化,采取灵活应变的措施和决策。家庭经营还由于对较高的劳动效率和经济效益的追求,驱使农户积极采用先进的农业机械和农业科学技术,这就是实行包产到户后曾出现的"农机热"、"农技热"的原因。这本身就是对农业现代化的一种推进,据统计,农村实行家庭经营承包制后的十年,我国农机动力的增长总量比前30年的总和还多。这个事实说明,家庭经营从总体上推进了中国的农业机械化。在农村,农民主动应用先进生产技术,发展良种化、化学化、立体化农业等,本身就体现了较多的农业现代化因素。显然,是家庭经营这种形式调动了农民发展现代农业的这种难以想象的积极性。

家庭经营的上述特点,适应了农业生产本身的特点,决定了这种经营形式的长久生命和广泛适应性,也就是说,家庭经营可以适应农业的不同生产力发展水平。从这点出发,我们不难解释,为什么在我国生产力比较发达的沿海和大城市郊区,除了少量专业承包和"农业车间"外,农业生产主要还是家庭经营;也不难解释世界上一些发达国家,农业生产中的家庭经营比重竟达80%—90%,甚至更大。

我国的国情是人多土地少,农业资源相对不足,但劳力资源丰富;另一方面工业基础薄弱,不可能对农业投入过多的物质和能源。这种国情还决定了中国推行农业现代化,不可能像美国、加拿大等国那样走发展机械化大农场的路子,也不可能走发达国家"石油农业"的路子,也就是说,中国的农业现代化要走自己的路子,主要是以劳动密集型和技术密集型为特征的适度规模经营,以尽可能大地提高土地的产出率。而适应这种适度规模经营的一个较好经营形式就是家庭经营。由于家庭经营中的经营者和劳动者的灵活性、主动性和积极性,可以使劳动密集和技术密集充分相结合,达到提高土地产出率的目的。国内外的事实已经说明了这一点,我国一些发达地区已出现少量的适度规模经营,但经营形式仍以家庭经营为主。我国的近邻日本国的农业已经高度现代化了,但仍然以家庭经营为主,户均经营土地只 1.1 公顷(合我国 16.5 亩),但产出率很高,使人均只有 7 分土地而消费水平很高的日本国,食品综合自给率达到 70%—80%,其中大米自给有余。因此,从中国的国情出发,我们认为,中国在实现农业现代化的长期过程中,家庭经营将是一种重要的经营形式。

从上述分析中我们可以看出,同样是家庭经营,不光与不同的生产力水平相联系,还与不同的所有制相联系,有小农经济的家庭经营,有资本主义农场式的家庭经营,有社会主义公有制为特征的家庭经营。我国目前农村普遍实行的家庭经营,是双层经营体制中的一个经营层次。这种双层经营统分结合,既能发挥千家万户的积极性,又能发挥集体经济的优越性,它不但与合作化前小农经济不可同日而语,也比资本主义家庭经营具有无法比拟的特点。如果说,资本主义国家实现农业现代化并没有排斥家庭经营这种形式,那么,我们在社会主义条件下推进农业现代化,一定可以更好地利用家庭经营这种形式。

目前,我国家庭经营的土地面积户均只有 7 亩多,且小块、分散,对实现农业现代化确有不利的一面,主要是不利于大型高效农业机械效益的发挥,不利于统一规划实施农田基本建设和区域化种植,不利于集中资金采用先进技术装备等。但这些并不是家庭经营本身的问题。通过完善双层经营体制、增强统的功能和健全服务体系,这些弊端是可以逐步克服的。

(原载 1990 年 3 月 16 日《安徽日报》)

功在评论外
——农村剩余劳动力转移系列评论回顾

历史的车轮以不可阻挡之势驰入 21 世纪。据权威统计：2013 年末，全国农民工数已达 2.69 亿，中国的城市化率已达到 53.72%。这种历史性的进步，来之不易啊！

新中国成立后，由于形成了以两种户籍制度为主的城乡二元化结构，在农民和市民之间，造成一条难以填平的鸿沟，阻滞了农村城市化的步伐，也使得整个国家的城市化水平落后于工业化。1991 年，我国工业与农业总产值之比已为 77.9∶22.1，而城乡人口却倒过来了，人口城市化的水平只有 28%（1990 年我省只有 17.9%），不要说与发达国家平均 80% 的城市化水平相比，就是与发展中国家百分之三十几到百分之四十的城市化水平相比，我们的差距也是很大的。

广大农民"希望过上和城里人一样的好日子"（李克强总理 2003 年答记者问语）。是 2.7 亿农民工，用他们的巨手敲开了禁锢的城门，创造了继农村大包干以后，又一个伟大的历史变革。20 世纪 80 年代末和 90 年代初，作为新闻工作者，我有幸用手中的笔从一个侧面记录和评论了这场变革，做了这场变革的促进派。

评论为时而作

农村剩余劳动力转移问题，发端于中国农村第一步改革。

上了年纪的都记得，人民公社时期，把农村所有的劳动力都捆在土地上，还下放了几千万知识青年、干部和城市居民，用了 30 年时间，也没能解决中国人的吃饭问题。而一个大包干改革，不仅在短时期内，使得农副产品像变魔术一样，从少到多，源源不断地冒了出来了，一举解决了中国人的温饱问题，而且几千万下放者回城后，农村仍然出现了大量的剩余劳动力。

这些劳动力的出路何在？据 20 世纪 90 年代初期的调查，在当时生产力水平下，安徽省平均每个农业劳动力大约可负担 8 至 10 亩耕地，按当时耕地 6500 万亩计算，农业只需 650 万至 800 万人。当时，安徽省农村劳动力 2432 万人，大约剩余 1600 万劳动力。除已进入乡镇企业和劳力输出外，仍剩余 700 多万人，且每年由于新生人口而增加 60 多万剩余劳力。就全国而言，数以亿计的劳动力滞留在土地上，不创造价值，无疑是极大的浪费，也是一个最大的社会问题。

向农业的深度和广度进军，兴办乡镇企业，包括户办联户办企业，就地转移，离土不离乡，这是当时上下的一致认识。但事物是复杂的，往往不以人们的意志为转移，这就是"离土又离乡"的转移方式。20世纪90年代初全国约有1000万农民，自找就业门路，挤开城门，向城市进军、向沿海发达地区进军，形成曾被贬为"盲流"的民工潮。人们对这样的转移议论纷纷：

"书记啊，你们抓乡镇企业是对的，但不能把粮食放掉了！三年困难时期的粮荒想起来还后怕啊！"一位退下来的老同志对某县委书记这样说。

"改革开放、市场经济就这样搞呀？把劳动力搞跑了，把田搞荒了，还要不要吃饭?!"一些人在责问。他们中有人主张对抛荒的人课以"经济重罚"，有人甚至主张组织小分队强制农民种田。

以上是1992年末，笔者在安徽巢湖地区采访时，听到的议论。他们反对农民外出打工，主张像人民公社时期那样，"车马归队，劳力归田"。然而，反对无效。千千万万的农民还是以自己的方式敲开了城市的大门，形成了世界上最大规模的人口流动潮。据权威统计，2012年，安徽省已从农村转移就业1449万人，全国农民工数则达2.6亿！

当然，这样的流动也曾给社会管理带来种种新问题，需要人们正确引导和解决。

"千古文章为时而作"，评论也不例外。以上就是我撰写农村劳动力转移系列评论的时代背景。

站在高处的俯瞰

我对农村劳动力转移的认识，也有一个逐步深入的过程。我写的第一篇关于劳动力转移的题为《八户农民的方向》的评论，是以本报评论员名义出现的配稿评论，刊登于1987年12月14日《安徽日报》一版。评论指出：

> 国内外的实践表明，农民只有从土地上脱离出来，搞养殖业、搞加工业、搞第三产业，发展商品生产，才有出路。大部分农民离土后，少数农民留在土地上，就可以以规模效益致富。因此，从总体上说，农村富裕程度是与脱离土地的劳动力成正比的。从这个意义上说，八户农民的致富方向，就是农村富裕的方向。

这篇评论虽然提出大部分农民"从土地上脱离出来"发展二、三产业，农业发展规模经营的正确方向，但存在明显的局限性，即提倡就地转移，更没有与城市化联系起来，打上了时代的烙印。

时代的车轮奔驰到20世纪90年代初期，笔者的认识也提到一个新的高度，其表现则是在题为《评五百万"皖军"闯神州》的署名评论中提出，劳务输出不仅"是一所不用投资的、奇大无比的学校"，"它还是一座把农民转化为非农民的伟大学校"的观点。在尔后的题为《战略转移中的阵痛》的署名评论中，则把农村劳务输出提高到战略的高度。评论提出：

> 农村实现现代化、工业化的过程，必然伴随着农村劳动力向二、三产业转移和人口向城镇的战略大转移。这是不以人的意志为转移的规律。

对于战略转移过程中出现的问题，笔者以全球的视野进行了分析。比如对补贴农业问题，评论指出：

> 即使在发达国家，农业实现了现代化，农业劳动生产率极高，一个劳动力生产的粮食可以养活几十人甚至上百人，但相对于这些国家的二、三产业，比较效益仍然低。因此，发达国家普遍对农业实行巨额补贴。美国一年补贴达300亿美元，欧共体达1000亿美元，才使农业与二、三产业的比较效益相对平衡。目前在我国，还不可能采用大量财政补贴的办法来解决。因为发达国家实现了现代化、工业化和城市化，90%以上的劳动力从事二、三产业，说到底它是90%以上的人补贴百分之几的人，当然可以。而我们国家倒过来了，80%人口在农村，少数人补贴多数人是补不起的。……根本的出路是农村劳动力要向二、三产业转移，人口向城镇转移，在转移的过程中，逐步地、相对地解决。

再如在面对农村劳动力弱化问题，我用发达国家曾经走过的道路和中国的先进典型来分析：

> 外出的基本上都是能干的人，这是人们不愿看到的，但却是事实。因为外出的人实质上是参与人才和劳务市场的竞争，竞争中当然是强者胜，这是市场的选择。发达国家在实现工业化初期，也曾出现过农业劳动力弱化现象，这是战略转移过程中初级阶段的特

征。发达国家的事实还说明,只要坚持这个转变,不断用现代工业和现代科技武装农业,农业劳动者的素质就会不断提高。现在在这些国家,必须具有相当高的学历和经过专门培训的人,才能拿到经营农业的"绿色证书",有的甚至是教授当农民,农业劳动者的素质远远高于全社会劳动者的平均素质。我们国家大邱庄去年8个劳动力耕种和管理着4800亩土地的事实,也说明了这个问题。

因为在写这个评论前,我较系统地研究了发达国家农村现代化的历史进程,从历史和现实的结合上俯瞰中国农村劳动力大转移这个伟大的课题,并理性地分析其产生的问题,较早提出了"战略转移中的阵痛"这个命题。正如古人所说,"不畏浮云遮望眼,只缘身在最高层"。

底气从何而来？

1993年9月初的一天,安徽日报社的一位副老总带我到安徽省委宣传部参加一个会议。这是一个布置宣传任务的小型会议。会议内容是时任安徽省委书记卢荣景同志委托时任安徽省人大常委会副主任的陆子修同志,向"一报两台"(安徽日报社、安徽省广播电台、安徽省电视台)布置农村剩余劳动力转移的一次集中宣传任务。会议要求,"一报两台"要各自宣传十来个劳务输出的典型,同时配发系列评论,对我省农村剩余劳动力转移问题,进行系统的论述。为统一宣传口径,陆子修指定系列评论由安徽日报社撰写,在安徽日报刊登的同时,由"两台"转播。我是安徽日报社参会者之一,撰写系列评论的任务自然落到了我的头上。应该说,这个任务是不轻的。俗话说:养兵千日,用兵一时。我长期搞"三农"宣传,就像打仗一样,关键时刻要冲得上。所以,我二话没说,接受了任务。

我之所以敢于接受任务,除了责任所系外,还在于我有底气,这个底气就是在此之前,我已经对农村剩余劳动力的转移问题进行了比较系统的学习研究,积累了很多国外的、省外的和我省的相关资料及现实情况。开阔的视野,丰厚的积累,从论点到论据的结合上,为我这次撰写系列评论打下了基础。在梳理材料和观点的基础上,我向报社领导和陆子修同志报了4个选题,经批准后,我用了4天时间写了出来。

20年过去了,回过头来重新审视,系列评论所阐述的观点总体上没有过时,比如:

"农村剩余劳动力的转移是进一步解放生产力、实现农村工业化、现代化和城镇化的必由之路"的观点;

"改革土地制度……建立土地流转机制,使'耕者有其田'逐步变为'能者耕其田'"的观点;

"随着商品经济的发展和农村劳动力就业范围的扩大,改革在计划经济体制下建立的封闭式户籍管理制度势在必行"的观点;

"建立开放的、城乡统一的劳务市场,为农村劳动力转移提供咨询、信息、职业介绍等服务"的观点;

"把提高劳动者的素质,当作百年大计来抓……改变就业岗位'傻、大、粗、黑'"的观点;

"把剩余劳力逐步转移到二、三产业上去,实现农民收入的'农转非',即从以农业收入为主转向以非农产业收入为主,这是农村奔小康的必由之路"的观点;

"如果中国农村有2亿劳力转向二、三产业,将会形成中国历史上最伟大的一次新的社会分工"的观点;

"城市化是衡量一个国家经济和社会发展的重要标准;工业文明和城市文明也是广大农民千百年来的期盼和追求"的观点;

"主要依靠农民自己的力量,建造'农民城',使农民进得来,留得住,富得快,实施中国农村城市化独特的发展小城镇战略"的观点,等等。

这些观点都是建立在大量的事实性论据和理论性论据基础上,通过层层推理和分析得出的。当然,历史地看其中有的也有局限性,比如,评论中关于城镇化的论述,与十八大提出的关于新型城镇化的论述相比,显然有不全面之处。

如果事前我对农村劳动力的转移没有深入的研究和积累,只是"临时抱佛脚"的话,是不可能写出4篇有观点、有分析、有新意、有指导性的评论的。记得陆子修同志在审查中,一字未动就签发了。他还鼓励我说,"听说由你执笔(写评论),我就放心了"。古人说"汝欲学写诗,功夫在诗外",我的体会是"汝欲写评论,功夫在评论外"。

作品：

(1)评五百万"皖军"闯神州

据有关部门估算,今年我省农村大约有500万人加入了"民工潮",号称"500万'皖军'闯神州"。对此,人们议论纷纷,褒贬不一。然而,经济学家和社会学家们却以极大的热情注视和称赞这一社会现象,有的甚至认为这是继大包干、乡镇企业之后农民的又一伟大创举。

以"民工潮"现象为代表的农村劳务输出,是农业劳动生产率提高到一定阶段的产物。人民公社时期,把农村所有的劳动力都捆在土地上,也没有解决温饱。大包干大大地解放了农村生产力,才使农村有了剩余劳动力。根据目前的农业现代化水平,农业,包括林牧副渔业在内,能够容纳的农村劳动力不超过农村总劳力的一半。随着农村现代化水平的逐步提高和人口的增加,农村剩余劳力的比例还会提高。一半以上的劳动力劳动没有对象,不创造价值,农村怎么能够富起来呢!剩余劳动力理所当然地要寻找就业门路。于是农民自己办工业,办二、三产业,出现了乡镇企业的异军突起,走出了有中国特色的农村工业化的道路。

大包干以来,全国约有1亿劳力被乡镇企业所吸纳,这是历史的巨大进步。但是,由于各地条件的差异,乡镇企业并不能把所有的剩余劳力都就地吸纳。乡镇企业发展的不平衡规律决定了有些地方很多剩余劳力要另找就业出路。而沿海发达地区和许多大中城市,由于资金的大量投入,需要大量的劳动力。一方多余,一方需要,因此,劳动力跨产业、跨区域的流动,既是合理的,又是必然的。这也是市场配置劳力资源的必然结果。另一方面,随着技术进步和管理水平的提高,乡镇企业,特别是乡镇工业,虽然发展很快,但对劳动力的吸纳能力却越来越弱。1991年,我省乡镇企业吸纳劳动力467万人,而1992年,尽管产值达580亿元,比上年增长57.2%,而吸纳劳动力只增加68万人,比上年只增长14.5%。在这种情况下,农民自找就业门路,向城市进军、向沿海进军,就成为理所当然的选择。

如今的农民外出,不是旧社会的"闯关东"、"走西口",也不是灾害年份的大逃荒,而是温饱以后的一种新追求。他们的直接目的是为了多挣钱,增加收入。但把他们的行动放在实现农村现代化的大背景下来考察,其意义就远远超过了他们最初的利益动机。就说就业吧,在传统体制下,一个县(市)一年接收、安排几百名大中专毕业生和复员退伍军人,都感到很困难,很费劲。

而现在一个县，动辄几万、十几万农民利用市场机制，外出为自己寻找就业门路，却不要政府花钱，也基本不要政府操心，这是多大的功绩啊！我们一些人往往只看到农民外出带来的一些社会问题，而没有想到，假如这500万人完全滞留在农村，没有事做，没有收入，会带来什么样的严重的社会问题。

我省是一个农业大省，在很多传统农区，发展乡镇企业的一大困难是缺乏启动资金，而劳务输出无疑是积累资金的一个好办法。我省今年劳务输出500万人，若以每人每年挣回2000元计算，就是100亿，折半吧，也是50亿元，接近去年全省乡镇企业利税52.7亿元的总额。只要我们引导得好，这些钱的很大一部分是可以转化为发展乡镇企业的启动资金的。事实上，很多被称为打工仔、打工妹的，已经纷纷杀回马枪办企业了。据蒙城县统计，去年全县户办、联户办企业2.1万个，其中由外出劳动力回乡创办领办的达1.2万个，占总数的57%。这是一个令人欣喜的现象。我省一些偏僻的山区和传统的农区，之所以贫穷落后，一个重要的原因是对外比较封闭，人口素质低，很少接收现代信息。列宁曾经说过：要把居民从偏僻的、落后的、被历史遗忘的贫乡僻壤拉出来，卷入现代生活的漩涡，提高农民的文化程度及觉悟，使他们养成文明的习惯和需要。现在，市场经济体制把他们从"贫乡僻壤拉出来"了，使他们经受工业文明和城市文明的熏陶，开阔了眼界，学到了知识，增长了才干。正如一位县委书记所说的那样，劳务输出"是一所不用投资的、奇大无比的学校"。岂止如此，它还是一座把农民转化为非农民的伟大学校！

当然，农村大规模的劳务输出也带来了一些交通、社会治安、计划生育等社会问题，还给输出地带来了抛荒地、统筹提留难、公益事难等问题。但与农民从土地上自我解放的历史意义相比，这只是阵痛。只要我们认真对待，问题是可以逐步解决的。

（原载1993年1月20日《安徽日报》）

(2)战略转移中的阵痛
——劳力外出与抛荒田问题透视

社会学家和经济学家们都指出：农村实现现代化、工业化的过程，必然伴随着农村劳动力向二、三产业转移和人口向城镇的战略大转移。这是不以人的意志为转移的规律。转移的动力是什么？回答是：经济利益原则。

现代社会经济发展史表明，农业是一个基础产业，但农业与二、三产业相比，又是一个社会效益很大而直接经济效益较低的产业，它的效益主要通过加工业和流通领域辗转折射出来。即使在发达国家，农业实现了现代化，农业劳动生产率极高，一个劳动力生产的粮食可以养活几十人甚至上百人，但相对于这些国家的二、三产业，比较效益仍然低。因此，发达国家普遍对农业实行巨额补贴。美国一年补贴达300亿美元，欧共体达1000亿美元，才使农业与二、三产业的比较效益相对平衡。目前在我国，还不可能采用大量财政补贴的办法来解决。因为发达国家实现了现代化、工业化和城市化，90%以上的劳动力从事二、三产业，说到底它是90%以上的人补贴百分之几的人，当然可以。而我们国家倒过来了，80%人口在农村，少数人补贴多数人是补不起的，恰恰相反，我们国家在分配上始终是向城市倾斜的。因此，解决农业比较效益低的问题，急需国家在利益上向农业倾斜，但根本的出路是农村劳动力要向二、三产业转移，人口向城镇转移，在转移的过程中，逐步地、相对地解决。

从理论上讲，农村剩余劳动力向二、三产业转移不仅不会损害农业，而且有利于补农和武装农业。拿巢湖地区来说，农村劳动力近200万人，全区427万亩耕地，劳均耕地2.1亩。转移出100万后劳均也只有4亩多，何况就地向乡镇企业转移的35万人和季节性外出的40万人还都可以搞亦工亦农呢！然而各地外出劳动力很不平衡，具有区域性。拿无为县城关镇来说，5万多农业人口，就有2万多劳动力外出。我们到过一些村庄，看到一幢幢漂亮的瓦房、楼房里，大部分是蛛网封窗、"铁将军"把门。再看看田野，冬板田很多。我们曾问一个村支书："能不能把外出的人搞回来？"他回答说："不行。动用公安局，两个人也只能抓一个回来，一松手又跑了！除非国家再搞治理整顿，可能回来一些人！"这位村支书的话，形象地反映了价值规律的威力。外出的不可能回来，出去的又那么多、那么集中，这些地方在一定时期内难免要出现抛荒田之类的问题。我们的任务是要做好工作，尽力使农业不受或少受影响。在建设市场经济的过程中，在国家宏观调控还不健全的情况下，如果出了一点问题就大惊小怪，甚至责难，那就苛求于农村工作的同志了。

有人说："还是大力发展乡镇企业，就地转移好！"这是我们所希望，也是我们正在努力的事。但对此也不能理想化。就像我们国家东部、中部和西部地区经济发展不平衡一样，我省各地乡镇企业发展也是不平衡的，而且永远不平衡。在那些乡镇企业还没有发展起来的地方，叫劳动力在家坐等是不可能的。何况，外出劳动力既然有工可做，有利可图，说明社会对他们有需求。

据报道:1992年,珠江三角洲集中了全国各地400万打工者;在苏南无锡市打工的外地劳动力也达几十万人。邓小平视察南方谈话后,国民经济加速发展,一些地方和部门对劳动力的需求猛增。因此,农村劳动力外出也是国家经济建设的需要。作为生产力的最重要的要素——劳动者能够在全国范围内流动起来,这是农村改革开放的一大成果。

一位镇长曾对我们说,现在农村有四种人:一是10岁左右属龙的,计划生育后他们是龙蛋;二是20至30岁的人,属马的,往外跑挣钱;三是40至50岁的人,属牛的,在家种田;四是60岁以上的人,属狗的,在家看门,有的一个人要看两三处门,儿子的,女儿的。这种说法虽不十分准确,但却是农村"种田老幼妇"现象生动形象的写照。对此,人们充满了忧虑是理所当然的。

外出的基本上都是能干的人,这是人们不愿看到的,但却是事实。因为外出的人实质上是参与人才和劳务市场的竞争,竞争中当然是强者胜,这是市场的选择。发达国家在实现工业化初期,也曾出现过农业劳动力弱化现象,这是战略转移过程中初级阶段的特征。发达国家的事实还说明,只要坚持这个转变,不断用现代工业和现代科技武装农业,农业劳动者的素质就会不断提高。现在在这些国家,必须具有相当高的学历和经过专门培训的人,才能拿到经营农业的"绿色证书",有的甚至是教授当农民,农业劳动者的素质远远高于全社会劳动者的平均素质。我们国家大邱庄去年8个劳动力耕种和管理着4800亩土地的事实,也说明了这个问题。

至此,我们可以说农村劳动力外出及其所带来的抛荒田等问题,是战略大转移过程中出现的问题,是由计划经济向市场经济转变过程中的阵痛。我国农村劳动力和人口的转移任务是非常艰巨和困难的,世界上3个农民中就有一个是中国农民,这是世界上规模最大的人口和劳力转移,转移过程中甚至可能出现剧烈的阵痛,我们要有这个思想准备。我们的任务是如何把阵痛减到最低程度。如果我们不是这样地提出和分析问题,就会大惊小怪,把问题统统归咎于改革开放和市场经济,就可能用老办法去解决新问题,再搞"劳力归田、车马归队",再搞大一统的计划经济,那是没有出路的,也是行不通的。

(原载1993年2月21日《安徽日报》,与王士新、张传发合作撰写)

(3) 进一步解放生产力的重大变革
——一论农村剩余劳动力的转移

最近,省委主要负责同志亲自部署了农村剩余劳动力转移问题的调查,并在滁州市召开了专题座谈会。省委领导为什么如此重视农村剩余劳动力的转移?因为这是进一步解放生产力、实现农村工业化、现代化和城镇化的必由之路。

农村剩余劳动力的转移,是农业劳动生产率提高到一定阶段的产物。马克思说过,超越于劳动者个人所需要的农业劳动生产率,是一切社会存在的基础。大家知道,当年,人民公社"一大二公"的体制极大地束缚了农村生产力的发展,那时候不光终年批所谓资本主义,搞"劳力归田、车马归队",还把数以千万计的所谓"吃闲饭"的城镇居民、干部、知识青年下放到农村,哪里谈得上农村劳动力的转移!家庭联产承包责任制大大地解放了生产力,使农业劳动生产率超越了农业劳动者本身的需要,才有了农村劳动力的剩余,才有了乡镇企业的异军突起和农民外出务工经商。农村第一步改革以来,全国农村约有1亿劳力转移到乡镇企业,这是历史的巨大进步。随着科学技术的进步、农业机械化的发展和农村人口的增长,农村剩余的劳动力更多了。据调查,在现有生产力水平下,我省平均每个农业劳动力大约可负担8至10亩耕地,按现有耕地6500万亩计算,农业只需650至800万人。我省农村现有劳动力2432万人,大约剩余1600万劳动力。除已进入乡镇企业和劳务输出外,仍剩余700多万人,且每年新生成剩余劳动力60多万人。劳动者是生产力中最活跃的因素。这么多劳动力滞留在土地上,不创造价值,无疑是极大的浪费。如果说,家庭联产承包责任制极大地解放了农村生产力,使广大农民解决了温饱,那么也可以这样说,农村劳动力的合理、有序的规模转移,将在更高的层次、更广阔的范围再一次解放生产力。

不久前,省委、省政府公布了我省农村小康生活标准,第一条就是农民人均纯收入到2000年达到1100至1200元(1990年不变价)。在县级标准中,还规定农民从二、三产业得到收入占纯收入的比重大于等于65%。而1992年我省农民人均纯收入573.5元中,来自农业的占77.6%,来自二、三产业的只占22.4%。沿海发达地区和我省先进地区的实践都表明,解决温饱以后,农民收入的增加,主要依赖于二、三产业的发展。按1990年价格计算,今后7年年平均每人增长80元收入才能达到小康标准。不论从需求拉动角度还是从生产角度分析,农业效益都很难在短期内有大幅度提高。一般地说,每人每年从农业这一块增长 15 至 20 元就算不错了。还有 60 多元只有从二、三产业获得。因此,把剩余劳力逐步转移到二、三产业上去,实现农民收入的"农转非",即从以农业收入为主转向以非农产业收入为主,这是农村奔小康的必由之路。

现代社会经济发展史表明,农业是一个基础产业,但与二、三产业相比,农业又是一个社会效益很大而直接经济效益较低的产业,它的效益主要通过加工业和流通领域辗转折射出来。因此,目前世界上几乎所有的国家都要对农业实行保护政策。即使在发达国家,农业实现了现代化,农业劳动生产率极高,但相对于这些国家的二、三产业,比较效益仍然低,仍然需要国家对农业实行巨额补贴。今年2月,国务院正式出台了对农业的8项保护政策,国家财政出了大力,但对农业的需要来说仍然是杯水车薪,而且执行起来困难重重。说到底,农村人口太多了,国家补贴不起。而发达国家90%以上的劳力从事效益高的二、三产业,90%以上的人补贴百分之几的人当然就可以了。社会学家和经济学家们指出,只有减少农民才能保护农业和补贴农民,只有减少农民才能富裕农民,这是很有道理的。因此,逐步实现农村剩余劳力的"农转非",即从农业转向非农产业,农业人口转为非农人口,这是解决我国农村深层次矛盾的根本途径。

十分明显,没有农村劳动力合理、有序的规模转移,就没有劳动力资源的优化配置,就没有一、二、三产业的协调发展,就不可能实现小康目标,也不可能最终实现农村工业化、现代化和城镇化。如果中国农村有2亿劳力转向二、三产业,将会形成中国历史上最伟大的一次新的社会分工。同样的道理,如果像我们安徽这样的农业大省,逐步实现了剩余劳力的转移,将是安徽历史上继大包干后又一次伟大而深刻的社会变革。

(原载 1993 年 9 月 14 日《安徽日报》 署名:本报评论员,下同。)

(4)明确方向 配套改革
——二论农村剩余劳动力的转移

早在1984年,中央4号文件就对农村劳力的转移方向作了大体分析:预计到本世纪末,农村(包括集镇)范围的劳动力将达4.5亿人。根据发达地区的经验,农业现代化程度提高之后,农业能够容纳的劳力或劳动时间不超过

3/10，林、牧、渔业能够容纳的劳力或劳动时间不超过 2/10。能进城市或工矿区就业的不超过 1/10。其余 4/10 以上，即 1 亿以上的劳力只能向农村（包括集镇）工业、建筑业、运输业、商业和其他服务业以及家庭工副业寻求出路，否则将成为严重的社会问题。现在看来，9 年前党中央指明的农村劳力转移方向还是正确的，我省劳力转移的实践也证明了这一点。

当前，我省转移劳动力的渠道主要有三条：一是农业内部的转移，即不断从种植业向林牧副渔业分流，向大农业的广度和深度进军；二是就地向二、三产业转移，1992 年，我省乡镇企业已吸纳农村劳动力 535 万人；三是自发和有组织的劳务输出。现在，对发展乡镇企业就地转移劳力的认识是一致的，需要进一步统一认识的是农业内部的转移和劳务输出这两种方式。

先说，农业内部的转移，应该说这种转移是很有潜力的。我们要充分利用我省的农业资源，面向市场，大搞多种经营，大力发展开发性农业和创汇农业，尽力增加我省农产品在国内市场乃至国际市场上所占的份额。事实证明，劳动力的这种转移，投资少、见效快，在不改变家庭经营承包制的条件下，为富余劳力开辟了生产门路，因而易于为农民所接受。

再说，劳务输出。目前我省已号称 500 万输出大军。这是农民继创造了大包干，创造了乡镇企业以后的又一创举。中国农民终于从狭小的生存和活动空间走了出来，突破了离土不离乡的单一模式，向城市进军，向沿海进军。此举不仅支持了发达地区的现代化建设，而且使农民开阔了眼界，增长了见识，得到了锻炼，成为当地发展经济的带头人和骨干力量。据蒙城县统计，1992 年，全县户办、联户办乡镇企业发展到 2.1 万个，其中由外出劳动力回乡后创办领办的达 1.2 万个，占 57%。由此可见，是农民利用市场机制，为自己创造了就业机会。我们应该像当年支持大包干一样，支持、引导和鼓励农民劳务输出。同时，要加强管理和服务，妥善解决由于劳力外出而引发的交通运输、计划生育、社会治安、土地抛荒等一系列问题，而不能因噎废食，重走"车马归队，劳力归田"的回头路。

农村劳动力的转移是一个牵动全局的系统工程，转移的方向明确后，关键要进行配套改革，为劳力转移创造宽松的环境。当前，亟待研究解决三个问题：

第一，改革土地制度。要在强化土地所有权、稳定家庭联包制度的前提下，积极稳妥地探索搞活土地使用权，建立土地流转机制，使"耕者有其田"逐步变为"能者耕其田"。应允许农民在承包期内把土地使用权作为商品进行交换,即可以有偿转让、转包、转租、抵押入股等;集体拥有的荒山、荒地、荒滩、荒水的使用权,可以实行招标承包或拍卖。土地使用权的商品属性恢复后,离开农业的人口能够得到必要的补偿,逐步淡化对土地的依赖心理,有利于促进劳动力转移;土地在流转中,将会逐步向种田大户集中,有利于形成规模效益。

第二,改革户籍制度。随着商品经济的发展和农村劳动力就业范围的扩大,改革在计划经济体制下建立的封闭式户籍管理制度势在必行。户籍制度的改革要以适应建立社会主义市场经济体制与促进农村劳动力转移为出发点。当前,要认真贯彻落实国务院《关于农民进入集镇落户问题的通知》和省委、省政府的有关文件精神,对于申请到集镇务工经商的农民及其家属,在集镇有固定住所,有经营能力,自理口粮,公安部门应准许常住人口办理入户手续。县城以上的中小城市,也应探索建立农民进城后新的户籍管理制度和办法。

第三,健全劳务市场。要逐步建立开放的、城乡统一的劳务市场,为农村劳动力转移提供咨询、信息、职业介绍等服务。当前,应抓紧建立县、乡(镇)两级劳动服务公司,掌握供需情况,提供上述服务。总之,要通过培育多种形式的劳务市场,把流动的劳动力管好。

(原载1993年9月20日《安徽日报》)

(5)建设"农民城" 构造新载体
——三论农村剩余劳动力的转移

现代经济发展的一般规律告诉我们,农村实现工业化,人口必然伴随着实现城市化。农村剩余劳力最终转移到哪里?在哪儿定居?这就涉及中国农村实现城市化的道路这一大战略问题。

新中国成立后,由于形成了包括两种户籍制度在内的城乡二元化结构,在市民和农民之间,造成了一条深深的鸿沟,阻滞了农村城市化的步伐,也使得整个国家的城市化水平落后于工业化。1991年,我国工业与农业总产值之比已为77.9比22.1,而城乡人口却倒过来了,人口城市化的水平只有28%(1990年我省只有17.9%),不要说与发达国家平均80%的城市化水平相比,就是与发展中国家百分之三十几到百分之四十的城市化水平相比,我们的差距也是很大的。城市化毕竟是衡量一个国家经济和社会发展的重要标准；工业文明和城市文明也是广大农民千百年来的期盼和追求。

那么，什么是中国农村城市化的道路呢？

城市化是世界各国发展的必由之路。但由于各国的国情不同，城市化道路的发展方式也不可能完全一样。早年，资本主义兴起时，为了资本的原始积累，曾野蛮地将农民赶出土地。英国的"圈地运动"就是如此，历史上称为"羊吃人"。一无所有的农民唯一的出路便是涌进城市。我们是社会主义国家，不能走这条路。我们必须从中国的国情出发。城市化严重滞后于工业化的局面，根深蒂固的城乡隔离体制和独特的城乡二元化结构，以及任何国家都难以想象的巨大人口压力，使得中国农村城市化的道路，没有任何可以照学照搬的样子，只能闯出一条符合中国国情的有中国特色的发展路子。中国众多的剩余劳动力和人口，最终是要有一部分进入现有城市的，现在已经有不少人迈进了城市的门槛了，包括大中城市。但中国的国情决定，农村人口不可能全部涌入现有的城市。只能是主要依靠农民自己的力量，建造"农民城"。这就是中国农村城市化的独特的发展小城镇战略。

乡镇企业的发展现状和趋势，也决定了我们必须实施小城镇战略。乡镇企业的异军突起，使亿万农民站到了工业文明和城市文明的入口处。但乡镇企业一开始就表现出布局分散化、规模小型化、产业趋同化的特征。"村村点火，户户冒烟"的格局带来了诸如信息不灵、交通不便、成本过高、生产要素合理流动受阻以及资源浪费、污染环境等一系列问题。这种格局还使农村工业化不能与城市化同步发展。乡镇企业要有更大的发展，效益和水平有更大的提高，就必须突破乡村社区障碍，向小城镇集中，建立工业小区，这样可以共同使用小城镇中比较配套的基础设施，共同利用小城镇第三产业的服务功能。这样，把发展乡镇企业与小城镇结合起来，小城镇就成了农村发展二、三产业的载体，同时，也成为农村剩余劳动力和人口转移的载体。沿海发达地区已经这样做了，一座座"农民城"拔地而起就是最有力的证明。我省一些地方也有了这样的雏形。

预则立。既然小城镇将是农村剩余劳动力转移的主要载体，加强小城镇建设就是顺理成章的事了。首先要抓规划，同时，要制定吸引乡镇企业向小城镇集中的政策，包括土地、工业小区、市场、税收和户籍政策等，使农民进得来，留得住，富得快。可以预料，如果逐步把绝大多数县城建成为10万人口以上的小城市，乡镇政府所在地的集镇逐步成为万人以上的居民点，我省农村城市化的水平将会大大提高。如果说，80年代农民创造的乡镇企业开辟了具有中国特色的工业化道路,那么从90年代开始实施的小城镇战略,将使亿万农民从几千年传统的农业社会走出来,堂堂正正地跨进梦寐以求的城市大门,这将是中国农民一次历史性的进步。

(原载1993年9月29日《安徽日报》)

(6)作为一项战略工作抓到位
——四论农村剩余劳动力的转移

前面我们已经论述过,农村剩余劳动力的转移,是农村实现小康目标和现代化的必由之路。因此,各级党政领导和有关部门一定要把这项工作当作一项战略工作抓到位,变上级"要我抓"为"我要抓"。

当前,在农村剩余劳动力转移问题上,我们要抓哪些工作?

首先,抓调查研究,做到心中有数。现在,很多地方对劳动力的转移情况若明若暗,有些数字是估计出来的,这是不行的。一定要有基本的数量分析。比如:你那个地方农业上能够容纳多少劳动力?乡镇企业已经吸收了多少劳动力?向外输出了多少劳动力?分布在什么地方?从事什么职业?目前,还有多少剩余劳动力?再比如:劳动力转移后出现了哪些新情况、新问题?土地转包、统筹提留、抛荒地、计划生育等问题解决得怎么样?有什么解决问题的新经验、好办法等等。毛泽东同志早就说过:调查就是解决问题。只有你把农村剩余劳动力转移的历史和现状调查明白了,你才可能制定出符合本地实际情况的劳力转移规划,采取切实的措施,才可能实行分类指导,推广易于被本地群众所接受的转移经验,包括解决劳力转移中出现的新问题的经验。因此,我们希望各级领导,特别是主要负责同志要迈开双脚,到群众中去,在农村剩余劳动力转移问题上,再兴起一个调查研究之风。

第二,抓产业结构调整,带动劳动力转移。调整产业结构是分层次的。第一个层次就是在大农业内部调整结构,要通过面向市场发展林、牧、副、渔业,发展开发性农业和创汇农业来吸收更多的劳动力。开发一个农业项目,就能接纳一大批劳动力,我省这方面的潜力是很大的。第二个层次就是调整农村一、二、三产业的结构,即在稳定发展农业的同时,大力发展二、三产业,使二、三产业接纳更多的劳动力。大力发展乡镇企业就是一个主渠道。就目前而言,许多地方的乡镇企业主要以发展工业来接纳劳动力。从发展的趋势看,第三产业接纳劳动力的潜力最大,我们要看到这一点。第三个层次就是优化各产业内部结构,优化的结果就是产生出许多新型的产业部门,创造出更多就业机会。我省许多地方在产业结构调整中,创造出贸工农、产加销一体的经验,比如金寨县的桑蚕丝绸贸"一条龙",一举吸纳了 13 万劳动力;寿县板桥镇席草生产、加工、销售"一条龙"也吸纳了 1.6 万多劳动力。这种把一、二、三产业结合起来、成"建制"地集中转移劳动力的做法,体现了一种方向,我们要大力推广。

第三,抓劳动者的教育和培训,提高他们在劳务市场中的竞争能力。农村劳动力不论就近转移还是向外输出,都是一种竞争过程。只有素质较高的劳动者才能在竞争中取胜。各地的调查表明,劳动者具有较高的文化程度,或者掌握、精通某一生产技能,他们在转移中就业的稳定性就强,在产业和区域的选择上就有较大的机动性;反之,就业的稳定性和选择性就差。目前,我省向外输出的劳动力,总的来说是体力型的而不是智力型的,竞争力弱,就业稳定性也差,就业的岗位也大多属"傻、大、粗、黑",因而效益也低。这也难怪。这些劳动者在转移前,本身文化程度较低,也未受到过非农生产领域的专门技术培训。马克思早就指出:"要改变一般人的本性,使它获得劳动部门的技能和技巧,成为发达的和专门的劳动力,就要有一定的教育和训练,而就要花费或多或少的商品等价物。"特别在现代生产中,劳动能力主要是靠教育和训练培养起来的。因此,各级领导一定要把提高劳动者的素质,当作百年大计来抓。当前,要在普及 9 年制义务教育上下功夫,同时,要大力开办各级各类农业和非农业的职业、技术学校和培训班,以便培养出现代产业部门所需要的劳动者。在这个问题上,我们要有远见,早抓早主动,迟抓要被动。

农村剩余劳动力的转移,是一个牵动全局的系统工程。在转移过程中,必然要与旧体制产生许多碰撞和摩擦。而传统的旧体制总是排斥农村剩余劳动力转移的。遇到这种情况怎么办?退回去是没有出路的。办法只有一个,就是坚持"三个有利于"的标准,敢闯敢试。即使涉及重大问题,只要我们采取"第一试验,第二总结汇报,然后逐步推广"的办法,就不会出现大问题。

(原载 1993 年 10 月 3 日《安徽日报》)

文章不是无情物
——农民减负系列评论回顾

"农民负担"已基本成为历史了。因为从 2006 年开始,国家决定免除农业税,并逐步给种粮农民以多种形式的补贴。我在农村的老大哥和老亲家,谈到此事,言必称共产党好。但在 20 世纪八九十年代,特别是 90 年代中期,"农民负担"却是中国农村问题的焦点,影响着国家的稳定。作为党报的编辑和评论员,我一直跟踪这个问题,用手中的笔,先后撰写了十几篇评论,从不同的侧面记录和评论了这段历史,也从一个侧面记录了我对农民负担问题的心路历程。

文生于情

中国的农民始终是社会的弱势群体。新中国成立后,在很长的一段历史时期,国家采取"城市偏向"的政策。在工业化的过程中,国家在统购统销中,低价收购粮食、农副产品和高价出售工业品的政策,为工业化积累资金。据专家估算,自 1953 年实行第一个五年计划至改革开放前的 1978 年,国家通过工农业产品"剪刀差",剥夺了农民约 6000 亿至 8000 亿元,用于工业建设,像苏联一样"把农民挖得太苦"。改革开放后的前几年,国家调整了政策,特别是农村实行家庭承包制,农民过了几年好日子。1984 年,城乡居民收入比由 1978 年的 2.4∶1 缩小为 1.7∶1。随后,随着工业化和市场化进程的加快,农民的负担却日趋加重,城乡居民收入比逐步上升到 3∶1 以上,加上城里人的各种福利,城乡实际收入比更大。

当时,农民的负担主要表现在哪些地方呢?

第一,粮油棉市场迟迟不愿放开,特别是粮食定购政策一直延续到 21 世纪初;而农资价格却飞快上涨,使原本缩小了的"剪刀差"又扩大了,农民的生产费用大大提高。

第二,国家规定的农业税和农业特产税,农民叫"两税"。同时征收相当于农业税 20% 的"农业税附加",用于村级组织运转和五保户供养。农业税在很长时期以交公粮的形式出现,这是刚性的,必须完成,农民叫"皇粮国税"。

第三,农村义务工和劳动积累工。1991 年 11 月国务院发布了名为《农民承担费用和劳务管理条例》的规定,"按标准工日计算,每个农村劳动力每年承担5至10个农村义务工"和"10至20个劳动积累工"。前者"主要用于植树造林、防汛、公路建勤、修缮校舍等",后者"主要用于农田水利基本建设"。"义务工和劳动积累工,有条件的地方经县级以上人民政府批准可以适当增加"。"适当增加"的规定,对增加农民负担又找了一个合法的借口。《农民承担费用和劳务管理条例》规定,农村义务工和劳动积累工是农民法定的义务,每个农村劳动力都应当承担。而城市居民是没有这些法定义务的。

第四,国务院规定的"三提五统"。是指村级三项提留和五项乡统筹。村提留是村级集体经济组织按规定从农民生产收入中提取的用于村一级维持或扩大再生产、兴办公益事业和日常管理开支费用的总称,即公积金、公益金和管理费,共三项。乡统筹费,是指乡(镇)合作经济组织依法向所属单位(包括乡镇、村办企业、联户企业)和农户收取的,用于乡村两级办学(即农村教育事业费附加)、计划生育、优抚、民兵训练、修建乡村道路等民办公助事业的款项。同样,城市居民是用不着交什么"三提五统"的。

第五,巧立名目乱收费。且不说上面几项是否合理,更为严重的是,一些地方的部门和单位,置党和国家的政策法规于不顾,随意向农民乱收费。有民谣称:"头税轻,二税重,三税是个无底洞。""十几顶大盖帽,压着一顶破草帽。"我甚至在农村看到这样的标语,叫"人民法庭人民建"。在一个相当长的时期,农民像一个草堆,你也拔一把,我也拔一把,谈何公平正义!

为减轻农民负担,20世纪90年代中期,光党中央和国务院就先后下文取消了43项农村达标升级活动和中央国家机关有关涉及农民负担的37个项目。从正面看反面,可想而知,农民的负担有多重!

农民负担重的根本原因是国家的"城市偏向"政策,后果是,农业生产发展缓慢,甚至多年徘徊,城乡居民收入差距拉大,由1984年的1.7∶1逐步上升到2002年3.1∶1。加上当时城市居民享受的各种社会福利,城乡居民的实际收入比则为4.1∶1,甚至是5.1∶1。当时的农村,特别是不发达地区的农村,到处像堆满了干柴一样,发生了很多恶性事故。有乡村干部为要钱要粮打死农民的,也有奋起反抗的农民向乡村干部打扁担的。以至于湖北省监利县的一个乡党委书记曾向当时的总理朱镕基写信,说"农民真苦,农村真穷,农业真危险"。有人曾形容,现在中国农村,只缺少陈胜、吴广。虽然有失偏颇,但却是当时农村党群关系、干群关系的一个写照。光1996年上半年,安徽省就查处涉及农民负担的重大案件21起,处理党员干部24人,其中省里直接查处的案件 10 多起,处理县处级干部 4 人。由此可见一斑!

以上就是多年来,我关注农民负担的大背景。我出身于农民家庭,深知农民的疾苦。文章不是无情物。我是带着对农民深厚的感情来跟踪农民负担这件事的,没有人要我做,而是我要做。几年内,我先后写了十几篇评论,发表在党报上,抨击了时弊,为农民说了话,也为政府帮了忙。一个人力量总是有限的,我还和安徽省农委法规处的同志一起,系统总结研究,合作撰写了三篇署名评论(上、中、下),全面回答了农民负担问题。应该说,当时的报社领导还是很开明的,否则,我的这些抨击时弊的评论是很难被刊用的。至今想起这件事,我还是很感激的。

调查研究

范敬宜说过:"作家都有自己的'生活据点',新闻工作者也应该有这样一个可供解剖的'麻雀'。"这个"麻雀"就是记者的"点"。一叶而知秋,一滴水见太阳。社会上的新变化、新动向,会很快在"点"上得到反映。评论员有了"点",就可以见微知著,很快发现这些新变化、新动向,从而在第一时间抓住它。我关注"三农",就在农村建立了三个"点":一是肥西县山南镇(原山南区),那儿是农村第一步改革的发源地,从 1979 年起我就经常去采访,熟人多,朋友多,能了解到真实的情况。"将帅无能,累死三军",就是我在山南听一个大队书记对高层政策不满的一种尖锐发泄;二是无为县胡氏三兄弟,从 1987 年起,我就联系上了,经常去他们那;三就是我在无为县当农民的老哥哥,信息来得快,有时一个电话就知道农村发生了什么事。每年春节回乡探亲,一定要和他算算家庭实际收入账,看看他的"上交明细账",一笔一笔记下来,对比分析。

1996 年 8 月中旬的一天晚上,我回家看望和老哥在一起生活的老母。问及负担情况,老哥拿出他家的"农民负担监督卡",说去年是 1400 多元,今年竟然达到 2900 多元,上升了一倍多。我细看这个所谓"监督卡",共 10 个集资项目:①㳇史杭——巢湖工程外资还贷;②圩堤吹填;③内圩水路改造集资;④排灌站改建;⑤广播集资;⑥县油路集资;⑦教育超常规集资;⑧教育费附加;⑨计划生育事业费;⑩乡村道路建设费。十项共 1006 元。左右邻居听说我回来了,也都不约而同地拿来了小本本"负担卡",说负担又涨了一倍,这个田没法种了,表示坚决抵制。有的还说:"要钱没有,要命一条!"有的则希望我向上面反映反映。

我知道，我老哥所在的村庄，年年都带头完成"上缴任务"，没想到今年的矛盾激化到这种程度。对乡亲们的意见，我没表态，但答应向县里反映一下。第二天，我到县城找到分管农业的县委副书记，我说处理不好可能出事。还向他介绍了淮北某县农民因抗拒交费被乡村干部打死，中央和省里正在调查处理一事。我知道，很多集资项目实际上就是县里决定的，乡镇乘机搭车上马。但我没有把这件事挑明。县委对我反映的情况很重视，很快派出千名干部下乡，逐村检查纠正。没过几天，老哥高兴地打电话告诉我，说负担减轻了一半，与上年相当。

不久，我以某县十项集资为新闻由头，写了一篇题为《勿用"农负"造"政绩"》的署名评论，发表在1996年9月1日的《安徽日报》。评论中我尖锐地指出了他们的错误，也肯定了他们派出千名干部"逐村检查纠正"的做法。

当然，我关注农民的负担，绝不止于三个点。而是处处留心，向接触到的农民和农村基层干部，包括地县领导干部了解情况。很多评论由头和事实性论据，都是从调查研究中得来的。

层层深入

我撰写的关于农民负担的十几篇评论，除第一篇《把住"总闸门"》是以本报评论员的名义发表的以外，其余都是以个人署名的专栏评论发表的。《把住"总闸门"》是以贯彻落实国务院文件为由头，代表编辑部发表的评论，具有官方色彩，但我在评论中联系安徽实际，毫不留情地抨击官方。我在评论中写道：

> 为什么很多地方"5％"的标准一再被突破呢？原因是多方面的，其中一个重要原因是政出多门，四面八方向农民伸手。其表现形式是"部门出点子，领导拍板子，农民掏票子"。很多地方农民负担项目多，一查，基本上都有上级政府的"红头文件"。许多政府部门从本身的利益出发，先在政府分管负责人耳边"吹风"，然后，拿着"红头文件"再压乡镇为他们搞"代提款"。

这一段文字绘声绘色地写出了农民负担重的一个重要原因。在以后的多篇评论中，我也一直把矛头指向官方，指向上层。因为这是农民负担重的根源。

之所以更多地以个人署名的评论发表，是因为署名评论写起来自由一些,也容易通过审查。实事求是地说,这十几篇署名评论,除了和安徽省农委合作撰写的三篇,其他几篇并不是有计划的策划,而是从实际出发,遇到什么问题评什么问题,随遇随评,更具有针对性和及时性。

评论员对问题的认识是有一个过程的,许多问题的暴露也是有一个过程的。因此,我写的这些署名评论总体上对问题的揭露也是一步步深入的。比如第二篇评论就是从高估农民的富裕程度来切入的,所以写了《切勿高估农民的富裕程度》的署名评论,从保护农业生产力的高度,阐述减负的重要意义。后来发现,这只是问题的一个方面,而且不是主要方面,主要问题是县级以上领导机关下达的这要达标大办,那要达标大办的文件,搞政绩。这个问题涉及面就广了。针对这个问题,我写了多篇评论,从不同的角度,抨击用加重农民负担的办法制造政绩的现象,还写出了一篇题为《"减负"也是政绩》的评论,从正面进行引导。我发现,问题表现在基层,但根子在上层。早在1993年党中央、国务院就先后下文取消43项农村达标升级活动,取消中央、国家机关有关文件涉及农民负担的37个项目。但达标升级的惯性很大,加上上有政策,下有对策,很多被取消的达标升级活动和涉及农民负担的项目,又公开或变相出台了,有的还被冠以目标责任制加以强化,使基层干部的压力增大。针对这个问题,我又写了一篇《基层干部要"减压"》的评论,提出了两句话,叫"农民要'减负',基层干部要'减压'"。同时,还和安徽省农委的同志合作撰写了题为《强化监督约束机制》的评论。这样就一步步地对农民负担问题进行了全面深入的评论。

苦口婆心

当时,中国农民负担重是由多方面的原因造成的,各有各的账,基层有基层的责任,但主要是由国家的"城市偏向"政策造成的,问题主要出在上层。因此,农民负担问题重在具体分析,出现什么问题就评什么问题,不是乱打一顿就能奏效的,但重点是评县以上领导出现的问题。比如点了"部门出点子,领导拍板子,农民掏票子"的现象;点了"有的领导仍然在那里宣布'某某问题不应视为加重农民负担'现象,尖锐提出:此风绝不可长。……你宣布'不应视为',他也宣布'不应视为',那党中央、国务院宣布取消的文件又如何执行呢?!"还指出:"一些地方急于求成,层层加码,制定了很高的经济和社会发展指标,把高指标层层往下压,弄得下面压力很大。"只有这样实事求是地分析上层的问题,基层干部才会信服。

我在评论中,不论对领导还是基层干部,都坚持用摆事实讲道理,打通思想的方法,简直是苦口婆心。比如,在1993年的《切勿高估农民的富裕程度》的署名评论中,我写道:

> 一年573.6元的人均纯收入是由两部分组成的:一是实物收入,二是现金收入。实物收入中包括农民自产自食的粮、油、蔬菜、水果、禽蛋等,以及烧的柴草,折算收入200.4元,现金纯收入为373.6元。这573.6元在城市一些人的眼里是什么概念呢?豪华宾馆里不够一桌中档宴席,在商店里连一件像样的皮夹克也买不着。而在农民那里可就不同了,除了维持一年基本的衣食住行、子女上学、医疗防疫、婚丧嫁娶、人情往来等的消费外,还要用于各项生产经营的投入。……在这种情况下,如果我们还要加重农民负担,这也大办那也大办,对收入增长缓慢、实际收入甚至下降的农民来说,不光不能扩大再生产,甚至连简单再生产也难以维持。

上述一个个人们看得见摸得着的事实和数据,有力地论证了加重农民负担的危害,语气是苦口婆心。我相信,这种以情动人的谈心办法,其效果与过去打棍子、戴帽子、上纲上线的做法,效果不可同日而语。

针对少数基层干部"两手一摊:'现在不让收钱了,什么事情也干不成了'"的消极情绪,我又苦口婆心地写道:

> 创造政绩最根本的是靠科学思路,靠实事求是,靠开拓进取,靠以智取胜,一句话,靠落实党的改革开放的方针政策。80年代初,党和国家没有向农民伸手,而是靠一个"大包干"政策就把农村搞活了。我们可以毫不夸张地说,这是我们党治国的一项功载千秋的政绩。一切想真心创造政绩的同志,也应该转变思路,而不能两眼只盯着农民的口袋。我们应当走出一条不靠加重农民负担,而主要靠政策和科学加快发展的路子。

写评论的根本目的是要解决问题,你居高临下,动辄训人,他思想问题未解决,他心里不服啊。所以,我的办法是:平等待人,以理服人,以情动人。我相信效果是会很好的。我不敢说,我这十几篇评论对减轻农民负担起了多大作用,但我作为一个新闻工作者,我努力了,我尽职了,我问心无愧。

长期以来,农民的生活似乎只有通过别人的怜悯和帮助才能改善。这是一种对农民的"恩赐"意识,包括我长期引以为豪的为农民说话在内。人们的一些常见用语更是屡见不鲜,比如"要减轻农民的负担"、"让农民得到实惠"、"少取、多予、放活"等等。从这些话语可以看出,农民的权利不是控制在自己手里,而是需要外部"恩赐"。历史总在进步之中,现在情况改善多了,公平正义之旗正在走向农民。但从制度上让农民主宰自己的命运,还有很长的路要走。

作品:

(1)把住"总闸门"

农民负担重是个老大难问题了。那么,什么是农民合理的负担?国务院[1990]12号文件规定:"以乡为单位,人均集体提留和统筹费,一般应控制在上一年人均纯收入的5%以内。""5%",这就是我们要牢牢把住的"总闸门"。

为什么很多地方"5%"的标准一再被突破呢?原因是多方面的,其中一个重要原因是政出多门,四面八方向农民伸手。其表现形式是"部门出点子,领导拍板子,农民掏票子"。很多地方农民负担项目多,一查,基本上都有上级政府的"红头文件"。许多政府部门从本身的利益出发,先在政府分管负责人耳边"吹风",然后,拿着"红头文件"再压乡镇为他们搞"代提款"。上头千条线,下面一根针。拿一个县来说,几十个部门,都如此办理,农民怎么受得了?!这里,我们要提醒一些领导同志:"请不要轻易拍板啊!"

国务院规定,农民负担总的提取原则是:取之有度,用之合理,因地制宜,量力而行。"5%"标准一再被突破的另一个重要原因是,一些地方的领导同志违背了上述原则。这些领导同志急于改变当地的面貌,往往这也要"大办",那也要"大办",没有钱怎么办呢?最方便的就是向农民提取。就某一个具体问题来说,也许是很必须的,但"大办"多了,农民就承受不了。比如,水利集资,修路集资,办电集资,办乡镇企业集资,建校集资等等,每一项都是好事。但好事不能一个早上做完啊!

此外,还有其他乱摊派、乱收费、乱罚款、乱吃喝等等。

怎样抵制住上述加重农民负担的种种做法,把住"5%"这个"总闸门"呢?国务院和我省都规定了严格的提取和监督程序,主要是:乡、村统筹和提留款方案,要经乡、村人民代表会议讨论通过,报上级政府或监管部门审定,未经审核、批准,任何部门或单位不得擅自加重农民的负担。霍邱县花园乡和很多地方的实践说明,只要切实地采取措施,按程序动真格地把关,农民不合理的负担就一定能减下来。

(原载1992年12月11日《安徽日报》 署名:本报评论员)

(2)切勿高估农民的富裕程度

正确估价农民的富裕程度,是我们在农村量力办事的依据。近些年来,各部门在农村"大办"之所以成风、农民难以承受,一个重要原因就是过高地估计了农民的富裕程度。

究竟农民的富裕程度如何?去年,我省农民人均纯收入573.6元,其中,人均纯收入千元以上的只占总农户的5.7%,共二百几十万人,还有二百几十万人生活在温饱线以下。两头小,中间大,总的来说,温饱水平。

573.6元的纯收入是由两部分组成的:一是实物收入,二是现金收入。实物收入中包括农民自产自食的粮、油、蔬菜、水果、禽蛋等,以及烧的柴草,折算收入200.4元,现金纯收入为373.6元。这573.6元在城市一些人的眼里是什么概念呢?豪华宾馆里不够一桌中档宴席,在商店里连一件像样的皮夹克也买不着。而在农民那里可就不同了,除了维持一年基本的衣食住行、子女上学、医疗防疫、婚丧嫁娶、人情往来等的消费外,还要用于各项生产经营的追加投入。近些年,物价水平不断上涨,据国家统计局测算,1992年的380元仅相当于1984年的200元的实物购买量。特别是农业生产资料价格持续居高不下,农民维持简单再生产的费用支出更是不断增加。增加的部分,只能从"纯收入"中开支,要么占用原定的生活消费支出,要么占用原定用于扩大再生产的支出。前者导致农民生活水平下降,后者影响农民扩大再生产。下面的两个统计数据说明了这个问题:今年1至8月,我省县以下的商品(消费品)零售总额只比去年同期增长0.5%,扣除物价因素,实际是负增长;今年上半年,全国农业生产资料名义销售额比去年同期只增长2%,扣除价格因素,实际下降5%左右。在这种情况下,如果我们还要加重农民负担,这也大办那也大办,对收入增长缓慢、实际收入甚至下降的农民来说,不光不能扩大再生产,甚至连简单再生产也难以维护。

没有投入就没有产出,这是硬道理。同样,没有农民扩大再生产的投入,就没有农业持续稳定的发展。从这样意义上说,减轻农民负担,就是保护农业生产力,如果说,党的十一届三中全会对农村确定的休养生息的政策保护和发展了农业生产力的话,那么,今年党中央下决心减轻负担,又将会进一步保护和发展农业生产力。我们坚信这一点。

(原载1993年10月8日《安徽日报》 署名:言赅)

(3)"农负"缘何又反弹

最近,省政府又发出通告,要求各地切实抓好减轻农民负担的工作。省政府为何又发通告?因为一部分地区的农民负担反弹了。据省人民银行的6个分行调查,有一个地区,农民人均负担大多在130至150元之间。其他5个地区的农民负担也都有不同程度的反弹。在当前的情况下,找出反弹的根本原因,对于贯彻省政府的通告精神是至关重要的。

人们记忆犹新,1993年5月和7月,党中央、国务院为减轻农民负担,曾先后下文取消43项农村达标升级活动,取消中央、国家机关有关文件涉及农民负担的37个项目。决心不可谓不大。然而,时隔两年,很多被取消的达标升级活动和涉及农民负担的项目,又公开或变相出台了,有的还被冠以目标责任制加以强化。究其原因,是一些同志过分强调部门工作和利益,于是又出现了"部门出点子,领导拍板子,农民拿票子"的现象。应该说,达标升级活动绝大多数都是好事。但很多部门都来搞达标升级活动,而且又要农民掏钱,农民就受不了了。

近几年来,我省经济和社会事业进入了快速发展时期,各县市各乡镇都在你追我赶地工作。这是一件大好事。可是就在这种大好形势下,一些领导同志急于求成,要求各项工作都要上"新台阶",于是又出现了"大办"之风,这也要"大办",那也要"大办"。没有钱怎么"办"?集资、摊派又成了常见的手法。有的地方甚至办乡镇企业也要强迫农民集资。就很多情况来说,"大办"是出于好心,很多也属于应该办的好事。但好事不可能一个早上做完。这个好事要办,那个好事要办,加起来就不得了,农民如何承受?办好事也要量力而行,坚持自愿原则,而且要分出轻重缓急。

眼下,农民负担又反弹的问题,很多领导都是知道的。但出于一些部门的压力,有的领导仍然在那里宣布"某某问题不应视为加重农民负担"。此风绝不可长。负担反弹是一种客观存在,不因领导人的"宣布"而转移。再说,你宣布"不应视为",他也宣布"不应视为",那党中央、国务院宣布取消的文件又如何执行呢?!

党中央、国务院早就指出,减轻农民负担不单是个经济问题,而是一个关系到农村社会稳定的政治问题。旧社会一些统治者,为了稳定政局、实现中兴,往往对农民采取轻赋税、薄徭役的政策。我们共产党人,为了人民的利益,更应该有这个自觉性。党的十四届五中全会强调,各级领导要讲政治,讲大局。眼下,农民负担问题就是政治,就是大局。政治、大局涉及全党全国人民的根本利益。只有站在这样的高度来认识问题,减轻农民负担才可能有真正的自觉性。

(原载1995年12月22日《安徽日报》 署名:言赅)

(4)勿以"农负"造"政绩"

先开一个"中药铺":①淠史杭——巢湖工程外资还贷;②圩堤吹填;③内圩水路改造集资;④排灌站改建;⑤广播集资;⑥县油路集资;⑦教育超常规集资;⑧教育费附加;⑨计划生育事业费;⑩乡村道路建设费。10项共1006元。

这是某县一6口之家的"农民负担监督卡"中的集资项目,超过政策允许的合理负担的2.8倍。你能指责其中的某一项不该办吗?水利是国民经济的第一基础产业,要大办特办,于是除了外资还贷外,一年还要做三项水利工程。教育是"百年树人"的大计,谁能说个"不"字,于是除了征收教育费附加外,还要有"教育超常规教育集资"。修路不重要吗?绝对重要,"要想富,先修路",于是除了建设乡村道路外,县里还要集资修油路。广播是党的喉舌,也是要办的;至于计划生育,是国策,更要办好。

总之,除了借债已经办过的好事外,一共9个项目,应该说这每一件事都是该办的好事。问题在于怎么办,谁来办?办好事,如果不叫农民掏腰包,当然是好事办得越多越好。说句实在话,目前我省不少地方是"吃饭财政",没有钱搞建设;或者在"吃饭财政"的掩盖下,把有限的事业费也挪作他用,于是眼睛只盯着农民的腰包。一年内有9个项目要农民掏钱,农民负担怎能不重?好事不能一个早上做完,真理向前跨过了一步就变成了谬误。

谁都知道办好事要量力而行,分出轻重缓急,但为什么又急于求成呢?原因是多方面的,各有各的账,但下面与上面相比,上面的原因是主要的。中央早在1993年就下文取消了43项农村达标升级活动,取消中央、国家机关有关涉及农民负担的37个项目,决心很大。但时隔三年,很多被取消的达标升级活动和涉及农民负担的项目,又一个个出台了,办法就是签订多种"达标"责任状,联系"达标"进行奖惩,甚至搞"一票否决"。从这个意义上说,加重农民负担就是这样压出来的。笔者曾听一位县委书记诚恳地对一个检查组的同志说:"这次你们表扬了我们'达标'工作,但下次省里再派检查组来检查我们的农民负担问题时,可能就要批评我们了。我们心里清楚,农民负担不轻啊!"这番话令人深思。

不久前,报纸上曾刊登了某县提出减轻农民负担的一条纪律,叫"绝不允许用加重农民负担的办法来制造政绩",这话很尖锐,但却点出了问题的要害。这种思想,应该说,上面和下面的少数领导都有,但上面危害更大,因为他们手中有权。"为官一任,造福一方",当官要出政绩,这是不言而喻的。问题在于怎样出政绩。政绩要靠领导者的开拓进取、科学决策和求实精神去创造,而绝不能用加重农民负担的办法去"制造"。

历史事实说明,革命和建设中的"急性病"由来已久,危害很大,现在的农民负担问题也是如此。我们要下决心治一治这种"急性病"。令人高兴的是,本文前面提到的某农户所在的县,已派出千名干部下乡,逐村检查纠正。

(原载1996年9月1日《安徽日报》 署名:宛言)

(5)"减负"也是政绩

据报道:凤阳县把"减负"作为政绩来考核,35个乡镇个个不"超标"。我们为凤阳的做法叫好。

长期以来,部分领导同志把减轻农民负担与创造政绩对立起来,极少数人不惜用增加农民负担的办法来为个人制造所谓政绩,以至于农民负担问题几乎成了一个顽症。凤阳县把"减负"作为政绩来考核,应该说是抓住了"减负"工作中的一个带根本性的问题。

什么叫政绩?通常是指领导干部在一定时期内,履行职责所取得的工作成绩。这个工作成绩涵盖是很广的,它包括物质文明建设,也包括精神文明建设,它包括近期能看得见的有形的建设,也包括长期才能见效的似乎是无形的建设,还包括不仅在本地看来是正确的建设,也包括在全局看来也是正确的建设。用上述观点来看,把农民负担减下去,有利于保护农民的积极性,有利于农村社会的稳定,有利于农村的长远发展,当然是功莫大焉的政绩。历史上有的封建王朝为缓解社会矛盾、发展生产,还懂得对农民实行休养生息、轻徭薄赋的政策。我们社会主义国家应该在这方面做得更好。

什么是政绩,还涉及由谁来评价政绩的问题。上级用科学的方法考核,当然是一个重要的方面,但是最有发言权的应是人民群众,就是邓小平同志所说的人民群众拥护不拥护、赞成不赞成、高兴不高兴、答应不答应。用这个观点来评价,把过高的负担减下来,当然是人民群众高兴的政绩。

眼下,在"减负"工作中,少数基层干部产生了消极情绪,他们两手一摊说:"现在不让收钱了,什么事情也干不成了。"这就涉及怎样创造政绩的问题了。我们不排斥集中农民合理的负担,办一些加速本地发展和农民急需要办的事,但创造政绩最根本的是靠科学思路,靠实事求是,靠开拓进取,靠等价交换,靠以智取胜,一句话,靠落实党的改革开放的方针政策。80年代初,党和国家没有向农民伸手,而是靠一个"大包干"政策把农村搞活了。我们可以毫不夸张地说,这是我们党和政府治国的一项功载千秋的政绩。一切想真心创造政绩的同志,也应该转变思路,而不能两眼只盯着农民的口袋。我们应当走出一条不靠加重农民负担,而主要靠政策和科学加快发展的路子。

目前,纪检、监察、物价等部门,已把农村"减负"列为自己的工作重点,这无疑是一大善举;如果我们各级党的组织部门也和凤阳县一样,真正把"减负"作为干部政绩的一项重要内容来考核的话,我们相信将会从根本上遏制农民负担的反弹。

(原载 1997 年 4 月 23 日《安徽日报》 署名:宛言)

(6)基层干部要"减压"

不久前,一位从农村搞调查研究归来的干部提出了两句话,叫"农民要'减负',基层干部要'减压'"。他解释说:干部不"减压",农民"减负"是不能持久的。从一定意义上讲,农民负担重,也是上面和一些部门压出来的。

最近,笔者接触了一些乡镇干部,他们说:现在农民负担轻了,乡镇的负担重了。上面压下的一个个死任务还是要完成的,又要马儿好,又要马儿不吃草,能行吗?他们呼吁:要给基层干部"减压"。

我省是一个农业大省,为改变落后面貌,需要加快发展,这是毫无疑义的,我省已经制定出了一个比较科学的"九五"和 2010 年的赶超战略。现在的问题是一些地方急于求成,层层加码,制定了很高的经济和社会发展指标;也有少数领导把高指标往下压,弄得下面压力很大。搞工作不能没有压力,但过高的压力又可能出问题,一是压出了假话,二是压出了过重的农民负担。看来,给基层干部"减压",首先要把他们从高指标中解脱出来。

笔者曾在一个农户的负担卡上发现,光10个项目的集资就达1006元,超过该户合理负担的两倍多。这10项集资,多数是上级的"大办"和"达标"项目。这也要"大办",那也要"达标",乡镇财政只管"吃饭"(发工资),没有钱,只好向农民收。近日,笔者在一个县发现,一方面,正在大张旗鼓地宣传中央关于减轻农民负担的13号文件,一方面,上级某部门要农民拿钱的"达标"任务又下达了,搞得下面很难办。看来,给基层干部"减压",还必须把他们从过多的"大办"和"达标"的压力中解脱出来。

过高的发展指标,过多的"大办"和"达标"必然带来过多的检查评比,使基层干部疲于应付。因此,还需要把基层干部从过多的检查评比的压力中解脱出来。检查评比不能没有,但要少些,效果要好些,这就要逐步走制度化、专业化的检查评比的路子。

古人云:"一张一弛,文武之道。"必要的"弛"可以使我们冷静下来。长期以来,主要由于上面的压力,基层的弓弦被拉得很紧,使基层的工作处于应付局面,这应是一个教训。看来,对基层要有必要的指导,但最主要的是要放手发挥他们的积极性和创造性,使他们能够从本地的实际出发,确定自己的工作目标,包括干什么和怎么干,这有何不好呢!

(原载1997年4月28日《安徽日报》 署名:言赅)

为企业改制鸣锣开道
——国有中小企业改制系列评论回顾

中国的中小型国有企业,在20世纪90年代经过了凤凰涅槃式的改制,使绝大多数国有中小企业"变性"了,变成多方参股的混合所有制企业或民营经济。到20世纪末,很多县和县级市,除靠国家扶持的国营粮储企业外,纯粹的国有中小企业已经很少了。这场由党中央决定的"抓大放小"的战略性改制,结果是使国有经济战线缩短,多种经济成分进一步发展,让国家能腾出手来抓国有大中型企业的战略性重组,发展大公司、大集团,从而使中国企业的所有制结构渐趋合理,为以后的中国经济腾飞创造了条件。这期间,我正好在安徽日报社经济部工作,有幸参与并组织了这场改制的报道,用手中的笔记录和评论了这段历史。

从工人围困政府和"蝗虫现象"说起

20世纪80年代初,中国实行改革开放后,大一统的国有企业受到"三资"企业和私营经济的挑战和冲击。国有企业虽然先后进行了放权让利、利改税,企业经营承包责任制,转换企业经营机制,在企业内部实行劳动、人事、分配制度改革,一度叫"砸三铁"(铁饭碗、铁工资、铁交椅)等的改革,可以说左冲右突,虽然取得了一定的成效,但都不能从根本上搞活国有企业。究其原因,是没有触动企业产权制度这个最核心的问题。多数国有中小企业每况愈下,从经营亏损到资不抵债,直至面临破产、发不出工资的困境。一开始,县市长们还往往召开由银行、财政、工商等政府主管部门参加的搞活企业现场会,说服银行向企业贷款或动员财政借款发工资,要求各部门帮助企业推销产品等,但亏损企业一多,这一招也就不灵了。到20世纪90年代中期,安徽国有小企业实际上有70%左右的亏损面,负债率达到80%以上。就全国来说,情况也大体如此。工厂停工停产,工资发不出,先是厂长找市长,继而发展到工人围困政府。工人们理直气壮地说:厂子是政府投资办的,工人是政府招来的,厂长是政府任命的,工人没饭吃不找政府找谁?我们曾宣传过"要找市场,不要找市长"的口号,但无济于事。国有企业下岗工人围困政府,这是县长、市长们最头痛的事,也促使他们思考:个体私营企业垮了,没有人找政府;"三资"企业垮了,没有人找政府;乡镇企业垮了,也没有人找政府,唯独国有企业职工下岗了找政府。原因在于我们办了过多的国有企业,政府成了无限责任公司。

从20世纪80年代中期开始,在很多县市还存在着一种"蝗虫现象",就是一些企业亏损了或发不出工资、快要倒闭了,县市领导及其主管部门工作人员就利用手中的人事大权,将其亲朋好友(包括复退转业军人及待分配的大专毕业生等)安插到一些好企业去,使这些企业人满为患。很快,这些企业又被吃空了,再安插到另外一些好企业去。这些人就像蝗虫一样,吃倒了一个又一个企业。人们称之为"蝗虫现象"。

上述种种现象表明,国有中小企业的改革,亟待找到一个像农村实行大包干那样的改革突破口。于是,党的十五大和十五届四中全会决定对国有企业进行战略调整,提出了有进有退、有所为有所不为、"抓大放小"的战略性改革方针。"放小"实质是把国有企业的产权推向市场,把绝大多数国有小企业改造成多种所有制的经济形式。最终,政府也从这种改革中摆脱了困境。

改制前的舆论引导

回顾这场改革,我将我撰写的评论概括为三个历史时期,第一个时期就是改制前的舆论引导。

为什么要有这样的舆论准备呢?因为中国的国有小企业的改制是一个极其艰难困苦的过程。想当初国企身份是最红的了,因为那里是"铁饭碗",人们就业的第一选择就是国有企业,其次是大集体,再次是小集体,搞个体户的被称为"不三不四的"。干部也是以在政府的企业主管部门工作为荣,因为政府掌管了企业的人、财、物大权。因此,企业改制无论是职工还是政府主管部门,阻力都是很大的。还有国有银行的反对,因为企业改制,一些地方玩弄花招,把银行债权架空或转移。更大的阻力来自"姓资姓社"的"问罪"及对市场经济运行体制的不理解。当时曾有一种很不自信的说法,叫国有企业不改(制)是等死,改是找死。对这些阻力,我们党不是采取大批判开路的办法,而是像对待农村改革一样,采取不争论和典型引路的办法,进行了多种形式的探索,包括舆论引导。事实表明,改革是唯一的出路。作为新闻工作者,在改制前的一个历史时期,我除了组织相关的新闻报道外,还撰写了一些舆论引导的评论。

远在1993年4月22日,《安徽日报》就在头版头条刊登了《亨得利职工当股东》的新闻,报道淮南市亨得利钟表店实行股份制的产权改革一事。事后,我撰写了题为《企业有了真正的主人》的署名评论,对这条新闻进行了评论,我在评论中指出:

> 问题在于寻找怎样的公有制实现形式。改革者终于找到了一个好办法,就是像淮南亨得利公司那样,实行产权制度改革,把职工变成股东,使职工与企业结成"风险共担、利益均沾"的共同体。具体来说,就是要用股份制(包括企业法人之间互相参股)和股份合作制把传统的公有制企业改造成马克思所说的"劳动者共同所有"的"联合体"。届时,企业就自然有了真正的主人,用不着很多主人公的思想教育。

这是我撰写的第一篇对企业改制进行舆论引导的评论。以后又撰写了多篇署名评论,如《产权呼唤大市场》、《走出一个认识误区》、《搞活企业断想》

等,这些评论主要用事实诠释市场经济理论,宣传市场配置产权资源,引导人们包括领导干部从"姓资姓社"的认识误区中解脱出来,起到了一定的舆论引导作用。

经过多年的试点,安徽省于1997年召开了全省企业改制工作会议,决定推行滁州市整体推进企业改制的经验。会后,我以本报评论员名义,撰写了一篇题为《打好企业改制攻坚战》的评论,经安徽省发改委领导审批后于当年7月28日《安徽日报》一版见报。评论从历史与现实相结合的高度,论证了企业改制的方法、路径和必然性。评论提出:

  当前,国有和集体企业改革虽然和农村"大包干"有很多不同点,但所面临的严峻形势却大体一样,已到了非改不可的时候了。就像滁州的同志所说的那样,"不改革就死路一条,搞改革有风险,但有可能为绝大多数企业改出一条活路"。

事后,有人戏称这篇评论吹响了我省企业改制的进军号,加上我为滁州市整体推进企业改制工作所撰写的4篇系列述评,从舆论上引导了我省的企业改制工作。

释疑解惑和纠偏

实际工作是非常复杂的,这项前无古人的工作在全省整体推进后,出现了很多亟待回答的疑难问题,也出现了很多需要纠正的倾向性问题。作为一名党报评论员,要敢于和善于回答和解决这些实际问题,以正确宣传党和国家的方针政策及市场经济规律。其间,我撰写了多篇这类释疑解惑和纠正倾向性问题的评论,其中第一篇就是《资产流动与流失》的署名评论。为什么要写这一篇呢?因为当时很多人以维护国家资产、防止国有资产流失为理由来抵制企业改制,叫"资产流失论",认为国有资产一进入产权市场必然造成流失现象。这是一个必须从理论和实践上作出回答的尖锐问题。我在论证这个问题中,主要采取驳论法,逐个用市场经济的理论加以澄清,比如列举了典型的三种疑虑:

  企业出售或转让了,叫不叫资产流失?不能叫。
  资产评估后,比原来账面上的少了,是不是资产流失?不是。
  在评估后的资产出售上,价格低于评估价,算不算资产流失?不能算。

评论的回答是斩钉截铁似的"不能叫"、"不是"和"不能算"。每一个回答后，都是严密的论证和说理，论证和说理的背后是对市场经济基本理论的掌握。事物都有两面性，为了防止片面性，评论也提出"要防止有人利用职权故意低估和压价出售，造成公有资产流失"。办法是"严把资产评估关和坚持公平、公开、公正的拍卖原则"。评论同时指出：

> 现在的主要问题是大量的资产凝固化或闲置，这本身就是最大的流失；还有上级一些部门和单位伸手向企业"要"，企业在生产经营过程中的"漏"，少数经营者不择手段地"捞"，都使公有资产无时无刻不在大量流失。企业在改制中，使无人负责的资产在流动中找到了真正的主人，恰恰可以从根本上防止资产流失，很多事实已经说明了这一点。

这样既回答了问题，体现了重点论，又避免了片面性，把评论引向深入，进一步论证了企业改制的必要性。

我省在整体推进企业改制的过程中，曾出现了"工作简单化，对一些不愿入股的职工，采取了一些强制性的措施，有的宣称，谁不入股谁就要下岗，有的还对不入股的职工宣布了一些歧视性政策"。针对这种倾向，我先后撰写了题为《入股要自愿》、《推行股份制　不搞股份化》的两篇署名评论，对问题进行了具体的分析，对相关人进行了中肯的规劝，又通俗地宣传和普及了市场经济的基本知识。

企业改制过程中曾出现过很多这样那样的问题，署名评论只是回答问题的一种方式，我更多的是在新闻中加编者按、编后话和配短评，用这些短平快的方式加以解决，不下几十篇，这里不能一一解说了。

改制后的深化评论

企业改制的目的是建立"自主经营，自负盈亏，自我约束，自我发展"的经营机制和产权明晰、相互制约的法人治理结构。就企业内部来说，并不是一改就灵，也不是一股就灵，必须面向市场，进行经营机制的深化改革，因此，"不能只换个牌子"，也不能穿新鞋走老路，更重要的是必须转换政府职能。对此，我曾撰写了两篇署名评论，一是《不能只换个牌子》，二是《一个县委书记的公式》，形象通俗地阐述了企业改制后，转换经营机制的必要性和紧迫性，特别是在《不能只换个牌子》的评论中，我指出企业转换经营机制，政府必

须转换职能,将改革的利剑指向了政府。我写道:

> 企业转换机制不仅仅是企业本身的事,更重要是政府部门要转变职能。如果林立的政府机构未变,职能依旧,企业的机制还是难以转变。因为有庙就有方丈,有方丈就要念经。有的是想为企业办点事,但好心也可能办错事,继续用计划经济那一套去干预企业就会帮倒忙。曾有这样的事:一个主管部门居然下文把一个改为股份合作制企业的董事长给免了;还有的人事部门给改制后的企业下文搞"转干",一个指标要收多少钱;至于"乱罚款、乱摊派、乱收费"更是屡见不鲜。看来,政府转变职能至关重要,"政府'那些人'首先要换换脑子"。

怎样把企业改制深入下去呢?这篇评论从两个方面指出了路径:一是企业本身的改革,二是政府部门的改革,论证了两者之间互相依赖互相制约的辩证关系。这样提出问题是符合我省实际情况的。对于后者,我抓住了一个典型案例在全省范围内进行讨论,并在讨论结束时,撰写了一篇题为《关键在于转换政府职能》的本报评论员文章,对讨论进行了总结,整个讨论和评论,对政府职能的转换产生了一定的推动作用。

事情是这样的:

1997年11月下旬,我收到了安徽日报社驻宿县地区记者站陈伟采写的题为《任命董事长风波》的来稿,反映的是宿县地区商务局,对已经改制、与政府割断了"人财物"关系的地区饮服公司重新任命董事长,在当地引起了风波一事。我觉得,这场风波具有代表性。类似现象,在其他地方也时有发生。经讨论,并报领导批准后于12月4日在《安徽日报》《经济广场》版刊登了《任命董事长风波》一稿,开展了历时一个月的讨论。稿件和讨论在读者中引起强烈反响,参与讨论的来信、来电、来稿不断,其广泛程度超过了我们的预料。我们只能摘要选登部分来稿。其间,宿县行署体改委行文转发了这篇报道,宿县地委机关报《拂晓报》刊登了消息。

值得一提的是,当时的宿县地区商务局领导,在安徽省商务厅政策研究室主任的陪同下,曾以来访的形式找到了报社领导,我参与了接待。双方交换了意见,对方的意见主要是对自己的做法进行辩解和对我们做法的质疑,目的很明确,就是要求我们把这场讨论停止下来。在报社领导的支持下,我明确表示这是不可能的。我说,这场讨论对事不对人,欢迎你们写文章表达不同意见参与讨论,以体现公平、公正原则。可能他们觉得理亏,怕招来更大的风波,最终没有写文章参加讨论。这年12月底,我们认为这场讨论达到了澄清思想、提高认识、团结同志、推动改革的目的,决定结束这场讨论。为此,我主持撰写了题为《关键在于转换政府职能——兼评〈任命董事长风波〉讨论》的本报评论员文章,对这场讨论进行了总结。

这篇评论表面上是对讨论的总结,其实是提出了一个重大的深化企业改革的命题,即转换政府职能。对为什么要转换政府职能,评论从历史和现实的结合上进行了有说服力的论证。皮之不存,毛将焉附?企业改制后,对政府机构的改革起到了釜底抽薪的作用。此后不久,原先林立的政府机构大为减少。这也是企业改制带来的一大贡献吧。

理性看待企业改制

企业改制缩短了国有经济战线,使中国的企业结构渐趋合理,形成了公有制为主体、多种所有制经济共同发展的社会主义初级阶段的基本经济制度,也促进了政府机构的改革。因此企业改制功不可没。用整体推进的办法搞企业改制,虽然势在必行,但回过头来看,这种做法不可避免地会出现这样那样的问题。事后人们议论最多的是两个问题:

一是"造就了一些百万、千万富翁"。因为时间很短,企业审计、资产评估、产权拍卖,以及监管措施跟不上,很难不存在漏洞。加上长期的政企不分体制,谁也难保证企业改制中没有腐败现象。一句话,企业改制,很难说国有资产没有流失,这是一个无法统计的数据,也许这就是民营经济早期资本积累很难避免的一种原罪吧,现在看来对这样的企业主是很难追究也没有必要追究了,但教训是值得记取的。

二是下岗职工付出了代价,作出了牺牲。在过去的几十年计划经济时期,我们国家实行"低工资、高就业"的政策,一个人的事多个人干,实际上是一个人的饭多个人在吃,表面上看大家都有工作,实际上相当多的人是富余的。改革开放后,根本无法与私营经济和"三资企业"竞争,许多企业就是这样被拖垮的。从长远看,为了企业振兴,必须"鼓励兼并、规范破产、下岗分流、减员增效、实施再就业工程"(朱镕基语)。就像一艘严重超载的船在大海中航行,不下来一部分人整条船就有沉没的危险一样,只有通过减员增效才能轻装前进。但是对于下岗的人来说则是非常残酷的,一家老小没有了生活来源啊,而且由于国有企业职工技术单一,再就业也不是件容易的事。于是,在企业改制中,曾出现了一些人们不愿看到的事件,酿出了不少悲剧。据国家统计局统计,当时我国下岗人员总数超过了1200万人,占全部职工比重近8%,其中1997年新下岗职工400万人以上。这是国有企业改革中让人难以忘记的阵痛。后来国家出台了不允许夫妻俩同时下岗的政策,加上为下岗职工实施生活补助和失业救济,逐步形成了"保障线工程",加大了再就业工作的力度等,才缓和了矛盾。

上述两个主要方面的问题,在我的评论中基本没有涉及,原因是党报要"以正面宣传为主",回想起来不能说不是一件憾事。后来,我组织撰写了关于实施再就业工程的系列评论员文章,一论、二论,直到八论,也只是"亡羊补牢"了。但回顾这次企业改制,如我在本书的一开始就说的那样,成就是主要的,功不可没。我们应该理性地看到这一点。

作品:

(1)搞活企业断想

新闻媒介经常有这样的报道,就是某一个国有企业很不景气,甚至要濒临倒闭了,于是当地的党政主要领导,带着财税、银行、主管部门及有关部门的负责人去现场办公,动员大家向这个企业"输血",最后终于把这个企业救活。

然而,不久前,一位中央领导却指出:国有企业改革,要着眼于搞活整个国有经济,而不是无一例外地搞活每一个企业。笔者以为,这个讲话是很有见地的。

何谓搞活国有企业?中央曾制定过"四自"目标,叫"自主经营,自负盈亏,自我约束,自我发展",其中的核心是自负盈亏。然而,现在国有企业不活的集中表现是只负盈不负亏,企业一旦亏了,还是要找国家,国家也不得不发放"安定贷款"。这样的企业当然不能说搞活了。另一方面,各地都有一批效益比较好的企业,然而其中的一些企业也不能说实现了"四自"标准。君不见,每逢过年过节,他们总是变着法儿向职工发购物券和实物,以至于职工过春节冰箱都是满满的,有的企业职工从吃到用的很多东西都是企业发的,他们在充分地享受着负盈的成果,而不能自我约束,当然也就很难自我发展。从经济体制上说,这样的企业也并没有真正搞活。

大家知道,乡镇企业的体制比较活,除了它面对市场,基本实现了"四自"

外,还在于它能生能死。就全国而言,乡镇企业每年都有数以万计的企业倒闭。企业倒闭了,职工中没有人去找乡镇长,更没有闹事的,几乎就在企业倒闭的同时,生产要素又在市场中重新组合,因此,每年又有更多的企业新生。乡镇企业就是这样在不断的生生死死中发展的。个体、私营和三资企业也是如此。同样的道理,我们说搞活国有企业,应着眼于用建立新的经济体制来搞活整个国有经济,其中包括能生能死。从总体上看,我们没有必要也不可能搞活每一个企业。同自然规律一样,企业的新陈代谢也是不以人的意志为转移的。

用上述观点看问题,本文一开头提到的做法就值得具体分析了。在当前社会保障体系还不健全的情况下,为了社会的稳定,这样做是可以理解的,特别对于较大企业宣布破产,各地都是慎之又慎。但是,用建立社会主义市场经济体制来要求,最终又是不可取的。长期如此,只会造成该死的死不了,该活的活不好的局面,从而造成资源配置不合理、长期效益低下的后果。另外,一个地方的党政领导,发动有钱有权的部门都来抢救一个企业,即使救活了,不光没有说服力,也违背党的十四届三中全会关于"国家要为各种所有制经济平等参与市场经济竞争创造条件,对各类企业一视同仁"的要求。因此,在一些情况下,就是要见死不救。两年前,合肥市宣布千人企业好华食品厂破产,应该说是很有勇气的。说是无情道有情,通过资源和生产要素的重新配置,一个新好华又很快诞生了。这就是生与死的辩证法。

今年,经济体制改革的重点是搞活国有企业,但是在怎样才算搞活国有企业的问题上,我们确有一个重新认识和转换观念的问题。

(原载 1995 年 5 月 15 日《安徽日报》 署名:宛言)

(2)打好企业改制攻坚战

滁州市用整体推进的办法,在全市打了一场企业改制攻坚战,其态度之坚决、工作力度之大、开展范围之广,前所未有。这是一种敢试、敢闯、敢冒的精神,也是一种勇敢的探索,我们为其叫好。

中国改革有一条成功的经验,就是先从基层搞起。因为中国是一个大国,区域间经济发展水平差异大,要在全国一开始就拿出一套放之全国而皆准的改革方案是不可能的。邓小平同志就说过,中国大凡比较成功的改革,都是在总结基层实践经验的基础上逐步推开的。中国农村的成功改革就是这样。国有企业改制战也正在经历这样的过程,先是从山东的诸城、广东的顺德,继而是江苏的海门、高邮;再到滁州市这样大面积的突破,都是从基层搞起来的。改起来有没有风险?肯定有。正如邓小平所说的那样:"不冒点风险,办什么事都有百分之百的把握,万无一失,谁敢说这样的话?"我们赞成"先干不争论,先改后规范"的提法,这样才能齐心协力去攻坚。

十几年来,我省国有企业的改革,先后经历了放权让利、利改税、承包制、转换企业经营机制等阶段,可以说左冲右突,虽然取得了一些成效,但都没有从根本上冲破计划经济体制的束缚,当然也就不能从根本上解决企业的活力和效益问题。究其原因,是没有触动企业产权制度这个最核心的问题。"脱胎换骨"是产权,因此,当前的企业改制攻坚,从一定意义上说,就是攻产权改革这个关。

企业改制攻坚战谁来组织?省内外的成功经验表明,这个攻坚战必须由党委和政府来组织,来指挥。这符合中国的国情。企业改制符合广大职工,包括厂长、经理的根本和长远利益,但相当多的人习惯了企业吃国家"大锅饭"、职工吃企业"大锅饭",干部能上不能下的体制,对企业改制缺乏思想准备。在这种情况下,必须像滁州市那样,采取强有力的推动手段,形成强烈的舆论氛围,企业改制才能在大范围内迅速而有效地展开。

企业改制不仅涉及多个部门,而且是一次利益格局的深度调整。这就可能遇到一些部门和单位的干扰和抵触。怎么办?首先是做思想工作,教育他们服从大局,试想,如果我们大量的国有和集体企业长期搞不活,不光影响财政收入,还会出现大量的待岗待业人员,影响社会的稳定,在这种情况下,能有部门的局部利益吗?第二,要像滁州市那样,在搞好协调的同时,采取有力的组织措施,强调一把手负总责,使他们成为攻坚战的一支重要力量。

改革开放初期,广大农民为了求生存、求温饱,以大无畏的精神冲破重重阻力推行"大包干"。他们自己花钱买耕牛、买农资、买化肥,千方百计增加投入,几年时间,农村就发生了奇迹般的变化。当前,国有和集体企业改革虽然和农村"大包干"有很多不同点,但所面临的严峻形势却大体一样,已到了非改不可的时候了。就像滁州的同志所说的那样,"不改革就死路一条,搞改革有风险,但有可能为绝大多数企业改出一条活路"。

当年,我省农村推行大包干,为全国农村改革作出了重要的贡献;当前,只要我们仍然发扬当年那种敢试、敢闯、敢冒的精神,打好城乡中小企业改制的攻坚战,我们同样也会对全国的改革作出重要贡献。

(原载1997年7月28日《安徽日报》 署名:本报评论员)

(3)资产流动与流失

当前,我省部分地市县正在整体推进多种形式的改制,企业产权正在进行大规模的有序流动。在这种情况下,一些好心的同志提出:这样的流动,会不会造成国有和集体资产的大量流失。笔者认为,对这个问题要作具体分析。

企业出售或转让了,叫不叫资产流失?不能叫。就出售来说,是一种等价交换,仅仅是资产的实现形式有了变化,即由资产的实物形态变为货币形态,资产的价值并没有减少。国家还可以把出售所得的资金投入到更重要的产业和部门去,促进产业结构的调整。至于转让的企业,基本上都是资债相当,或资不抵债的企业,这些企业本来就没有净资产了,转让出去有何流失呢?比如无为县水产外贸加工厂,评估后资产为一千四百多万元,但资不抵债,净资产为负值,早处于停产状态。县里果断决定将这个企业连资产和债务一起转让给私营企业华康食品有限责任公司,公司很快将企业投入运行。这样的转让,不仅没有使资产流失,而且盘活了一千四百万元的资产存量,这是何等的好事!

资产评估后,比原来账面上的少了,是不是资产流失?不是。评估后的资产一般不可能与账面上的一致,因为资产的价值是在不断变化着的,评估后,升值和贬值都是正常现象,何况现在很多企业的账是一种"橡皮账",是企业领导人用来应付各种情况的。某市不久前对十二户法人代表进行离任审计,发现亏损额比上报的增加一点五六亿元。可见资产流失到了何等程度。对这种情况而言,资产评估只是把企业的家底子真正摸清,还其本来面貌而已,绝不是资产流失。

在评估后的资产出售上,价格低于评估价,算不算资产流失?不能算。资产的价格最终要在交易中形成,评估价只能作为拍卖中确定底价的参考。买者多,把价格抬起来了,就可能高于评估价;相反,买者少,则可能低于评估价。这是价格围绕价值上下波动的表现,实际上,目前的产权市场在很多地方也是买方市场,因此,出售价低于评估价是符合市场经济原则的,说不上资产流失。

当然,也要防止有人利用职权故意低估和压价出售,造成公有资产流失。只要严把资产评估关和坚持公平、公开、公正的拍卖原则,这种现象是可以制止的。但现在的主要问题是大量的资产凝固化或闲置,这本身就是最大的流失;还有上级一些部门和单位伸手向企业"要",企业在生产经营过程的"漏",少数经营者不择手段地"捞",都使公有资产无时无刻不在大量流失。企业在改制中,使无人负责的资产在流动中找到了真正的主人,恰恰可以从根本上防止资产流失,很多事实已经说明了这一点。

(原载1997年7月28日《安徽日报》 署名:言赅)

(4)入股要自愿

当前,我省各地正在推进城乡国有和集体企业改制,通过深入的宣传发动,广大职工购股、投股的积极性很高。但也有个别地方的少数企业工作简单化,对一些不愿入股的职工,采取了一些强制性的措施,有的宣称,谁不入股谁就要下岗,有的还对不入股的职工宣布了一些歧视性政策。这样做,引起了职工的反感,也与入股自愿的政策相违背。

企业改制,多数改为股份合作制和股份制企业,其中又分为两种情况:一是购股,即职工出资把企业全部或部分生产经营性净资产买下,成立一个新公司;二是入股,即原企业无净资产可卖了,实行"零"资产改制,由职工出资入股,成立一个新公司。前一种情况,是一种资产买卖关系,卖方是国家或集体的代表者,买方则是企业的职工。买卖要自愿,绝不能强买强卖,这是市场经济的基本原则。第二种情况则是从"零"开始,由发起人进行招股募股,这时发起人和入股人完全是平等的关系,发起人只能进行宣传,而无权强制他人入股。两种情况都说明一个问题:入股要自愿。

在市场经济条件下,无论是购股还是入股,都是一种投资行为,投资是有风险的。企业改制后,会从总体上建立新机制,搞活绝大多数企业,这一点要肯定。但是谁也不能担保企业改制后,都只生不死。优胜劣汰是市场经济法则,因此,我们在动员职工购股或入股时,不光不能强制,还要进行风险教育。否则企业改制就会留有后遗症,如果企业衰败了,职工会说是政府硬叫我们入股的,不找政府找谁?我们应该有这个预见性。

企业改制后都要进行劳动、人事、分配三项制度的改革,其中包括减员增效、下岗分流等关系到职工切身利益的改革。这些改革应按照公司章程,公开、公平、公正地进行,非股东职工和股东职工都应该是同一个标准。这方面的管理制度,都应该是改制后的新企业制定的,而不是改制前的老企业或某个人所能决定的。

一部分职工不愿购股入股怎么办？一靠宣传，二靠政策吸引，真正讲清楚企业为什么要改制，使群众真正了解国家对企业改制的优惠政策。做到这两条，加上党员干部带头购股入股，绝大多数职工就一定会自觉自愿地购股入股。还有少数职工不愿入股怎么办？绝不勉强，尊重个人意愿。这样，我们的工作就会更主动。

（原载1997年8月19日《安徽日报》 署名：宛言）

(5)不能只换个牌子

某市在推进企业改制中，曾听到过这样的反映："只是换了个牌子，当家的还是那'几个孩子'"。市领导听过汇报后，正言道："当家的不完全是那'几个孩子'，是那'几个孩子'也要换脑子，绝不能只换个牌子。"说法不同，但都提出了一个极其重要的问题：企业改制要防止穿新鞋走老路。

企业实行产权制度改革，使企业有了发展的动力，为企业转换机制创造了条件。但企业改制后，并不等于转换了机制，更不等于就建立了现代企业制度。前几年，我省很多地方都进行了企业改制试点，有的效果不好，最重要的原因就是没有转换机制，一切照旧，只是换了个牌子。

有这样一件事：某企业改制后不久，董事长与职工吵了一架，一气之下决定辞职，向谁辞？他没有向董事会提出辞职，而是把辞职报告交给了原主管部门。这事说明，虽然股东大会选出了董事会和监事会，但并不等于就建立了法人治理结构。在中国这样一个很多人法治和民主意识不强的国度里，建立一个互相促进又互相制约的法人治理结构，将是一个较长的过程。不久前，滁州市就举办了第一期董事长培训班，主题是：怎样当好董事长。其实，也还有怎样当好监事长、总经理，怎样当好股东的问题。

前些年一些国有企业"砸三铁"，曾引起了一场风波，但不论怎么说，"大锅饭"、"铁交椅"的管理体制是要改革的。企业改制为改革劳动、人事、分配制度创造了条件，很多企业因势利导，搞起了公开聘任、竞争上岗，内部管理焕然一新。但也有一些企业的领导，害怕矛盾，又在新牌子下，悄悄地吃起了"大锅饭"，结果面貌依旧。

企业转换机制不仅仅是企业本身的事，更重要是政府部门要转变职能。如果林立的政府机构未变，职能依旧，企业的机制还是难以转变。因为有庙就有方丈，有方丈就要念经。有的是想为企业办点事，但好心也可能办错事，继续用计划经济那一套去干预企业就会帮倒忙。曾有这样的事：一个主管部门居然下文把一个改为股份合作制企业的董事长给免了；还有的人事部门给改制后的企业下文搞"转干"，一个指标要收多少钱；至于"乱罚款、乱摊派、乱收费"更是屡见不鲜。看来，政府转变职能至关重要，"政府'那些人'首先要换换脑子"。

(原载1997年8月1日《安徽日报》 署名：言赅)

(6)一个县委书记的公式

早在今年6月份，来安县在基本结束企业的产权制度改革后，就立即进行了配套改革。县委书记陈乔连讲了一个公式，叫：新机制＋开发产品＋开拓市场＋强化管理＝企业改制的成功。

陈乔连向笔者解释说：产权制度的改革，为企业转换机制、面向市场提供了动力，但不能解决企业面向市场的全部问题，尚须企业内部和外部的配套改革，才能使企业真正活起来。对企业外部改革，他提出了建立社会保障机制和转变政府职能的问题；对企业内部配套改革，则提出了"三改两开一加强"的要求，即：企业内部的劳动、人事、分配三项制度改革，开发新产品、开拓市场和强化管理。

上述公式表明了一个领导者的清醒和远见。

目前，我省已有部分地、市、县基本完成了企业的产权制度改革，但与从整体上搞活企业这个要求相比，仅仅走出了第一步，无论对政府还是对企业来说，更艰巨的任务还在后面。比如，建立社会保障机制，企业改制后显得更为迫切。因为减员增效是搞活企业的必由之路，企业内部改革越彻底，下岗分流人员就可能越多，而在社会保障机制不健全的情况下，减员增效就会受到极大的制约，统一的劳动力市场也很难形成。再比如，企业改制后，政府机构依然林立，有庙就有和尚，有和尚就要念经，即使是出于好心，对企业来说，也可能办不好事。因此，企业改制呼唤精简政府机构，呼唤转变政府职能。

企业改制仅仅是建立现代企业制度的开始，但即使建立了现代企业制度，仍然逃不脱优胜劣汰的市场法则。因为制度不能代替企业具体的经营管理，在任何情况下，是否有一个适应市场需求的产品，都是企业生死攸关的问题，这就要求企业紧紧面向市场，大胆改革不适应市场需求的内部管理机制，牢固树立依靠科技进步和科学管理的思想。这大抵就是"三改两开一加强"

的内容。

前不久,中央领导检查了已基本完成企业产权制度改革的滁州市,指出这仅仅是完成了第一步改革任务,要求不失时机地做好企业第二步改革的大文章。看来我们不能松口气了。至于文章怎么做,看看陈乔连的公式,可能会受到启示。

(原载 1997 年 12 月 3 日《安徽日报》 署名:言赅)

(7)关键在于转换政府职能
——兼评《任命董事长风波》讨论

本报 12 月 4 日刊登的《任命董事长风波》,在广大读者中引起强烈反响,参与讨论的来信、来电、来稿不断,其广泛程度超过了我们的预料。我们只能摘要选登部分来稿。这期间,宿县行署体改委行文转发了这篇报道,宿县地委机关报《拂晓报》刊登了消息,宿州市商业局也以文件形式向市委、市政府表达了自己的看法。整个讨论体现了公开、公平、公正原则,达到了澄清思想,提高认识,团结同志的目的。因此,本报决定从今天起结束这场讨论。

读者反映强烈,是因为这场风波具有代表性。类似现象,在其他地方也时有发生。本报之所以开展讨论,旨在借此宣传《公司法》,用《公司法》规范各方面的行为,把企业改制健康稳妥地进行到底。

《任命董事长风波》这件事的本身并不复杂,是非很容易分清。问题在于为什么会发生这样的事。

国有中小型企业为什么要进行产权制度改革?一个重要原因就是过去企业是政府的附属物,企业没有自主权,缺乏活力,很难走向市场;另一方面,政府又成了"无限责任公司",政府和企业都"种了别人的地,荒了自己的田"。企业改制的一个目的就是要把企业从政府的"怀抱"中解脱出来,实行政企分开,政资分开。为此,不少地方在企业改制中,决定国家一般不控股,也不参股,而将国有资产放在企业有偿使用,以便从产权上割断政府与企业的脐带。当初,宿州市政府对饮服公司的改制就是这样做的。还有很多地方,即使国家控股或参股,也把选举权让渡给企业股东。这都是在机制转型时期的开明做法。

企业改制后,政府与企业的关系发生了变化。拿改制后的宿州市饮服公司来说,与商业局已经割断了"人财物"的联系,商业局对其主要是行业管理了;而与市国资局则只存在着借贷关系。在这种情况下,政府必须依法行政,再按"老皇历"办事就很容易"犯规"。因为在市场经济中,投资方与被投资方是对等的。控股这样的大事,不经公司股东大会通过,仅凭一个已经辞职的原董事长"无条件服从"的一纸报告,显然与《公司法》相悖。退一步说,即使控股合法,董事会的产生也必须履行选举程序,而这绝不是"形式",就像程序之外拒绝民主一样,程序之外拒绝权力,因为民主和权力都必须由合法的程序来实现。我们的一些同志可能出于好心,但习惯于计划经济时期解决问题的思维定势和方法,往往好心却"越位"办了错事。因此,企业改制后,对职能部门的领导来说,关键要转换思想观念,对政府来说,关键在于转换职能。

在市场经济条件下,政府做什么? 主要履行经济管理职能。就经济管理而言,除了依法进行宏观调控外,主要做两件事:一是"修球场",即搞好基础设施建设,营造一个好的环境;二是"当裁判",依法查处违规的"运动员"。当然,达到这个要求有一个很长的过程,但我们要朝这个方向努力。就眼前来说,企业改制后,主管部门做什么,就是一个新课题。有的地方总结出"监督、管理、服务、协调,重在服务"的原则,应该说,在过渡时期,这是一个很好的做法,我们希望各级政府主管部门,都来进行探索。当然,真正转换政府职能,还有一个政府机构的改革问题。

我省很多地方已基本完成了企业改制任务,但这仅仅是企业转换机制的第一步,还需要众多的配套改革,其中一个重要方面就是转换政府职能。很多事实表明,如果政府职能不转换,又会反过来影响企业改制的成果,甚至迫使企业回到老路上去。我们希望更多的政府主管部门,能从《任命董事长风波》中受到启示,把转换职能的工作做好。

(原载1997年12月30日《安徽日报》 署名:本报评论员,系本书作者与戴永祥合作撰写)

为民营经济鼓与呼

——支持非公经济系列评论回顾

如果说,中国的城镇化大门是被两亿多农民工敲开的话,那么,中国的个体私营经济的大门则是被数以千万计的回城知青、回城无业市民和数以亿计的农村剩余劳力挤开的。前者促使国务院于1980年颁布了《关于城镇个体工商业户登记管理若干规定》,对发展城镇的个体工商业具有划时代的意义;后者则使农村自发地出现了大量的各种类型的个体户、联户企业和雇工大户。但他们的发展一波三折,我曾撰写过不少鼓励支持个体私营经济发展的新闻和评论,这里,仅从个体私营企业戴"红帽子"这一历史事实,这一侧面,来评析和解读这个艰难曲折的过程。

对"红帽子"典型一评再评

个体私营企业戴"红帽子"这件事,我是1986年10月中旬首次发现的。那时,我到巢湖市城郊区采访股份合作制企业,城郊区经委推荐了好几家,其中之一是巢州漆器工艺厂。

看得出这是一家由几个年轻人合伙创办的企业,规模不大,却相当火红。但在闲谈中,企业厂长对巢湖郊区经委却颇有微词,说巢湖郊区经委对他们"'抠'得太死",并强调厂子是"我们自己办的"。巢湖区委办公室陪同的同志一听急了,为了证明其"乡镇办"的身份,他叫厂长拿出了合同书,并强调合同是经过公证处公证的。

我看后发现,一纸合同改变了一个企业的所有制性质,使一个私营企业"上升"为乡镇办集体企业,这是一个典型的"假集体"。当时不叫戴"红帽子",而叫"挂靠"。"挂靠"合同使巢湖郊区经委权力大大,收益多多,而工厂的经营却受到诸多制约。

"这是一个'不平等条约'!"我想,"企业明知不平等,为什么却要找一个'婆婆'呢?"症结在于"不平等条约"背后的社会环境。为此,我调查了这份合同签订的全过程。一篇题为《一个"不平等条约"——对巢湖市城郊区一份合同书的剖析》诞生了,刊登于当年10月31日《安徽日报》二版的头条位置。这篇以评为主的述评,以一份合同为典型,全面剖析了社会主要是政府部门对民营企业的"偏见和歧视",呼吁改善民营企业的生存环境。评论这样写道:

> 为什么巢州漆器工艺厂要自找"婆婆"呢?据了解,他们中的确有人有自我轻视的传统观念,想找靠山,摘掉"私人、个体"的帽子,戴上"公家、集体"的桂冠,有人甚至期待着"上升"为"大集体"。因此,对"婆婆"感恩戴德,言必称"区领导的重视和支持"。
>
> 但仔细研究一下,主要原因还是社会对他们的偏见和歧视。

评论引用确凿的事实说明了这种"偏见和歧视"。当时,省里正在召开乡镇企业工作会议,一位参会的县委书记告诉我:"这篇报道震动大,会上很多人都在议论这件事。"

述评见报后,我又想到另外一个问题,即这个合同为什么能够被"公证"?巢湖市公证处属司法机构,是社会公正的代表,可这家公证处公证的合同却体现了"偏见和歧视"。这是一个令人忧虑的社会问题。《中华人民共和国经济合同法》正式实施,对照法律,我看到这份被公证的合同有三处"硬伤":

一是合同书中双方权利和义务不对等,其中甲方(巢湖城郊区经委)全部是"监督"和索取,找不出半点义务;乙方(合伙联办企业——巢州漆器工艺厂)没有半点权利,只有奉献和服从;

二是合同书被公证时,乙方的营业执照还没有签发,也就是说,乙方并不具备法人资格,而在公证书中,乙方是作为法人身份出现的;

三是合同书中出现了"乙方违约,甲方(巢湖城郊区经委)有权随时收回执照"的条款。甲方——巢湖城郊区经委是无权收回营业执照的,条款明显违背国家工商管理法规。

显然,这三处"硬伤"对司法部门来说,是低级错误。我在采访巢湖市公证处时,他们都很尴尬。之后,我又到当时的巢湖市中级人民法院了解情况,经济审判庭的法官告诉我,他们在审理一些经济纠纷案件时,常常遇到"一些合同无法履约,造成合同纠纷,甚至被诈骗犯钻了空子"的情况,而这些合同却都被公证和鉴证过了。原因是一些公证和鉴证机构人员素质低,"向钱看"。

看准了的事,一评再评。于是,又写了第二篇评论,题为《有感于"不平等条约"被公证》,刊登于11月20日《安徽日报》。

"横看成岭侧成峰,远近高低各不同"。一个新闻事件写了两篇不同角度的评论,这是我的第一次成功尝试。之所以成功,除了深入采访、掌握确凿的事实外,还对相关法律有相当程度的掌握。否则,不可能一眼看出合同中的三处硬伤。可以想见,写批评政府和司法机构的评论,法律上有丝毫漏洞,是会招来很多麻烦的。

以上是我对"红帽子"现象撰写评论的第一次尝试。

解析"侏儒症" 挑战传统理论

前面讲到,中国个体、私营等非公有制经济的发展,历经坎坷。20世纪

80年代初,对"长途贩运是不是投机倒把"的激烈争论就可见一斑。现在看起来都认为可笑,但那时是正儿八经的争论,甚至在《人民日报》上展开了。当时的国家工商管理总局负责人说,农副产品只能手提肩挑板车拖,到附近的集市上去交易(与"文革"时期封闭集市贸易相比已是一大进步);用拖拉机和汽车长途贩运,则是投机倒把。当时,投机倒把是一种罪啊,是要判刑坐牢的呀。有人有不同看法,说难道我们要回到原始状态,才是社会主义吗?争论的结果当然是真理战胜谬误,认同了农副产品长途贩运的合法性。

最敏感、最激烈的当数对"雇工是不是剥削"的争论。继1980年初国务院颁布了《关于城镇个体工商业户登记管理若干规定》,明确了城镇个体工商业户的合法地位后,时隔7年,即1987年国务院发布的《城乡个体工商户管理暂行条例》又明确规定:个体工商户可以根据经营情况请一两个帮手,有技术的个体工商户可以带三五个学徒。就是说,只要雇工不超过7人,还是以个体户看待,也就是说文件对个体工商户还是比较宽松的,适用范围由城镇扩展到了乡村。《城乡个体工商户管理暂行条例》从列宁关于"小生产是经常地、每日每时地、自发地和大批量地产生着资本主义和资产阶级的"的论述中走了出来,为个体经济的快速发展提供了有利条件,这是历史性进步。

问题又有另一面,就是"雇工不超过7人"的限制。雇工超过7人,就是私营企业,就意味着"剥削"。当时,人们是"谈'剥削'色变"啊。好在党中央,特别是邓小平同志,对雇工问题是冷静的,态度是"看一看"。经过多年的观察,党中央于1987年出台了关于私营企业的文件,概括起来是4句话,叫"允许存在,加强管理,兴利抑弊,逐步引导"。明眼人一看即知,每一句都是话中有话,只是"允许存在"而已,更谈不上鼓励发展。于是,在我省乃至全国,"曾出现过'八下七不上'现象,就是企业主雇工人数以7人为限,8个的他就减下来,7个的不再增加。于是,这些企业便都患了'侏儒症',长不大"。1989年后,党中央曾下发过内部文件,规定私营企业主不得入党。在这种情况下,谁敢把企业做大!当然,也有做大的,办法就是前面说的戴"红帽子"。

"侏儒症"的根源何在?1987年国务院发布的《城乡个体工商户管理暂行条例》是有理论根据的,为了个体经济的发展,可以说是煞费苦心。我查了一下马恩选集中的有关论述,其中"马克思曾指出,小老板向资本家的转化需要一个最低限量的货币额,他论证需要有雇佣8个工人的资本。为此,马克思在作出了详细的论证后指出,小老板'要使自己的生活比普通工人好一倍,并把所生产的剩余价值的一半转化为资本,他就必须有雇佣8个工人的能力'"。也就是说,雇工8个,小老板就转化成资本家了,就存在剥削了;雇工7人,还是小老板,即个体户。这使很多企业主对"8"字望而生畏,不寒而栗。

针对"侏儒症"的根源,我在一篇署名评论中指出:

> 马克思的这个论断是符合当时实际的,但时过一百几十年,其科学性就值得研究了。一个采石场雇佣8个人,与一个高新技术企业雇佣8个人能相提并论吗?现代企业制度是以出资者的形态和出资者的责任来划分企业类型的,在当代中国主要是独资、合伙、公司、股份合作制四种形式。用雇工的多少来划分企业性质显然与其相悖。如果马克思还活着,他一定会与时俱进,对自己的论述作出修正。

此前,我未见过任何人如此挑战马克思的这个传统理论,简直是大胆。但这样的评论居然见报,至今我还对当时审稿的报社领导人充满了敬意。后来我发现,党中央的高明之处是不在一个个具体观点上"翻烧饼",而是在强调坚持和发展马克思主义理论中,创建了初级阶段的社会主义理论,把"以公有制为主,多种经济成分共同发展"、分配上"以按劳分配为主,多种分配形式并存"的方针,作为初级阶段社会主义理论的一个重要组成部分。改革中如"雇工"、"剥削"等诸多敏感问题都巧妙地解决了。

对"红帽子"的具体分析

据国家工商管理部门1999年的调查,戴"红帽子"的假集体占私营企业的比例约20%(《中国私营企业发展报告》,北京:社会科学出版社,2000年)。这么大比例的假集体,其产权的界定,则成了企业改制中的一个突出问题。怎么解决?我未看到中央和省里的具体文件。但经过调查研究,我形成了自己的看法:

第一,要把"红帽子"问题放在特定的历史条件下去看。我在题为《正册·另册与红帽子》的署名评论中,对"特定历史条件"作了如下表述:

> 改革开放以来,我国虽然对个体私营经济逐步放开,但实际上个体私营企业并没有获得完全公平竞争的地位,个体私营企业主在很多情况下,仍然是一个备受歧视的社会群体,政治气候的变化,他们中的个别人甚至出现了"上半年戴花,下半年戴枷"的强烈反差。
>
> 中国人是非常讲究身份的,国有企业高人一等,集体企业、乡镇

企业次之，个体户和私营企业总被认为低人一等；而政策上的"允许"、"补充"地位，又使他们中的很多人忐忑不安。为了求得政治上的"保险"，为了寻找经济上的靠山，也有为了借集体的"鸡"下私人的"蛋"，于是他们大多主动"挂靠"戴上"红帽子"，条件是上交管理费和一定比例的利润。

在凡事都要问一个姓"资"姓"社"的年代，如果个体私营经济发展过多、过快，这个地方的领导就有可能被认为有"方向"问题。何况"假集体"还可以无本生利，何乐而不为呢？两相情愿，一拍即合，于是"红帽子"越来越多。这是一种扭曲，根源在于社会对他们缺乏公平、公正。

弄清了"特定的历史条件"，就使实事求是解决问题有了理性的认识。

第二，适当肯定其积极的一面。凡事都有两面性，我在评论中尖锐指出"假集体""对经济管理和经济秩序带来了很多问题，特别是引发了很多棘手的产权和其他经济纠纷，也是滋生腐败的一个温床"等问题的同时，也适当肯定其积极的一面。我在题为《做好"摘帽"工作》的署名评论中指出：

> "假集体"是一种历史现象，在特定的历史条件下，在一定程度上起到保护私营企业发展的作用。……在挂靠期间，有的地方政府对企业确有少量的投入，很多地方的领导同志还为这些企业的发展在立项、贷款、征地等方面做了不少服务和协调工作，有的还采取了一些优惠政策。总之，对企业的发展功不可没。

这样分析是符合事实的，也为"摘帽"工作减少了阻力。

第三，坚定不移地保护企业主的权益。做好"摘帽"工作，恢复私营企业的原来面貌，核心是利益问题。在利益博弈中，被迫挂靠的私营企业主属于弱势。政府部门和乡镇村、学校、街道等会理直气壮地说："是你找上门来的呀！没有我们的支持你能有今天吗？"在此情况下，媒体在舆论上应保护弱者的合法权益，有利于企业发展。因此，我在题为《做好"摘帽"工作》的署名评论中这样写道：

> "摘帽"最要紧的是明确产权，分清你的和我的。这不，有的地方在企业改制中已经发生了产权纠纷甚至要对簿公堂了。看来，各地要在调查研究的基础上，依法制定规范的政策加以解决，标准只

能是"三个有利于"。……涉及产权界定,只能按"谁投资、谁收益、谁所有"的政策办事。为企业服务是政府的本职工作,是不能作价的,"摘帽子后"还应该继续搞好服务;至于"算优惠政策账"恐怕也不可取,这是一个取信于民的问题,难道我们国家会对"三资企业"算优惠政策账吗?绝不会。

以上虽是个人署名评论,但在权威性的党报上发表,还是在一定程度上保护了私营企业主的利益。

中国特色的社会主义初级阶段理论一旦指导实践,就会产生巨大的物质力量,其中,突出地表现在非公有制经济的快速发展上。据统计,2012年底,全国私营企业达到了1085万户,注册资本金超过31万亿;个体工商户超过4000万户;民营经济对全国GDP的贡献率已超过60%,税收贡献率超过50%,就业贡献率超过75%。总之,非公有制经济已成为拉动我国经济增长的主力军。这是一个不争的事实。

作品:

(1)一个"不平等条约"
——对巢湖市城郊区一份合同书的剖析

10月14日,记者在巢湖市城郊区,发现一份令人深思的合同书。这份合同书说明,发展乡镇企业必须转变歧视户办、联户办企业的观念,把他们"上升"到乡村来管的做法是不可取的。

合同书中的甲方为城郊区经委,乙方是群众联办的股份式企业——巢州漆器工艺厂。为了说明问题,先将合同书主要内容摘录如下:

"甲方根据乙方要求,同意接受乙方为区直企业;乙方必须接受甲方行政领导和经济管理,必须遵纪守法,必须……乙方产、供、销自立,自负盈亏,但必须接受甲方财务监督,发生一切工伤事故和违法行为,由乙方负责;资金、技术、厂房、设备均由乙方解决,添置大型设备,按财务手续报批,甲方概不负经济责任;乙方必须按销售总额百分之一向甲方交纳管理费,年终结算后再上交甲方百分之二十税后利润,乙方股金分红不得超过股金总额的百分之十五,乙方人员工资必须列表上报批准,行管人员的福利和补贴,均按区直企业统一规定执行,乙方不得擅自开支;若乙方违约,甲方有权随时中断合同,收回执照。"

  读者不难看出,这是一个"不平等条约"。全文找不出甲方半点义务,只有"监督"和索取。

  为什么巢州漆器工艺厂要自找"婆婆"呢?据了解,他们中确有人有自我轻视的传统观念,想找靠山,摘掉"私人、个体"的帽子,戴上"公家、集体"的桂冠,有人甚至期待着"上升"为"大集体"。因此,对"婆婆"感恩戴德,言必称"区领导的重视和支持"。

  但仔细研究一下,主要原因还是社会对他们的偏见和歧视。让我们先从最要害的企业营业执照谈起。今年6月20日签订上述合同书时,该厂营业执照还没有发。该厂的成员原先大都是个体户,他们尝尽了社会上的酸甜苦辣。该厂厂长向记者反映说:"与区里定合同,是为了取得支持,把厂办起来,不然,跑断了腿,磨破了嘴,也难拿到企业执照。"他还说,为办理一个门市部营业执照,拿介绍信到城区某工商所跑了七趟,答复总是"明天再来",实在忍不住了,找到市委书记才解决了问题。难怪合同书中写进了"甲方有权随时收回执照"这最有威慑作用的条款。稍有常识的人都知道,甲方这样做超越了他的权力范围——这是工商管理部门依法办理的事。合同书是区经委主任起草的,区委一负责同志修改的。这位主任直言不讳地说:"考虑到他们是个体户,对他们联办企业不放心,所以合同中对他们'抠'得紧一些。"

  省委、省政府从我省实际情况出发,提出了发展乡镇企业以户办联户办为主的方针。针对原有乡镇企业管理上的弊端,一些地方正在探索"政企脱钩"的路子。可是,一些干部总是把原来属于自己管的乡村企业当作"亲生儿子",而视户办联户办企业为"小娘养的",动不动从他们身上打主意。有的地方在发展乡镇企业中提出"消灭空白村"的口号。空白者,户办联办不算也。怎样消灭呢?有的走"捷径",把户办联户办企业"上升"、"收归"乡村来管,"变"为乡、村企业。于是,委派领导,安插人员,提取利润等等,结果把好端端的户办或联户办企业搞垮了。这样的教训太多了。这样的回头路不能走!在简政放权、"政企脱钩"的改革声中,巢湖市城郊区同意接收巢州漆器工艺厂为区直企业,也是一种走回头路的做法,其合同书就足以说明问题。在当前的社会经济活动中,这种奇怪的现象,岂不令人深思!

(原载1986年10月31日《安徽日报》)

(2)有感于"不平等条约"被公证

10月31日本报二版刊登过一篇述评《一个"不平等条约"——对巢湖市城郊区一份合同书的剖析》。据调查,这样一个不公正和有着明显谬误的合同,竟被巢湖市司法局公证处予以公证,使其合法化。而且签发公证书的是公证处副主任,在公证书上盖章的是公证处主任。这件事发生在司法机关是令人深思的。

首先,合同书被公证时,乙方——巢州漆器工艺厂的营业执照还没有签发,也就是说,乙方并不具备法人资格。而在公证书中,乙方是作为法人身份出现的。第二,既然是合同书,甲乙双方都应有相应的权利和义务。而合同书中用放大镜也看不出甲方有半点义务。第三,合同书中竟出现了"乙方违约,甲方(城郊区经委)有权随时收回执照"这样明显违背工商管理法规的条款。第四,城郊区经委通过合同把巢州漆器工艺厂这个群众联办的企业捆得紧紧的,违背了经济体制改革中简政放权、政企分开的政策。

这样一份明显违背《经济合同法》基本原则的合同书,为什么在我们公证员的眼下被通过了呢?这不能不涉及公证人员的业务素质问题。在笔者与他们交换意见时,他们承认"疏忽"、"马虎"了;他们也曾发现合同中甲乙双方的权利和义务不对等的问题,但"考虑到区经委来的是熟人,又是周瑜打黄盖——一个愿打,一个愿挨,于是同意公证了"。看,一是没有看出问题,二是看出问题后,又未按法办事。试问:法律的严肃性何在?公证人员的责任心何在?

一些法院的经济审判庭在审理一些经济纠纷案件时,常常埋怨一些公证和鉴证机关,工作不负责任;或为了"向钱看",对合同审查不严,对不该公证或鉴证的合同也公证或鉴证了,结果无法履约,造成合同纠纷,甚至被诈骗犯钻了空子。公证和鉴证机关按规定收取公证和鉴证费是正当的,但要防止为了"向钱看"而滥予公证和鉴证的现象发生。

不久前,《巢湖报》为纠正一篇报道的失误,公开发表文章,要求记者、编辑乃至总编辑都要学法懂法,防止"灯下黑"。宣传部门有这个问题,司法机关也有这个问题。事实说明无论是宣传部门、执法机关,还是司法机关,首先要学法懂法、提高业务水平,同时还要端正思想作风。

(原载1986年11月20日《安徽日报》)

(3) 正册·另册与红帽子

前些年,曾有这样一件事:某公司经理被指控犯有贪污巨额公款罪,被一审判处死刑;官司打到最高人民法院。后来,国家工商管理总局发表了意见,认为这个企业不能算集体企业,应属私营企业,不存在贪污公款问题。案件折腾5年,被宣布:无罪释放。

好险,为了戴上集体企业的"红帽子",险些使自己的脑袋搬了家。

当然,这是一个典型案件。但现实生活中,类似的"假集体"现象比比皆是,我省正在进行的企业产权制度改革,就遇到了很多"假集体"引发出来的产权纠纷。

所谓"假集体",就是资产私有、雇工经营的私营企业,却以国有、乡村、校办、民政、街道企业等名义登记注册,享受国有、集体企业待遇的企业。

改革开放以来,我国虽然对个体私营经济逐步放开,但实际上个体私营企业并没有获得完全公平竞争的地位。个体私营企业主在很多情况下,仍然是一个备受歧视的社会群体,政治气候的变化,他们中的个别人甚至出现了"上半年戴花,下半年戴枷"的强烈反差。

中国人是非常讲究身份的,国有企业高人一等,集体企业、乡镇企业次之,个体户和私营企业总被认为低人一等;而政策上的"允许"、"补充"地位,又使他们中的很多人忐忑不安。为了求得政治上的"保险",为了寻找经济上的靠山,也有为了借集体的"鸡"下私人的"蛋",于是他们大多主动"挂靠"戴上"红帽子",条件是上交管理费和一定比例的利润。

在凡事都要问一个姓"资"姓"社"的年代,如果个体私营经济发展过多、过快,这个地方的领导就有可能被认为有"方向"问题,何况"假集体"还可以无本生利,何乐而不为呢?两相情愿,一拍即合,于是"红帽子"越来越多。这是一种扭曲,根源在于社会对他们缺乏公平、公正。

统计数据是枯燥的,但也是最能说明问题的,到1996年底:我国的个体私营经济已拥有近7000亿元的注册资本,从业人员达6700多万人;我省也分别达到121亿元和267万人,有的县市镇已出现三分天下有其一的局面。

事实表明:个体、私营经济是我国现阶段经济结构的有机组成部分;个体私营企业主,与工人、农民、知识分子等劳动群体一道,共同演奏着"发展社会生产力"这个时代的主旋律。

市场经济讲究公平,个体私营经济呼唤"国民待遇"。

历史记住了这一天：1997年9月12日，江泽民总书记在党的十五大上庄重宣布："非公有制经济是我国社会主义市场经济的重要组成部分"，要"依法保护各类企业的合法权益和公平竞争"。这对个体私营企业主来说，犹如黄钟大吕，振聋发聩。个体私营经济终于从"补充"的"另册"进入到"重要组成部分"的"正册"，这是他们的节日。

　　"红帽子"可以休矣！

（原载1997年9月25日《安徽日报》 署名：宛言）

(4)"八下七不上"现象

　　近些年，我省在发展私营经济中，曾出现过"八下七不上"现象，就是企业主雇工人数以7人为限，8个的他就减下来，7个的不再增加。于是，这些企业便都患了"侏儒症"，长不大。

　　一位曾将雇工数由8人减为7人的企业主，向笔者陈述过他的理由："听说，雇工7人叫个体户，没有剥削，还可以入党；雇工8人性质就变了，叫私营企业。哎呀，我怕，还是雇7个人稳当。"

　　这位企业主的陈述是有政策依据的。国家明确规定，雇工少于7人叫个体户，属个体劳动者；8人以上叫私营企业，属雇佣劳动性质。那么，8个人的根据何在呢？

　　马克思曾指出，小老板向资本家的转化需要一个最低限量的货币额，他论证需要有雇佣8个工人的资本。为此，马克思在作出了详细的论证后指出，小老板"要使自己的生活比普通工人好一倍，并把所生产的剩余价值的一半转化为资本，他就必须有雇佣8个工人的能力"。

　　马克思的这个理论，使我们从"小生产是经常地、每日每时地、自发地和大批量地产生着资本主义和资产阶级的"（列宁语）困惑中走了出来，于是就有了允许"请一两个帮手，带二五个学徒"的政策规定，使大量的个体户脱颖而出；于是也就有了雇工8人以上为私营企业的政策规定，又使很多企业主对"8"字望而生畏，不寒而栗。

　　马克思的这个论断是符合当时实际的，但时过一百几十年，其科学性就值得研究了。一个采石场雇佣8个人，与一个高新技术企业雇佣8个人能相提并论吗？现代企业制度是以出资者的形态和出资者的责任来划分企业类型的，在当代中国主要是独资、合伙、公司、股份合作制四种形式。用雇工的多少来划分企业形式显然与其相悖。如果马克思还活着,他一定会与时俱进,对自己的论述作出修正。

对待私营企业,我们有一个逐步认识的过程:从"不提倡,不宣传,不取缔,看一看",到80年代中期的"允许存在,加强管理,兴利抑弊,逐步引导",到"不可缺少的补充",到党的十五大报告将其列入社会主义经济的"重要组成部分",这是一个不断解放思想的过程。笔者相信,随着认识的深化,对"8人理论"也一定会有一个更科学的"说法"。

由此及彼,笔者想起了70年代末报纸上关于"长途贩运是不是投机倒把"的讨论。有人曾主张肩挑手提不算投机倒把。现在看来,这种主张当然可笑。可就是这种可笑的主张,与此前封闭农贸市场相比,还是进了一步。至于从开放农贸市场,到确立社会主义市场经济体制,更是经历了15年的反反复复的曲折过程,每前进一步,都是一次深刻的思想解放。

经济方面的改革如此,其他方面也莫不如此。

"马克思主义必定随着时代实践和科学的发展而不断发展,不可能一成不变","一定要以我国改革开放和现代化建设的实际问题,以我们正在做的事情为中心,着眼于马克思主义理论的运用,着眼于对实际问题的理论思考,着眼于新的实践和新的发展"。江总书记在十五大的报告,振聋发聩,为我们进一步解放思想铺平了道路。笔者坚信,前面所说的"侏儒症"之类的问题,一定会逐步解决。

(原载1997年10月11日《安徽日报》 署名:言赅)

(5)做好"摘帽"工作

这里的"摘帽",是指原挂靠乡、镇、村的私营企业,被摘去假集体的"红帽子"。今年以来,各地在开展企业改制工作中,就涉及了这个问题。十五大以后,"摘帽"步伐明显加快了。近闻,光巢湖市中垾镇就摘去了23顶"红帽子"。这是实事求是解放思想的结果。

"假集体"是一种历史现象,在特定的历史条件下,在一定程度上起到保护私营企业发展的作用。但是,"假集体"对经济管理和经济秩序带来了很多问题,特别是引发了很多棘手的产权和其他经济纠纷,也是滋生腐败的一个温床。因此,各地在企业改制中,做好"摘帽"工作就是题中应有之义了。

"摘帽"最要紧的是明确产权,分清你的和我的。这不,有的地方在企业改制中已经发生了产权纠纷甚至要对簿公堂了。看来,各地要在调查研究的基础上,依法制定规范的政策加以解决,标准只能是"三个有利于"。

在挂靠期间,有的地方政府对企业确有少量的投入,很多地方的领导同志还为这些企业的发展在立项、贷款、征地等方面做了不少服务和协调工作,有的还采取了一些优惠政策。总之,对企业的发展功不可没。但涉及产权界定,只能按"谁投资,谁收益,谁所有"的政策办事。为企业服务是政府的本职工作,是不能作价的,"摘帽"后还应该继续搞好服务;至于"算优惠政策账"恐怕也不可取,这是一个取信于民的问题,难道我们会对"三资企业"算优惠政策账吗?绝不会。这方面,很多乡镇不算小账,立足支持企业发展,这个指导思想是正确的。

"摘帽"后要不要更换名称?这也要从有利于企业发展出发。多数是要改名的,但也不要"一刀切",比如,有的企业的名称实际上已成为品牌,形成了无形资产,就不一定要改名了。

"摘帽"中还会遇到很多新情况、新问题,有的可以依法或对照政策加以解决,很多问题需要靠协商解决,关键有两条:第一政府要开明,第二企业要通情达理。

(原载 1997 年 10 月 29 日《安徽日报》 署名:言赅)

常揣摩　探妙理
——反腐倡廉系列评论回顾

我的新闻岗位是搞经济报道特别是农村报道,对反腐倡廉这类属于政治性的评论题材很少涉及,但我却前后撰写了部分反腐倡廉评论,这得益于我的"思考"习惯。

逆向思维出佳篇

那是 1987 年,某大报曾在头版头条位置刊登了批评"撕破脸皮要官"的现象,表扬了"就是不给"的主要领导。这篇报道曾引起我长时期的思考。

此前,在企业的人事制度改革中,安徽已经有过毛遂自荐当车间副主任的报道,但在党政机关还主要是任命制。看了报道我就在想:撕破脸皮要官当然不好,可以说很蠢。假如他甜言蜜语、温情脉脉地要官呢?或者讨好、送礼、暗暗跑官呢？后来发展到卖官、买官了。对此，人们很气愤。我认为，大量、反复、成规律地出现问题，就要从体制或制度上去考虑问题，光骂娘是没有用的。我觉得"撕破脸皮要官"、跑官、买官、卖官等，都是一面镜子，它反映了现行的干部人事制度上的一些弊端，关键在于改革，改出一个公平、公正、公开地选拔人才的体制。任命制要不要呢？不可能没有，但要有一个对权力的监督机制。对此，我思考了很久，并着手收集资料，选择适当的时机。终于在9年后的1996年写了一篇题为《少一些愤怒，多一些思考——从"杠打老虎鸡吃虫"说起》的评论，指出，中国的许多事情，光愤怒骂娘是不行的。悲愤出诗人，但不出改革家。只有通过冷静的思考，从体制上进行改革，才能从根本上解决问题。这篇评论由于问题提得深刻，说理有力，较早地提出了对权力的制约问题，被评为全省好新闻一等奖。

这里的思考实际上是一个逆向思维过程。所谓"逆向思维"，就是遇到事情倒过来想一想，从相反方向或角度来观察思考问题。毛泽东曾说过，共产党员对任何问题都要问一个为什么，想一想它是否真有道理，绝对不要盲从。有哲人说："真理诞生于一百个问号之后。"据说，牛顿发现万有引力，就是从苹果为什么向下落思考起的。逆向思维的核心是遇事问一个"为什么"。我对前面说的某大报的"撕破脸皮要官，就是不给"所报道之事的思考，就是一种逆向思维。按照常规，或者说传统的思维，应该是"一切服从党安排，党叫干啥就干啥"，是绝不能伸手要官的。我这一辈子就是这么过来的。但实际生活中，"要官"是普遍现象，只是方式不同而已，我觉得没有什么不好，这是人们的一种选择。党员干部，他有权向上一级党的领导人提出要求，希望到某某岗位上去，更好地发挥作用，体现价值呀，只是不要"撕破脸皮"。不要把"要官"讲得多么不好，要具体分析。

"就是不给"，谁不给？冠冕堂皇地说是"党组织不给"，但在执行中实际上是具体人不给，一般是党的书记、分管副书记和组织部长等极少数人，甚至就是书记一个人说了算。这个过程没有对权力的制约，更没有公开透明。这种体制，不出现买官卖官现象才怪哩！当时，曾有调侃对联云："说你行你就行，不行也行；说不行就不行，行也不行。"横批："不服不行。"后又改为"没钱不行"。虽然过分夸张，但对一些曾风行买官卖官的地方，是莫大的讽刺。后来，我们党在用人问题上有了很大的改进，比如一部分副职的公开招聘制等，但还是在传统体制内运行和监督，作用有限。所以，党的十八大以后，习近平总书记说出了"把权力关进制度的笼子里"这样振聋发聩的话。

以上就是我的逆向思考过程,没有这种思维,就没有9年后的获奖作品。

1985年2月,《人民日报》针对一些地方流行的"上有政策,下有对策"的不正之风,发表过一篇评论叫《收起对策,执行政策》,针对性很强,也有新意,获中国好新闻奖二等奖。不久江苏《新华日报》的评论员来了个逆向思维,又发表一篇评论叫《"对策"也可以当镜子》,对"上有政策,下有对策"这种社会现象,运用辩证的观点进行分析,引出了发人深思的独到见解。评论指出:对这种现象,人们加以申斥是理所当然的。然而,要真正杜绝"对策",简单地呵斥一顿无济于事,还得有赖于完善政策本身,加强监督机制和提高管理水平。这就要求我们怀着极大的兴趣去研究它,把它当作一面镜子,照出我们工作中的薄弱环节,然后再去寻求新的解决办法。因此,对于"对策",一是要反对,二是要研究。这篇评论充满了辩证法,评论中提出的"政策—对策—再政策"过程,就生动地揭示了辩证唯物论的认识过程,从而使评论富有哲理性,一举获得中国好新闻奖一等奖。

我主张评论员要有一点逆向思维,要用理性的、批判的眼光来看待现实。不满足现状就要改革创新,如果邓小平没有批判的眼光,就不可能提出改革开放这样使中国改变命运的战略方针。一个评论员如果没有批判的眼光,一味地歌功颂德,是不可能写出有影响、有深度的新闻评论的。当然,逆向思维不是怀疑一切,它是不能到处乱用的。关键在于得当,就像摄影,顺光、侧光是常规,但有时逆光照会取得意想不到的效果。

联想思维天地宽

撰写新闻评论离不开联想思维,这种思维就是由此及彼、由表及里、去粗取精、去伪存真的过程,是新闻评论中最常见的一种推理形式,最典型的一种类型就是"从某某说开去"。

还是从上面的《少一些愤怒,多一些思考》这篇评论说起,新闻由头和标题都是联想思维的产物。请看这篇评论前两段:

> 据报道,无为县开展水利兴修"大江杯竞赛",设一二三等奖,同时对最后3至5个乡镇宣布进"笼子",并公开曝光。动真格的奖惩引来动真格的考评:过去,水利工程的数量和质量主要由乡镇自己报,这次则由县里统一组织几个检查验收小组,逐个进行丈量验收。
>
> 有人问:如果检查验收小组作弊怎么办?县长说:不要紧,我们设了

一个专打老虎的杠子——督查组,根据检举和抽样对检查验收小组进行稽查,发现弄虚作假就地免职。

"杠打老虎鸡吃虫"本是一种猜酒令,说的是生物界一物降一物的原理。这种原理也同样适用于经济界、社会各界,尤其对于当前反对弄虚作假和反腐倡廉有现实意义。

新闻由头是兴修水利,好像与反腐倡廉不沾边,但通过县长的话,引出督查组,再引出"杠打老虎鸡吃虫"这种猜酒令,很自然地通过这种生物界的"一物降一物"的生态现象,联想到"这种原理也同样适用于经济界、社会各界,尤其对于当前反对弄虚作假和反腐倡廉有现实意义",这就是对权力的制约。此后,便一层层地论证下去。

一次,我在《南方周末》看到一篇文章,其中写了这样一件事:

芬兰是"廉洁指数排名世界第一"的国家,该国中央银行有位行长,一次在公款宴中点了一道叫鹅肝的菜。按照该国的规定,所有的公务接待都要向国民公布,接待什么客人,吃了什么菜,花了多少钱,要上网公示。这道鹅肝的菜被公认为"超标",传媒曝了光,众议哗然。结果这位银行行长引咎辞职,黯然下野。

由此及彼,我联想到中国屡禁不止的公款吃喝风。于是,我找了个新闻由头,为《市场星报》撰写了一篇题为《"民主透明"是制止公款吃喝风的良方》的署名评论,评论最后点题道:

这件事引人深思,这就是"民主是腐败的天敌,阳光是最好的防腐剂","民主透明"是制止公款吃喝风的良方。资本主义国家芬兰靠"民主透明"四个字解决了公款招待的难题,我们社会主义国家也应该能做到。

此段后两句话,显然也是联想。如果说,逆向思维不太常见的话,那么,联想思维在评论中则是广泛运用的一种思维方式。你可以由生物界联想到人类社会,由省外联想到省内,由国外联想到国内,由经济联想到政治,等等。我是搞经济报道的,没有搞廉政反腐报道的任务,但我却从经济的视角切入,写了一些反腐倡廉的评论,如《从县委书记喊累说起》、《为领导干部不得擅自剪彩题词叫好》等署名评论,都是联想思维的结果。

韩国曾经是世界上最腐败的东亚国家之一,20世纪90年代金泳三总统上台后,采取了一些有力的反腐措施,我从韩国联想到中国,曾在《安徽日报》的《学习与借鉴》栏目中,写了两篇文章,一是介绍"韩国的金融实名制",二是介绍"韩国官员的财产公开",我没有联系中国现实说三道四,但明眼人一看就联想起来了。这是没有评论的评论。金融实名制,我们国家早在20世纪末就实行了,但官员财产公开制,却千呼万唤出不来。

联想思维天地宽,只要符合逻辑,你写评论就可以广阔天地任遨游。

辩证思维最重要

逆向思维也好,联想思维也好,还有其他思维也好,都有一个辩证思考的问题。仍然从评论《少一些愤怒,多一些思考》说起。

古今中外,反腐倡廉都有一个他律和自律的问题。他律,就是外部的监督和制约,包括法律和制度等;自律,就是通过自我学习修养,提高道德水准,包括劝诫、警示性教育等。在西方,反腐倡廉主要是对权力的制衡,他们的立法的依据是"人都是自利的",西方经济学概括为"经济人",强调法治;在中国,在一个很长时期内,主要强调自律和教育,着重道德层面。如果说,我在《少一些愤怒,多一些思考》、《为统计改革叫好》的评论中,主要强调对权力的制约,强调"他律"的话,那么,《想起习近平的反腐"三笔账"》的署名评论,则主要强调在自律层面,要改善警示教育方法,提高警示教育的效果。两篇评论各有侧重点,叫"两点论",又叫"重点论"。用邓小平的话来说,就是"两手抓,两手都要硬"。这就是辩证法。就我个人的认识来说,中国的反腐倡廉,更需要对权力的制约,用习近平的话来说,就是"把权力关进制度的笼子里"。在这同时,要改善警示教育,叫不能"不教而诛"吧。这就是这两篇评论的辩证关系。以后者为例,评论第一段就有这样的议论:

> 古今中外的历史告诉我们,绝对的权力,绝对的腐败。因此必须从制度上解决权力过分集中又得不到制约(包括舆论监督在内)的问题,这是坚定不移的治本之策。但是,在我们国家的现行高度集权的制度下,从"监管缺失"到"监管到位",是一个艰苦的长期的过程,况且,反腐倡廉是一个系统的配套工程,其中,有效的制度化警示教育,天天讲,月月讲,坚持不懈,形成舆论,也是一个成本不高的好办法。

在这里,我旗帜鲜明地指出"从制度上解决权力过分集中又得不到制约

（包括舆论监督在内）的问题，这是坚定不移的治本之策"，但笔锋一转，提出了"有效的警示教育是一个成本不高的好办法"的新论点。

为什么强调"有效"两个字呢？就是我们过去的宣传教育包括对官员的警示教育，不太有效，就是空对空的大话太多，不接地气。于是，我在评论中借习近平反腐三笔账，提出了转变警示教育思路的问题，我写道：

> 腐败对党和人民来说，是事关党的生死存亡的"大道理"，我们讲得很不少，可效果不是太好。他是贪官，管你什么"生死存亡"？！否则就不是贪官了。我们在进行反腐倡廉教育中，是否可以换一个思路，在讲"大道理"的同时，也讲讲"小道理"，就是腐败对个人身家性命的危害。经常在电视上看到一些贪官的忏悔："我对不起党和人民的培养！""我对不起家庭，对不起老婆、孩子！"前者可能仍然是官语，后者则可能是真心话。因此，事关切身利益的"小道理"也要经常讲。"小道理"只要切合实际，往往更能打动人。笔者想起，远在2004年，时任浙江省委书记的习近平同志，一上任就给县以上领导干部算过腐败成本"三笔账"。

我这样评价习近平反腐"三笔账"：

> 三笔账，有大道理，但主要是个人软肋的"小道理"，切中要害；三笔账，讲的都是心里话，动之以情，晓之以理，因而感人肺腑。这些话，从当时一个省委书记的口中说出，经媒体传播后，给笔者留下了深刻的印象，何况现场的县以上官员们呢？三笔账在全国传播，挽救了很多官员，应该不是假设。

所以，我在评论中提出"领导干部，在讲话时，特别是在进行反腐倡廉教育时，注重一个'情'字，用心讲话，讲真心话，远离官话、套话"，这样效果会好得多。

在这篇评论中，我写出了反腐倡廉中他律和自律的辩证关系，又写出了反腐倡廉的警示教育中"大道理"与"小道理"的辩证关系，这样，就远离了片面性。

这篇评论如此，其他评论也无不要求评论员具有辩证思维能力，使自己的评论无懈可击，立于不败之地。因此，辩证思维对评论员来说，是最重要的思维方式。这就需要评论员具有哲学头脑，用历史唯物主义和辩证唯物主义来分析一切事物。这不是一蹴而就的事,但评论员一定要逐步掌握。

古人云:"行成于思"、"若将天地常揣摩,妙理终有一日开"。我们也可以说"评成于思",成于正确的思维方式。如果我们勤于思考,又善于思考,那么,"妙理"就一定会常现笔端。

作品:

(1)少一点愤怒　多一些思考
——从"杠打老虎鸡吃虫"说起

据报道,无为县开展水利兴修"大江杯竞赛",设一二三等奖,同时对最后3至5个乡镇宣布进"笼子",并公开曝光。动真格的奖惩引来动真格的考评:过去,水利工程的数量和质量主要由乡镇自己报,这次则由县里统一组织几个检查验收小组,逐个进行丈量验收。有人问:如果检查验收小组作弊怎么办?县长说:不要紧,我们设了一个专打老虎的杠子——督查组,根据检举和抽样对检查验收小组进行稽查,发现弄虚作假就地免职。

"杠打老虎鸡吃虫"本是一种猜酒令,说的是生物界一物降一物的原理。这种原理也同样适用于经济界、社会各界,尤其对于当前反对弄虚作假和反腐倡廉有现实意义。眼下都时兴签订目标责任状,比如林业、水利、乡镇企业、财政和计划生育等等。问题不在于签订目标责任状本身,而在于有了目标以后,怎样检查督促,假如有人弄虚作假,又怎样有一套公开、公正的考核制约办法。假如目标是上级定的,而实现的数字又是下级报的,就可能出现目标越高,弄虚作假越严重的现象。可以设想,如果无为县在水利竞赛中,不是严格检查验收和督查,而是凭乡镇自己报,就有可能出现虚报的得了奖,而讲真话的进了"笼子"的现象,如此下去,以后谁还愿意讲真话呢?

一个社会不能没有检查、征收、审批和任命等等,这些都是权力的表现。但如果对这些表现权力的"关口"没有有效的制约和监督,"关口"便会成为一个个腐败滋生点。如今,人们对腐败现象深恶痛绝,甚至骂娘,是可以理解的,但悲愤只能出诗人,不能出改革家。搞腐败的人是不怕骂娘的,最怕的是刨根探源式的制约和监督。历史曾有这样的记载:1881年7月2日,某国新任总统饮弹而亡。按常规,大概一杀凶手以儆天下,二加岗哨以堵来者,三呼警惕以造舆论了。而这个国家却追根求源:刺客为什么要杀总统呢?原来总统在竞选中曾求助于他,并答应给他某州税务官这一个肥缺。而总统竞选成功后,却没有兑现他对这个助选有功人的承诺。于是该国着眼于从制度上堵塞产生这类事件的漏洞:产生了《文官制度法》,拿掉了总统直接任命地方官员的权力,建立了公开竞争考核、择优录用的公务员体制。笔者由此联想到我们的报纸曾在头条位置鞭挞过"撕破脸皮要官"的人,赞扬过"就是不给"的人。事过几年再来思考这个问题,觉得还是从体制上来研究这个问题更好一些。现在我们已经这样做了,可不是吗?我省从去年开始已多次公开招聘厅级、处级和一般公务员,这件事标志着我们正在进行着一项重要的人事制度改革。邓小平说过:"组织制度、工作制度方面的问题更重要。这些方面的制度好可以使坏人无法任意横行,制度不好可以使好人无法充分做好事,甚至会走向反面。"这就是一个伟大改革家的理性思考。

面对当前社会的一些弊端,让我们少一些愤怒和骂娘,多一些理性的思考。

(原载 1996 年 6 月 29 日《安徽日报》 署名:言赅)

(2)想起习近平的反腐"三笔账"

古今中外的历史告诉我们,绝对的权力,绝对的腐败。因此必须从制度上解决权力过分集中又得不到制约(包括舆论监督在内)的问题,这是坚定不移的治本之策。但是,在我们国家的现行高度集权的制度下,从"监管缺失"到"监管到位",是一个艰苦的长期的过程,况且,反腐倡廉是一个系统的配套工程,其中,有效的制度化警示教育,天天讲,月月讲,坚持不懈,形成舆论,也是一个成本不高的好办法。

问题在于警示教育怎样打动人心。从经济学的观点看,任何事情都是要付出成本的。腐败对党和人民来说,是事关党的生死存亡的"大道理",我们讲得很不少,可效果不是太好。他是贪官,管你什么"生死存亡"?!否则就不是贪官了。我们在进行反腐倡廉教育中,是否可以换一个思路,在讲"大道理"的同时,也讲讲"小道理",就是腐败对个人身家性命的危害。经常在电视上看到一些贪官的忏悔:"我对不起党和人民的培养!""我对不起家庭,对不起老婆、孩子!"前者可能仍然是官语,后者则可能是真心话。因此,事关切身利益的"小道理"也要经常讲。"小道理"只要切合实际,往往更能打动人。笔者想起,远在 2004 年,时任浙江省委书记的习近平同志,一上任就给县以上领导干部算过腐败成本"三笔账"。哪"三笔账"呢?

一是利益账。他说,即使从个人利益上讲,现在大家都有一份稳定的收入,必要的待遇,退休后每月拿退休金,享受医疗、养老等方面的优厚待遇。细细算起来,我们得到的已经很多了,应该十分珍惜。在这种情况下,如果经受不住蝇头小利的诱惑而铤而走险,去做那些违法乱纪的坏事,极不应该,也很不值得。

二是法律纪律账。每个领导干部都应该学法、知法、懂法、用法,特别是对待人、财、物问题,对待事关个人和家庭利益的问题,更要坚持原则,自觉遵纪守法。在张口的时候要想一想该不该说,在伸手的时候要想一想后果是什么,在迈腿的时候要想一想这是不是自己该去的地方。千万不要放松警惕,以为吃一点、拿一点、玩一玩没关系。"千里长堤,溃于蚁穴",任何事物发展总是从量变到质变的。也千万不要有侥幸心理。"手莫伸,伸手必被捉",党和人民在监督,众目睽睽难逃脱。违法犯罪终要受到法纪制裁,到那时悔之晚矣。

三是个人的良心账。组织上把一个干部培养起来很不容易。结果你却自己把自己打倒了,怎么对得起组织、对得起人民、对得起家人?这从良心上也说不过去。有的腐败分子即使一时隐藏得较深,暂时没有暴露出来,但整天惶惶不可终日,提心吊胆地过日子,每时每刻都在受道德和良心的审判,这样的生活有什么意义?

三笔账,算的是贪欲之害,令人警醒;三笔账,有大道理,但主要是个人软肋的"小道理",切中要害;三笔账,讲的都是心里话,动之以情,晓之以理,因而感人肺腑。这些话,从当时一个省委书记的口中说出,经媒体传播后,给笔者留下了深刻的印象,何况现场的县以上官员们呢?三笔账在全国传播,挽救了很多官员,应该不是假设。

古人云:感人心者,莫先乎情。细读习敬平同志的三笔账,透出一个"情"字,即对干部的关怀之情,而且情真意切,沁人心脾。惟有真情能感天。但愿我们的领导干部,在讲话时,特别是在进行反腐倡廉教育时,注重一个"情"字,用心讲话,讲真心话,远离官话、套话,这样效果会好得多。

(原载 2010 年 1 月 5 日《市场星报》 署名:宛言)

(3)"民主透明"是制止公款吃喝风的良方

近读《市场星报》刊登的一则新闻,报道凤阳县武店乡卫生院,两年内在一家酒店签账单 491 张,欠下 26 万元吃喝款一事。公款吃喝,几乎拖垮了这家酒店。

前些年,媒体多有一个乡镇吃垮一个酒店的报道,曾引起人们热议;但那毕竟是一个乡镇,现在,一个乡卫生院,两年,26万,这个数字真叫人匪夷所思!

改革开放后,中国的经济建设发生了翻天覆地的变化,但公款吃喝之风却越演越烈。动辄几千元上万元一桌客。前两年有媒体称,中国一年的公款吃喝达到3700亿元,加上公车消费、公款出国,总额达一万亿。在一个还有两三千万绝对贫困人口的国家,这是个天文数字。

一个国家,一个政府,一个单位,就像一个大家庭,总会有宾朋往来,不可能没有公款招待,问题在于"违规"二字。尽管党和国家三令五申,但还没有好办法来解决"违规"这个难题,因此,媒体经常戏称多少号文件"管不住一张嘴"。

由此,笔者想起《南方周末》曾刊登的一篇报道,报道说:芬兰是"廉洁指数排名世界第一"的国家,该国中央银行有位行长,一次在公款宴中点了一道叫鹅肝的菜。按照该国的规定,所有的公务接待都要向国民公布,接待什么客人,吃了什么菜,花了多少钱,要上网公示。这道鹅肝的菜被公认为"超标",传媒曝了光,众议哗然。结果这位银行行长引咎辞职,黯然下野。

这件事引人深思:"民主是腐败的天敌,阳光是最好的防腐剂","民主透明"是制止公款吃喝风的良方。资本主义国家芬兰靠"民主透明"四个字解决了公款招待的难题,我们社会主义国家也应该能做到。

(原载2010年12月1日《市场星报》 署名:宛言)

(4)从县委书记喊累说起

最近,《瞭望新闻周刊》刊登了一篇题为《50余受访县委书记喊累》的新闻,报道他们"疲于应付招商引资、陪客吃饭和处理关系等事务"。岂只县委书记喊累?笔者曾遇到一位县长诉苦说:"一晚上陪4摊子客,差点把命送掉了!"

县长、书记喊累,如果是调查研究累,为民解难累(特殊时期的救灾),读书学习累等,则反映了领导执政为民的敬业精神,对于这样的累,我们要喊一声:"县长、书记同志,你们辛苦了!请改进工作方法,注意保重身体。"但对于疲于应酬的累,除了改进工作方法外,我们应该主要从体制上找找原因。

宁国县是一个只有38万人口的山区小县，20世纪90年代中期曾跻身于全国百强县行列。笔者在宁国的调查中，曾发现一个现象，即在宁国县，县长、书记跑项目跑资金的行为，已逐步转变为企业家行为。当时宁国已培育和形成了老中青三个层面的企业家队伍。这些企业家们在市场经济的海洋里自由遨游，信息、资金、人才、技术等生产要素，在他们手里都组合自如，很快形成了生产力。这里涉及一个政府主要做什么的问题。

在我们国家，政府主要官员到企业去剪彩、题词、讲好话、照相、视察等，是习以为常的事。企业拿到讲话、题词、照片后，马上就去做广告。这种情况如果发生在西方发达国家，就可能吃官司。人家会质问，作为政府官员，为什么讲某某企业好话，有违公平竞争，是不是你收了他们的好处费。事实上，我们的一些政府官员，在跑资金跑项目的过程中，与一些大腕走得很近，又不设隔离带，不该张的口张了，不该伸的手伸了，不该去的地方去了，于是，权钱交易，腐败滋生。

在市场经济的条件下，政府主要做什么？笔者以为，在经济建设的范围内，政府除了搞好宏观调控外，主要做两件事：一是修球场，二是当裁判。修球场，是比喻为搞好基础设施建设，抓好社会治安等硬软两个方面的环境建设。巢好凤自来，各种各样的企业——运动员，自然会进入球场去一展球艺；作为服务费，企业理所当然要向政府纳税。

当裁判，则比喻为政府依法行政，对犯规的企业——运动员，依法进行处罚，以维护公平竞争，让守法企业感到没有政府，使不守法企业感到政府无处不在。当裁判，公平公正最重要，不能吹"偏哨"，更不能吹"黑哨"。

可惜，至今，我们的体制转型的问题，并没有完全解决，于是就出现了县长、书记喊累的事。笔者在媒体看到，发达国家的市长，包括总统、总理在内，他们可以过双休日，此外还有自己的休假日，可以去度假，甚至自己到超市排队去购物。为什么过得那么潇洒？体制使然。中国有事业心的县长、书记为什么那么忙，忙到"五加二""白加黑"的程度呢？主要是管了很多不该管的事，叫"种了别人的地，荒了自己的田"。关键在于转换职能，党政分开，政资分开，各就各位，这样县长、书记就可以少一点应酬，做自己应做的事，抓大事，抓调查研究，读书学习，提升自己。如是，既为自己"减负"了，又可以从体制上减少党政官员腐败的机会，我们何乐而不为呢？

（原载2011年1月5日《市场星报》 署名：宛言）

(5) 为统计改革叫好①

我省推进农村统计改革成效显著,我们为这项改革叫好!

在统计调查数据上虚报、瞒报、弄虚作假,是一种腐败行为,它干扰了党和政府的正确决策,败坏了党风、政风,腐蚀了干部队伍。数据质量是统计工作的生命线,从某种意义上说,不实的数据比没有数据引起的危害更大。因此,我们必须旗帜鲜明地反对和制止弄虚作假。

我们一贯强调实事求是,强调自觉,强调思想教育,强调"自律",以后还要继续坚持下去。但光有这一手还不够,还要通过改革建立"他律"制度,来对付那些不自觉、不"自律"的人,一是使他们不能从数据上弄虚作假,二是使他们不敢弄虚作假。我省正在进行的农村统计改革,就是逐步解决"不能"的问题。改革后,以抽样调查为准,搞超级汇总,加上采用现代化的数据统计手段,叫一些人不可能弄虚作假。还有人要弄虚作假怎么办?这就要靠法制,建立一整套督查机制(包括舆论监督),发现了问题就严肃处理,叫他"不敢"。我们现在正在进行统计执法大检查,这是非常必要的,但又是不够的,还需要有专门的机构和人员来干这件事,建立统计违法行为查处通报制度,绝不搞"高高举起"又"轻轻放下"。个别人不是要制造所谓政绩保"乌纱帽"或晋升吗?恰恰相反,我们视情节给他通报、曝光,甚至摘掉他的"乌纱帽",看他敢不?!

世界上怕就怕"认真"二字。如果我们通过改革,真正从体制上解决了"不能"和"不敢"的问题,那么在统计数据上弄虚作假的现象,就一定能从根本上得到遏制。

(原载 1997 年 7 月 6 日《安徽日报》一版)

(6) 韩国公职人员公布财产

世界上很多长期研究韩国的专家学者,把韩国社会存在的很多弊端统称为"韩国病"。所谓"韩国病",简单地说就是政治经济一体化体制下造成的政治腐败、企业腐败和社会腐败。"二战"后,韩国经历了长达 30 多年的"军人

---

① 这是我为自己采写的新闻《提高数据质量　遏制弄虚作假　我省农村统计改革成效大》配写的短评。

政治"。在这期间,韩国实行政府主导型经济体制。据政界人士说,韩国的腐败与这种政府主导型的经济体制有关,政府直接干预经济,特别是直接干预大企业的发展,有点类似于社会主义国家的计划经济,但又不完全相同,主要以私有制为前提。这种国家干预的经济体制为韩国的经济起飞发挥了很大的作用,使韩国成为亚洲的"四小龙"之一,但也存在很大的弊端。一方面,政府为大企业提供优惠条件,实行倾斜政策,帮助其发展;另一方面,各大企业为了获得政府更多的支持,就千方百计地贿赂政府官员,整个社会"送礼"、"送红包"现象盛行。

金泳三曾是在野党统一民主党的总裁,1992年12月大选获胜,1993年2月正式登上韩国总统的宝座。在2月25日的就职演说中,金泳三宣布要创建一个政治透明、经济繁荣、自由公正和平等共处的"新韩国",在任期5年内把韩国的人均国民生产总值提高到1.5万美元。为此,他提出了消除腐败、振兴经济和重整社会纲纪等三大任务,把净化官场、反腐倡廉作为实现其政治理想的首要目标。

在金泳三看来,"民主是经济发展的一个至关重要的成分",没有任何腐败的国家能够实现真正的经济繁荣。因此他上台后,大张旗鼓地在韩国开展了以根治"韩国病"为核心的反腐倡廉运动。

作为第一步,他率先公布了自己的财产,并宣布在5年任期内不接受任何企业和个人提供的政治捐款。2月26日,即金泳三在任总统后主持召开的第一次内阁会议上,当场公布了自己及直系亲属的财产状况,共225万美元。与此同时,他号召国务院总理及内阁成员也要公布个人财产,作为政府推行廉洁政治、透明政治的第一步。由此而揭开了韩国廉政风暴的序幕。

金泳三带头公布财产后,引起民众的热烈反响,得到舆论界的高度赞扬,从而形成了一股强大的政治舆论压力。跟着,执政党领导人,国务总理、副总理,内阁各部长官和其他政府官员和议员300多人,也公布了自己的财产。接着,在野党的干部和无党派人士124人,也先后公布了个人的财产状况。随着廉政运动的深入,公布财产的范围逐渐扩大,从政界深入到财界、金融界、教育界、新闻界,最后触及到了军界。4月13日,国防部长官权宁海下令军队准将以上的将军都必须按照内阁总务处的规定公布个人的财产状况。

为了扩大反腐倡廉运动的成果,并使公职人员的财产登记成为一种制度,5月20日,金泳三促使国会通过了"公职人员财产登记制度"法案。根据这一法案,总统、总理,各部长官以及国会议员、地方议会议员,四级以上公务员、警长以上干部、校官以上军人、法院、检察院负责人和各大学校长等人，应在 1993 年 7 月 12 日至 8 月 11 日的一个月内进行财产登记，其中许多人还需公布个人财产。公职人员财产登记的主要项目，包括房地产的所有权出租金额、家产、现金、存款、股票、证券、股份和金银首饰。法案还规定，检察院将对公职人员自己公布的财产进行清查，谁如果隐瞒或转移财产，谁就被曝光，罚款 25000 美元，并受到其他形式的惩处，直至被开除公职。

（原载 1994 年 12 月 21 日《安徽日报》）

难以忘怀的记忆
——作风建设系列评论回顾

我撰写关于作风建设的系列评论，不是心血来潮，而是源于 20 世纪七八十年代几件事对我的影响。几十年过去了，现在回想起来，仍记忆犹新。

先说第一件事。1977 年 12 月的一天下午，合肥稻香楼宾馆，来安徽任职不久的省委第一书记万里，为了了解真实情况，把安徽日报社驻各地记者召回省城汇报。在听取汇报时，他曾诚恳地说："我真羡慕你们记者，你们小包一拎，想到哪就到哪，能了解到真实情况。我们就不同了，下去层层有人陪同，被包围了，党性强的人给你讲真话，党性差的人给你讲假话，很难了解到真实情况。"当官不自由，特别是当了"大官"，容易被包围。由于万里同志有这种自知之明，他在安徽主持工作期间，就经常事先不打招呼，一部小车，两三个人，说走就走，随时可停，把车子停在公路旁，直奔村户田头，和农民无拘无束地交谈。"突围"使他对当时的农村有了深切的了解，从而下决心推进农村第一步改革。万里羡慕记者的一番话，使我终生难忘。

第二件事。1987 年的一天，我和巢湖地委政研室的陈三乐同志，到当时的巢湖市夏阁区搞调研。向我们介绍情况的区委书记无意中说："我下村回来，一见到院子里停着小汽车，头皮就发怵！"我们听了，顿时脸上火辣辣的，因为此时我们乘坐的小轿车就停在区委院子里。这位区委书记为何如此怕小车？他诉苦说：市里除"五套班子"外，部、委、办、局机关就是几十个，"上面千条线，下面一根针"，区、乡就那么十来个干部，要是一天来两辆小汽车，就不能干事了。他们除了要求第一把手陪同、汇报外，还要陪吃陪喝，吃了喝了，嘴一抹，屁股一冒烟走了，什么问题也不解决。到年终一算账，发呆了：招待费成千上万!

　　陈三乐同志是专门搞调查研究的,他掌握的情况更多。他接过话茬向我介绍说:庐江县汤池镇有温泉、产茶叶,可谓是物华天宝之地。茶季的一天,镇里竟接待了11批"调查(茶)队",院子里停了18辆小车子。一个茶季,真是忙坏了镇干部们。他说:茶叶能吸引小车,鱼、虾、蟹、鳖和其他能吃能喝能用的东西都能吸引小车。某县一个公司干部,为了买30斤平价菜油,竟4次开小车到该县的一个镇去。他感叹说:"在风气不正的地方,小汽车越多,基层越是受灾!"

　　于是,我和陈三乐合作,撰写了题为《同志,你下基层受欢迎吗?》的评论,对领导机关骚扰基层的问题,进行了抨击。

　　第三件事。我曾长期在安徽日报社驻六安和巢湖记者站工作,与地委、行署机关的秘书们混得很熟。一次我随口问一个秘书在忙什么,谁知他叫起苦来,说连夜加班搞材料。他说:地区要开"三干会",领导要求他写的报告不能少于15000字。当然他也有应对办法:一是看省里的工作报告;二是看上一年度的工作报告;三是参考别的地市的工作报告。他还告诉我:某秘书正在给某领导准备会议总结稿。"会未开,会议总结就准备好了!"我感到很惊讶:"年年处处都这样开会,这不是典型的党八股吗?!"

　　第四件事。约20世纪80年代后期,安徽省政府主持召开了某大型外资治理项目现场会,我作为记者参会采访。住宿在舒城县委招待所那晚,我利用间隙看望已退居二线的一个"老通讯"。他目睹了省领导车队的进城情况。他调侃道:"旧社会府台大老爷出巡,前面的人举着'回避'、'肃静'的标牌,鸣锣开道;中间是八抬大轿;后面是手拿着'警棍'的衙役。现在不同了,前面是警车'呜——呜——呜——'开道,公路上的车子和行人都避让不迭;中间是省地县领导们的轿车,后面面包车上就是你们这些不拿'警棍'的'衙役'了。"在场的听了哈哈大笑,我却笑不出来,脸上又一次火辣辣的。我对这位"老通讯"的简单对比不敢完全苟同,但我们党政机关的很多脱离群众的作风,确实是很严重的。比如省级领导下去,一般地市县领导人,都要接送到边界线,警车开道是常事;至于更高级的领导人来了,实行交通管制、封路、清场等情况也时有耳闻。因此,我对这位"老通讯"的调侃,也难以忘怀。

　　这四件事,都事关党的作风建设。对这四件事的记忆,我挥之不去,也就有了写作的冲动,因此,我时刻寻找"战机"。

　　1986年7月,我发现庐江县改革会风,开了一个别开生面的乡镇企业研讨会：会前千人专题调研；会中有参观，有经验介绍，主要是研讨，研讨中有问有答；县委书记、县长参与其中；没有工作报告，也没有书面总结。4天会议生动活泼，人人都说收获大。采访后，我不仅写了一条题为《庐江县乡镇企业研讨会别开生面》的新闻，还为新闻配写了题为《会风要改革》的"编余札记"，称赞了庐江县的会风，尖锐抨击了当时普遍存在着的官僚主义、形式主义的会风，在《安徽日报》一版显著位置刊登。现在读起来还觉得评论颇有战斗性。之后，我又撰写了题为《五分钟讲三个问题》的署名评论，提倡领导人讲短话、讲实话，也在《安徽日报》一版发表。

　　警车开道等做法是当时省级领导出行的一种常见现象，作为省报要发评论批评这样的事，很难通过审查。虽然党中央一直重视党风建设，但当时还缺少2013年以来全党贯彻中央"八条规定"、反对"四风"（官僚主义、形式主义、享乐主义和奢靡之风）的氛围。于是，我想起了万里同志羡慕记者的讲话。万里曾任安徽省委第一书记，后来还先后任国务院副总理和全国人大常委会委员长，我想，我称赞他的作风，批评警车开道等不正之风，应该是无可非议的。于是，我撰写了题为《从万里同志羡慕记者说起》的署名评论，被安排在《安徽日报》一版见报。尽管有人调侃我"抬大菩萨呀"、"拿大旗呀"什么的，但我还是自我欣赏这篇评论，因为它宣传了一种正气。

　　现在看来，我当年撰写的十多篇作风建设系列评论，完全符合如今党中央"八项规定"和"四反"的精神，当然我的认识远没有这样的高度。我并没有什么先见之明，我之所以要写，主要源于这几件事给我留下的难以忘怀的记忆，这记忆的背后是一种社会责任心。因为我记住了陈云同志1980年所说的话：执政党的党风是关系党的生死存亡问题！

作品：

(1) 会风要改革

　　本报今天刊登了庐江县改革会风的报道，请做领导工作的同志读一读，从中受点启发。

　　早在1942年，毛泽东同志在《反对党八股》的报告中就指出："不但文章里演说里有党八股，开会也有的。'一开会，二报告，三讨论，四结论，五散会'。假使每处每会无大无小都要按照这个死板的程序，不也就是党八股吗？"

　　44年后，会风上的党八股在很多地方又有了发展。一是材料多。差不多每个会议都有一个会议文件袋,有工作报告,有典型材料,有会议简报,有会议总结,忙坏了秘书们,谁看?二是照搬照套。省里开了会,地、市、县也照样开,工作报告除了地名、数字、事例不同外,几乎一个模式。有的地方,今年"三(四)干会"的工作报告与上一年的也是一个模式。至于怎样针对本地特点,开出解决问题的会来,就不管了,还是"照搬照套,办事牢靠"。三是搞形式。部门会议一定要请当地最高首长参加,以示重视。不管什么会议,一定要有个总结,甚至会还未开,会议总结就已写好了。至于表彰会,更是吹吹打打,好不热闹。会风上的党八股,是官僚主义、形式主义的一种表现形式。此风不刹,改革就是一句空话。

庐江县在改革会风上迈出了可喜的第一步,他们的做法是值得称道的。文无定格,会无定形。庐江县会议的开法也不要成为一种模式;但是,可开可不开的会坚决不开,开会就要解决问题,这一点是必须肯定的。

(原载1986年7月26日《安徽日报》一版,作为"编余札记"发表)

(2)五分钟讲三个问题

在某地区一次县委书记和县长会议快要结束时,一位年轻的副专员要求讲五分钟的话,谈三个问题。第一个问题是计划生育,他开头就说:"我区现在是九分钟生一个孩子,三十分钟死一个人。"据此,他用几句话分析了其后果;接着讲了全区育龄妇女有多少,应采取节育措施的有多少,已采取的有多少;最后提出,根据目前的条件,要经过五年的艰苦努力,才有可能从根本上解决问题。寥寥数语,把全地区计划生育的形势、重要性和任务都讲清了。关于教育和科技问题,他也是讲得言简意赅,重点突出。由于在场的同志要求他讲得慢一些,以便记录,结果讲话延长了两分钟。

这位副专员讲话艺术的可取之处就在于用数据和事实说话,没有空话、套话和大话。据了解,他为准备这次讲话,曾下乡调查了20多天,因此,讲话虽短,却言之有物。

怎样讲好短话,是领导干部的一个课题。途径可否概括为三条:一要调查研究;二要讲究讲话艺术;三要提高思想水平,增强综合能力。当然,五分钟讲三个问题,大家未必都能做得到,也未必都有此必要,但这位副专员讲短话的做法和精神是值得称赞的。

(原载1987年5月26日《安徽日报》一版 署名:言赅)

(3) 假话切不可说
——从数字谈起

统计数字,是供领导机关了解情况和作出决策的重要依据,其重要性不言而喻。可是,数字在一些人的手中却成了能长能短的橡皮筋。比如工商企业的利润,他厂长、经理可报多也可报少。该摊入成本的不摊,该提留的不留,该冲销库损的不冲。这样,利润就出来了。他要少报利润,多摊,多留,多冲销就行了,还可以把当年的收入拖到下年入账。听说专业户是农村先进生产力的代表,于是专业户的比例,越报越高,有些县竟高达百分之二十几,其实,经统计部门核实,只百分之几而已。对水、旱等灾害的反映,有的名为报道,实为报灾,灾情只会报大,这样就可以向上多要东西。

数字里有荣辱升迁,这大概是说假话的一大根源。1957年的反右派、1958的大跃进、1959年的反右倾,说真话的倒了霉,说假话的升了官,人们至今记忆犹新。至于"文革"时期,"假、大、空"更是史无前例,给中华民族造成深重的灾难。十一届三中全会后,党的实事求是的思想路线得到恢复。但是,说假话的市场至今并未根除,而且至今还很少发现有人因谎报成绩而受到处理的事例。

说假话,还与一个地方的领导是否好大喜功有直接的关系。1984年的农村人均收入,当各地还在辛辛苦苦地做统计时,某大会报告材料已写上大大高于实际收入的数字。去年上半年,某地区工业总产值的增长速度,一度曾报到百分之七十至八十,成为超高速之冠,此所谓上有所好,下必甚焉!

毛泽东同志曾说过,很多假话是上面逼出来的。去年,某领导到江浙转了一圈,回来后便要求当年的乡、镇企业在上年翻番的基础上,再翻个番拐个弯。有的领导还说:"你不翻番,就让贤!"于是就出现了这样的情况:某地去年乡、镇企业产值近六亿元,而入库的税金只有四百五十万元,不如天津一个大邱庄上交的税金多。

鉴于1958年后浮夸风所造成的惨痛教训,党中央曾把"如实反映情况"作为党政干部的一条纪律。省委书记李贵鲜同志在全省宣传会议上又特别强调:今后评选先进、提拔干部,很重要的一条就是看这个人是否讲真话。这话讲得非常及时。从领导干部做起,提倡讲真话、听真话,对讲假话的人执行纪律。同时执行《统计法》,使统计部门独立自主地行使统计职权,这恐怕是纠正某些地方滋长的弄虚作假的两条重要保证。

(原载1986年8月23日《安徽日报》)

(4)同志,你下基层受欢迎吗?
——从"区委书记怕小车"谈起

一次,一位区委书记无意中说:"我下村回来,一见到院子里停着小汽车,头皮就发怵!"顿时,我们脸上都火辣辣的,因为此时我们坐的小轿车就停在区委院子里。

区委书记为什么怕小车呢?这位同志诉苦说,他一天曾接待过6次坐小车来的上级领导和部门负责同志。来的人,又非要区主要负责人接待、汇报、陪同不可。这位书记不敢怠慢,怕稍有不周,怪罪下来,到关键时刻多几个"研究研究"就够受的了。他说,特别是对一些"惹不起"单位的来人,接待就更要小心。

难怪这位区委书记如此怕小车!据说,一些乡干部们更怕得很。因为就一个县来说,除"五套班子"外,部、委、办、局机关就是几十个,加上公司购置的小汽车,有上百部,"上面千条线,下面一根针",乡里就那么十来个干部,要是一天来两辆小汽车,就够忙的了,除了陪同、汇报外,还要安排吃喝招待,到年终一算账,发呆了:招待费成千上万!

更有甚者,则是以车假公济私。庐江县汤池镇有温泉、产茶叶,可谓物华天宝之地。茶季的一天,镇里竟接待了11批"调查(茶)队",院子里停了18辆小车子。一个茶季,真是忙坏了镇干部们。茶叶能吸引小车,鱼、虾、蟹、鳖和其他能吃能喝能用的东西都能吸引小车,某县一个公司干部,为了买30斤平价菜油,竟4次开小车到该县的一个镇。基层的同志说这些干部"下来吃着喝着,临走车屁股里带着,回单位还拿着(指拿出差补贴)"。难怪有人说,在不正之风严重的地方,小汽车越多,基层越是"受灾"。

我们提倡领导和领导机关的同志到基层去,调查研究解决问题。但是,到基层有受欢迎和不受欢迎之分。像前面所说的坐小车下基层的人,大抵都是不受欢迎的人。什么是受欢迎的人呢?第一,不给基层添麻烦。不论什么事,非得主要负责人汇报、陪同的做法要改一改,酒席桌上耗时间的现象要不得,"骚扰"基层更不能容忍。第二,要为基层办实事。"领导就是服务",服务就要办事。基层是有许多实际问题需要帮助解决的。倘若你是真心实意来帮助基层解决问题的,即便是坐小汽车而来,基层也是欢迎的。

现在,小汽车比过去多多了,领导和领导机关的同志到基层是越来越方便了。我们要向这些同志提出：同志，你下基层受欢迎吗？

（原载 1987 年 6 月 5 日《安徽日报》 署名：三乐 言赅）

(5)"花架子"的背后

有朋自农村来，谈及水利冬修，深为干部群众的苦干精神所感动，同时也为极少数地方搞"花架子"而担忧。

朋友说："我亲眼所见，农民先把渠埂上的草皮铲平，再和稀泥，用泥'磨'子像'磨'墙壁那样把渠埂'磨'光堂。我不解，农民冲着我说：还不是乡里布置的，说'磨'了好看，为了应付检查呗！"

朋友还告诉我，他在某乡水利工地看到精心扎制的彩门，上挂彩球，两旁写着"大干"之类的标语，远看像戏台。据说是为了造声势鼓劲。群众对此很反感。

群众办水利的劲头是需要鼓的，但只能鼓实劲，切不可鼓虚劲。省委、省政府一再强调兴修水利一定要扎扎实实，讲求实效。近几年，各地这样做了，因此水利建设成效卓著。但在看到大好形势的同时，还要看到存在的问题，其中，极少数地方搞"花架子"和弄虚作假的问题，应引起各地领导同志的警惕。办水利，干劲一定要有，"花架子"切不可搞。

"为了应付检查呗！"农民的话说明，"花架子"后面隐藏着上级领导的官僚主义。因此，纠正"花架子"，关键在于领导转变工作作风。那种蜻蜓点水、隔着玻璃望一望式的检查是往往要受骗上当的。"花架子"的背后是用形式主义应付官僚主义。

（原载 1990 年 12 月 28 日《安徽日报》 署名：言赅）

(6)从万里羡慕记者说起

18 年以前，万里同志在听取本报记者汇报时，笔者曾听到他讲过这样的话："我真羡慕你们记者，你们小包一拎，想到哪就到哪，能了解到真实情况。我们就不同了，下去层层有人陪同，被包围了，党性强的人给你讲真话，党性差的人给你讲假话，很难了解到真实情况。"在那个年代，万里同志有这个自觉性、这个自知之明，是很不容易的。

当官不自由，特别是当了"大官"，容易被包围。因此，很多有自知之明的领导,在下去搞调查时,总是轻车简从,想办法"突围"。比如万里同志在主持安徽工作时,就多次不向任何人打招呼,带着秘书下去,把车子停在公路旁,直奔麦场和农户,和农民无拘无束地交谈,使他对当时的农村有了深切的了解,从而下决心推进农村第一步改革。再比如,近年来,省委主要负责同志通过多次"私访",了解到公路"三乱"的严重性,从而下决心治理整顿。人们赞扬这些领导同志的工作作风。

然而,并不是所有的领导同志都有这个自觉性的。君不见,如今不少领导下去,不都是"车马未动,电话先行,小车成串"吗?有的甚至警车开道。他们前呼后拥,走走看看,听听汇报,一个点看十几分钟,一天跑两三个县,然后讲几句"干得不错"之类的赞扬话,或者作一番指示。这样能了解到真实情况吗?指示能讲到点子上去吗?由此我想到,18年后,万里同志关于羡慕记者的讲话仍然有很强的针对性。

(原载1996年3月14日《安徽日报》一版　署名:言赅)

(7)做样子给谁看?

一位农民向笔者反映,镇里搞杂交油菜示范片,规定必须种在公路沿线的300米范围内,否则,就要强行铲除。他非常响应政府的号召,已经育苗准备扩大移栽面积。但在什么地方种,他有自己的安排。他说,杂交油菜生产期较长,而公路边都是高岗田,水源困难,种了杂交油菜,影响种水稻;另外,他一户种粮30多亩,都种杂交油菜,成熟期农活集中,忙不过来。因此,他打算在高岗田安排种植一部分油菜早熟品种。但他忧心忡忡,生怕真的被镇干部铲掉了。

搞杂交油菜示范片本是一件好事,但强制农民种在公路边,这种做法就值得研究了。人们有理由问:是做给农民看还是做给领导看?好事不胫而行,如示范成功,不种在公路沿线,农民也是知道的。看来还是做给领导看的,这种形式主义要不得。其实,在形式主义的背后,还有一个侵犯农民自主权的问题。记得改革开放初期,即1978年,报纸上曾报道,某县一公社书记强制农民拔大麻,被摘去了"乌纱帽"。想不到18年后的今天,还存在类似的问题,这是令人深思的。

(原载1996年11月5日《安徽日报》　署名:宛言)

(8)如此检查还是少一点好

一次,笔者到一个县级市去采访,恰逢上级通知即日要来该市进行某项"大检查",所到之处都在张贴标语口号,打扫卫生,疏通整修道路,一片迎接检查的气氛。陪同采访的同志介绍,市里不久前刚刚送走了一个检查组,就忙于接待一个上级"下移"的会,这不,会未散,又要迎接"大检查"了。他说,上级那么多部门,一个部门一年搞一次检查,下面就承受不了了。

笔者到其他县市,也都反映各种检查太多,而且动不动就是警车开道、前呼后拥,动不动就要主要负责同志陪同,使各级领导疲于迎来送往。

对工作不能没有检查督促,但过多过滥也会适得其反。看来,减少"大检查",把各级领导从检查中解放出来,是一个普遍的呼声。

省委、省政府领导对下情是了解的。不久前,在一次会议上,省领导对检查立了四条规矩:第一,凡是省里开展的检查,必须由省级领导集体研究批准。下去检查必须持专门的检查证明文件。检查的内容能合并的合并,次数能减少的减少。第二,检查的时间,由省委、省政府、省人大、省政协四大家秘书长协调决定,减少重复检查、交叉检查。第三,每半年公布一次检查单位、内容、时间、参加人员、被检查单位和检查结果,提高透明度。第四,除检查通知明确要求外,其他任何检查,被检查地的党政负责人,特别是主要负责同志不得陪同参与检查汇报。四条中有的条款实际上是对检查者进行检查,实行公开监督。

据了解,四条传达下去后,很受欢迎。他们盼望着四条能真正落实。

(原载 1997 年 3 月 31 日《安徽日报》一版　署名:宛言)

(9)为"领导干部不得擅自题词剪彩"叫好!

据 4 月 19 日《市场星报》报道:日前,省政府办公厅发文转发了省政府纠风办 2011 年全省纠正不正之风工作要点,其中要点之一是"领导干部不得擅自题词剪彩"。笔者为这一规定叫好!

长期以来,我省各类庆典、研讨会、论坛等等活动,举不胜举,这类活动大多是政府某部门或某组织举办的。举办活动要用钱,于是通过各种关系向企业或基层单位伸手,碍于种种原因,企业或基层单位不得不出钱,或不敢不出钱。这就使企业或基层单位,疲于应付,甚至劳民伤财。现在,省纠风办规定从严审查这类活动,这就为企业或基层单位"减负"了。这种"减负"好得很!

　　这类活动除了要钱外,还要有人捧场。捧场,一要有人气,二要有规格。人气,好办,当下社会,那些"赶场子,碰杯子,拎袋子"的人从来不缺。规格,就是请上级领导干部去"题词剪彩讲话",这样,拉大旗作虎皮,所谓"档次"就上去了,反过来又以"领导重视"为由头,进一步向企业或基层单位伸手。平心而论,大多数领导干部,特别是那些书记和县、市长们,真的很忙,内心深处是不愿意赶这个场子的,碍于老领导、老同事、老同乡、老同学等等的面子,不得已而为之。现在,省纠风办明文规定"领导干部不得擅自题词剪彩",正好是一个推辞的理由。这就为领导干部们"减负"了。前不久,笔者曾写过一篇《有感于县委书记喊累》的评论,从体制上分析过中国领导干部负担重的原因,但未能提出解决问题的具体办法。现在,省纠风办有规定了,这也是办法之一吧。从为领导干部"减负"的角度出发,我们也要为其叫好!

　　在我们国家,政府主要官员到企业去剪彩、题词、讲好话、照相、视察等,是习以为常的事。企业拿到讲话、题词、照片后,马上就去做广告。"荣事达,时代潮,如雷贯耳!"这曾是高层某领导视察荣事达产品展时讲过的话。这种情况如果发生在西方发达国家,就可能吃官司。人家会质问,作为政府官员,为什么讲某某企业好话,不讲我的好话,这有违公平竞争原则,是不是你收了他们的好处费啊?省纠风办的规定也为领导干部与企业设置了一条"隔离带",有利于企业的公平竞争,也有利于领导干部的防腐反腐。这又是一好!

　　说实在的,以上只是分析。在中国,凡成了风的老大难问题,绝不是一纸文件就能完全解决的,关键在于落实。但有文件总比没有好,叫有"法"可依了吧。但愿这是一个良好的开端。

(原载 2011 年 4 月 22 日《市场星报》　署名:言赅)

用知识作铺垫
——解释性系列评论回顾

　　我在前面讲过,新闻评论的根本作用是反映和引导舆论,具体的作用主要有 6 个方面:宣传政策、释疑解惑、表明态度、深化报道、公众论坛、引导规劝。这里主要讲释疑解惑类型的评论的写作,这类评论的写作,可以说是以知识作铺垫的。

社会的需求

释疑解惑作用体现在很多评论中,与其他方面的作用相互交叉,你中有我,我中有你,纯粹释疑解惑性的评论不是太多。但在特殊历史时期,比如,在改革开放中,计划经济向市场经济、传统农业向现代农业转变等的过程中,出现了很多新情况、新问题,出现了很多事关人们切身利益的事情,需要新闻评论去解答,一句话,大众的需求。这就是我撰写的很多解释性评论的时代背景。

20世纪90年代中期,我省普遍推行住房商品化改革,把原属于国家所有的住房向职工出售,叫房改。根据国家政策,各单位在房改中都公布了一个一目了然的房屋售价表,表明房价除了与房屋所在的区位、楼层和新旧程度有关外,最重要的因素是职工(包括配偶)的工龄,工龄越长,售价越低。住房面积则与其职务、职称挂钩。多数职工只要花几千元或上万元,就能拥有一套属于自己的住房。作为过渡,叫不完全房产权。对这种改革,绝大多数群众是满意的,被称作福利性分房;当然,也有人不满意,甚至骂娘的。对这种售房政策亟待媒体作出令人信服的解释。于是我写了一篇题为《房价与工龄》的署名评论,用马克思的劳动力价值理论,对当时的售房政策作出了科学的解释。我写道:

> 我国在计划经济下实行的低工资,并不真正反映劳动力的价值,其一部分价值实现形式表现为国有资产包括国家所有的住房在内。因此,国家在房改中实行的低房价政策就是对过去的低工资的一种补偿。按理,这种补偿应与职工的贡献相联系,但由于国家行政和企事业单位长期实行计时工资制,对千千万万个职工的贡献只能与工龄相联系,虽不尽合理,但简便易行,群众也能接受。

评论指出,国家出台的低房价政策,是对过去低工资的一种补偿,不是福利,也不是恩赐。这样就从理论上讲清了道理,同时肯定做法符合实际,简便易行,虽不尽合理,但群众能接受。评论真正起到了释疑解惑的作用。

下面附的其他解释性评论,和上面的评论一样,也都是回答公众提出亟待回答的问题的,具有很强的政策性和针对性。

用知识讲道理

我撰写的很多解释性评论,知识性很强。但解释性评论与科普宣传不同,科普是纯粹向大众传播知识的,而我的评论是用知识,有的甚至是专业性很强的知识,去讲清一个道理,阐明一个观点,解除一些疑虑的。比如,在20世纪90年代初期,国有企业的产权改革刚刚启动,有人便对出售国有企业产权,特别是向私营企业出售,兴师问罪,或斥之为资产流失,或发问"姓资姓社",或戴上私有化的大帽子。针对这种社会现象,我于1993年撰写了一篇题为《走出一个认识误区》的署名评论,用市场优化配置资源和财产两种表现形态的理论,回答了一些人的疑虑。我指出:

> 在公平公开的产权交换过程中,国有财产并未减少,只是财产的表现形态有了变化,把实物或股权变成了资金;买方,即使是私人企业,他的财产也并未增加,只是把资金变成了实物或股权。国家出售企业和股权的收入,又可以投向急需发展的产业,形成新的固定资产和股权。这样做,与私有化没有任何联系。

我还指出:

> 长期以来,国家在调整产业结构中,往往只采取新增资金加大重点产业投入的做法。这种增量调整的做法无疑是必要的,但受国家财力的制约,成效往往受到限制。而存量这一块仍然凝固不动。如果采用市场交换的办法,把国家占有的非重点产业的企业产权出卖掉,或出卖一部分股权,那么,就可以抽出资金投向重点产业。这种用搞活产权、盘活存量的办法调整产业结构,不光效益会更好,公有制的地位只会得到进一步的加强。

在这里,市场优化配置资源理论、财产两种表现形态转换的理论,都是作为理论性论据,一个论证"与私有化没有任何联系"的论点,一个论证"这样做,公有制的地位只会得到进一步加强"的论点。

积累是源头活水

当然,上述评论的客观效果也普及和宣传了市场经济基本知识。其实,新闻评论都具有传播知识的功能,道理很简单,新闻评论是用知识来讲道理的,其中很多事实性论据和理论性论据本身就包含了很多科学知识,有的还是专业性很强的知识,如我撰写的这些解释性评论。这就要求评论员一定得具有深厚的知识积累,积累可是源头活水啊。

20世纪90年代初,邓小平南方讲话后,我们国家正式确立了社会主义市场经济的改革方向,这是经济改革中的一个历史性突破。但我们长期生活在计划经济的桎梏中,很多人对什么是市场经济不懂得、不理解、不习惯,对其在运行中出现的新情况、新问题,更是大惊小怪。这时,我作为评论员,拿起评论武器,用市场经济的理论和知识,回答现实问题,同时也宣传了市场经济的基本理论和知识。比如,署名评论《市场形成价格》,是用马克思的价值规律来解释种种价格现象的,并回答了价格改革的市场化方向;《投资者的"安全港"》,则是用市场经济中"有限责任制"来回答"资本家为什么不跳楼"这种现象的,但同时宣传了以公司制为代表的法人治理结构。还有其他的评论如《增值税与专业化》、《同质不同价的启示》、《向调整化肥结构要效益》等等的评论,其中无不包含了很专业的市场经济知识,后者还包含了农业现代化的专业知识。这些都要评论员去用心学习和深刻掌握,还要求评论员用自己的语言,深入浅出地表述。因为媒体是面向大众的,专业知识必须口语化。我的上述解释性评论基本做到了这一点。

作品:

(1)从土地的保障功能说起

在我国农村,土地至少有这样两种功能:一是效益功能,二是社会保障功能。前者是指在土地上发展种养殖业(包括发展房地产业),变成商品,用以赚钱,是显而易见的;对于后者,有人可能难以理解。其实,在土地实行公有制以前,农村弟兄分家,就有给老人分两亩土地作为"养老田"的。现在,土地仍然有这种社会保障功能。可以说,在我国农村,每个农户只要有几亩赖以生存的土地可供耕种,农村社会就基本稳定了。

众所周知,乡镇企业充满活力,这也与土地的社会保障功能密切相关。就全国而言,每年都有几万个乡镇企业关停并转,同时又有几万个乡镇企业新生。现在尚没有发现关停了的乡镇企业工人,去找乡镇长、县长、市长闹事的。为什么?工厂停了,他们可以回家种地去。到珠江三角洲去考察的人,发觉那里的农村,人们基本上都是白天务工,早晚务农。因为农户有那么几亩地,就可以亦工亦农,亦商亦农,能进能退。这个能进能退,就使乡镇企业把用人制度搞活了。

与乡镇企业相比较,国营企业和国家党政机关的改革就困难多了,原因之一就是没有健全社会保障机制。《企业法》规定国营企业可以依法破产,可是在全国,真正宣布破产的只有寥寥可数的小企业。在社会保障制度没有建立起来之前,大中型企业是不能轻易宣布破产的,理由很简单:事关社会的稳定。目前,尽管国家三令五申党政机关干部办企业必须脱钩,但执行起来非常困难,至少要允许他留职停薪。因为他怕丢掉铁饭碗,失去社会保障。因此,从土地的社会保障功能中,我们可以得出一个重要启示:就是要加快建立社会保障机制的步伐,这是企业改革和国家党政机关改革的需要,也是保证社会稳定、创造有利于经济发展环境的必由之路。

当然,土地的社会保障功能不能代替社会保障制度本身。随着社会化、专业化生产的发展,农村也要逐步建立健全社会保障机制,否则土地又会成为农民逐步脱离土地、实现城镇化、发展二三产业的羁绊。我们要冷静地看到这一点。

(原载1992年10月26日《安徽日报》 署名:言赅)

(2)市场形成价格

人们逛百货商场,时常会发现商品有不同标价牌:一种是红色的,属国家计划价;一种是蓝色的,属国家指导价;一种是绿色的,属市场调节价。现在,前两种标价牌越来越少了,特别是第一种,已难得一见了。它表明,我国正在走向社会主义市场经济。

按照马克思的观点,商品的价格是其价值的反映,它随着市场的供求关系围绕着价值而上下波动。在计划经济的体制下,商品的价格基本上是由国家确定的,大至汽车、轮船,小至肥皂、火柴都是如此。国家确定价格,实际上是价格主管部门里的具体工作人员来确定价格。这种定价办法,带有程度不同的主观性,其结果往往严重背离价值规律,扭曲商品的价格,造成商品严重的短缺。几十年高度统一的计划经济实践证明,商品完全靠人为地定价是不行的。那么,商品的价格是怎样形成的呢?只能在市场的交易中形成。这就是我们为什么要选择社会主义市场经济的最重要的原因之一。

"文化大革命"期间,商品严重匮乏。但那时,各地都有各种各样的黑市交易。公安、工商等部门经常取缔黑市,于是集中交易的黑市被驱赶到河滩上、森林里、田野里,而且黑市交易越分散价越高,消费者叫苦不迭。为什么越分散黑市价越高?因为合理的价格,只有在公开、透明、平等竞争的市场环境下才能形成。现在较大的农贸市场都分类交易,如蔬菜类、肉类、水产类、禽蛋类等等,目的是做到货比多家,公平竞争。"市场形成价格",要求建立和健全市场体系,包括建设市场内部的公平竞争环境。因此,凡重视经济建设的地方,都重视各类市场建设,包括技术、人才、资金、劳务等各种生产要素的市场建设。

当然,"市场形成价格"并不排除国家对市场的宏观调控,包括对关系国计民生的少数产品、运输、劳务等价格的控制,但这种控制最终也必须遵循价值规律,反映供求关系,否则也会受到价值规律的惩罚。

(原载1993年3月4日《安徽日报》 署名:言赅)

(3)走出一个认识误区

在理顺产权关系的改革中,各地都出现了国有企业被私人企业兼并或买下的现象。于是有人认为这样做动摇了公有制为主的地位,有人甚至认为这是在搞私有化。这是一个认识上的误区,我们要从中走出来。

大家知道,财产的有形形式表现为实物形态和价值形态,前者主要是固定资产,后者有有价证券及资金等。在传统计划经济条件下,国有经济的占有方式主要表现为财产的实物形态,即固定资产,而且是凝固不动的,即不能买卖。市场经济要求资产优化配置,为此,必须使固定资产流动起来,才能产生最好的经济效益。流动,就要培育产权市场,通过买卖,使固定资产的实物形态变为有价证券及资金等价值形态。在公平公开的产权交换过程中,国有财产并未减少,只是财产的表现形态有了变化,把实物或股权变成了资金;买方,即使是私人企业,他的财产也并未增加,只是把资金变成了实物或股权。国家出售企业和股权的收入,又可以投向急需发展的产业,形成新的固定资产和股权。这样做,与私有化没有任何联系。

长期以来,国家在调整产业结构中,往往只采取新增资金加大重点产业投入的做法。这种增量调整的做法无疑是必要的,但受国家财力的制约,成效往往受到限制。而存量这一块仍然凝固不动。如果采用市场交换的办法,把国家占有的非重点产业的企业产权出卖掉,或出卖一部分股权,那么,就可以抽出资金投向重点产业。这种用搞活产权、盘活存量的办法调整产业结构,效益会更好,公有制的地位只会得到进一步的加强。事实上,这种改革的新思路已写进了党的十四届三中全会的决定。

让我们的思想突破计划经济的牢笼,紧紧跟上深化改革的新步伐!

（原载 1993 年 12 月 15 日《安徽日报》 署名:言贱）

(4)投资者的"安全港"

在国有企业改革初期,报纸上曾刊有这样的漫画:说同是企业亏损几十万,资本主义国家的厂长说,哎呀,我要跳楼了;中国的厂长则漫不经心地说,我要挨批评了。漫画说明两种经济体制下,厂长所负的责任不同,意在推进国有企业的改革。

应该说,在资本主义早期,一些企业的老板因企业破产还不起债务而被迫自杀的事是时有发生的。但在资本主义市场经济体制发展到建立以公司制为特征的现代企业制度后,这种情况除了股票和期货市场个别投机失败者以外,就很少见了。为什么资本家不跳楼了呢?因为在发达国家普遍建立了以有限责任公司制和股份有限公司为主的公司制。法律规定,这两种公司的投资者,都只对自己的投资负有限的责任。在这些国家已很少有负连带责任的无限责任公司了。什么叫有限责任呢?举个例子说,某资本家有 1000 万美元资财,他投资 100 万美元作为股东与他人注册创办了某有限责任公司或股份有限公司,万一公司资不抵债宣告破产,公司只用他已投入企业的 100 万美元还债,公司债务再多,他另外的 900 万美元不负连带责任,他至多把已投入的 100 万美元赔光了。资本家都很"狡猾",都是多方投资,叫"不把鸡蛋放在一个篮子里",以求取得多个稳定支撑点,此处赔了,彼处补,所以他用不着跳楼。至于债主,按破产法补偿,如果得不到全部补偿,也只能自认倒霉。

企业的"有限责任制"是人类在市场经济大海航行中创建的一个安全港和减震器。它的最大好处是为投资者减少和分散风险。同时,也告诉银行等金融信用单位,你借钱给企业可得谨慎小心,必须进行充分的论证,把企业家底搞清,否则,把大笔资金投放到无法救活的企业去,弄不好会把自己搞垮。这对借贷双方都是一个很好的制约。

党的十四届三中全会已决定把建立现代企业制度作为国有企业的改革方向,并引进了"有限责任制",指出"企业破产时,出资者只以投入企业的资本额对企业债务负有限责任",这是我国企业制度的一项重大改革。眼下,中国负无限责任的企业实在太多了,如私营企业、合伙企业及各种集体企业等等,一旦企业破产,投资者要负连带责任,造成了很多难以解决的债务纠纷。

怎么办？推进企业制度创新，按法组建有限责任公司或股份有限公司,恐怕是一条出路。

(原载1994年6月3日《安徽日报》 署名:言赅)

(5)房价与工龄

前不久,单位在房改中向职工出售住房,都公布了一个一目了然的房屋售价表,表明房价除了与房屋所在的区位、楼层和新旧程度有关外,最重要的因素是职工(包括配偶)的工龄,工龄越长,售价越低。国家制定这样的房改政策,是有着深刻的经济学道理的。

大家知道,长期以来我们国家实行低工资政策,包括住房在内的社会福利则由国家包下来了。这是计划经济的产物,显示了很多弊端,因此,住宅商品化势在必行。商品化,意味着国家卖,职工买,怎么定价,就大有学问了。什么叫工资？工资是劳动力价值的货币表现形式。在市场经济条件下,工资的高低,是由劳动力市场决定的,一般来说,是围绕劳动力的价值随供求关系而波动的。按马克思主义原理,劳动力的价值是生产劳动力的社会必要劳动时间。通俗地说,一个人成长为社会劳动力是需要吃、穿、住、行等消耗及教育、培训等支出的,也就是说,社会、家庭和劳动者本人生产出劳动力是需要付出成本的,这个成本包括劳动者生育、培育子女等的开支。工资起码是对这种成本的最低补偿,否则,维持劳动力的简单再生产也成问题。而我国在计划经济下实行的低工资,并不真正反映劳动力的价值,其一部分价值实现形式表现为国有资产包括国家所有的住房在内。因此,国家在房改中实行的低房价政策就是对过去的低工资的一种补偿。按理,这种补偿应与职工的贡献相联系,但由于国家行政和企事业单位长期实行计时工资制,对千千万万个职工的贡献只能与工龄相联系,虽不尽合理,但简单易行,群众也能接受。

其实,国家在房改中共有三种价格：一叫市场价,二叫成本价,三叫标准价,标准价比成本价还低。国家允许职工以标准价购房,也是对过去低工资的一种补偿,这种补偿职工人人有份,带有平均主义的性质,但以不完全房产权为前提。

低房价是一种不完全房产市场的表现,是经济体制转型期的产物,最终是会逐步向完全的房产市场过渡的。

(原载1996年3月23日《安徽日报》 署名:言赅)

(6) 向调整化肥结构要效益

据统计,去年我省农用化肥量(折纯)已达 203.38 万吨,但结构很不合理,氮肥、磷肥和钾肥三者的比例为 1∶0.37∶0.13。我省是这样,全国化肥结构也大体如此。这种结构既造成了浪费,又制约了农业的增产,亟待调整。

什么是合理的化肥结构呢？各地土壤情况不同,种植的农作物也不同,是不可能有一个统一的标准的,但我省乃至全国,磷肥和钾肥比例太低则是确定无疑的。欧美两地的比例可以说明这个问题：欧洲国家氮磷钾的比例是 1∶0.82∶0.73,美国则是 1∶0.61∶0.53,另外还辅之以必要的微量元素。一比较就看出问题了,就是我们的磷肥和钾肥比例过低。

现在发达国家都做到了测土配方施肥,农场主光拿钱是买不到肥料的,还必须持农技部门的"处方"。因为,农作物在其生长过程中都是按一定的比例吸收养分的,多了它不吸收,或者吸收了反而造成肥害。现在的农民都知道,氮肥过量就会造成庄稼疯长、恋青,反而减产。科学家曾经在某地做了一个试验：在满足磷肥和钾肥的条件下,看氮肥的对某种水稻的增产作用：不施氮肥,亩产 350 公斤；施氮肥 12 公斤,亩产 400 公斤；施氮肥 24 公斤,亩产仍然 400 公斤,就是说多施的 12 公斤氮肥浪费了。大家知道,经济学上有一个"木桶理论",木桶的装水能力是由木桶上的短板、而不是长的一块来决定的,以此比喻生产能力是由某个短缺要素决定的。农作物的生产能力与它所需的养分结构的关系也类似"木桶理论",即由某种短缺的养分决定的。很明显,磷、钾比例太低,制约了我省农业的增产。从这个意义上讲,只要把磷、钾的比例调整上去了,我省农业生产就会上一个新台阶。北京地区由于普遍施用复合肥,提高了磷、钾的比例,同时增强水利基础建设和采用良种,使粮食单产达到 415.6 公斤,成为全国粮食单产最高的地区。现在我省很多地方复合肥和磷、钾肥走俏,说明农民在实践中已自发地调整施肥结构了。

科学和实践已提出了调整化肥结构的课题,现在该是各级领导、有关部门和企业家们大做文章的时候了。

(原载 1996 年 6 月 6 日《安徽日报》 署名：言赅)

(7)黄金首饰缘何热销

日前,本报刊登了《皖西涌动"购金热"》的报道。皖西地区属我省贫困地区,这样的地方黄金首饰如此热销,其他地方可想而知了。据了解,今年春节期间,无为县城购买黄金首饰的队伍达 400 米长。

黄金首饰热销,第一位原因当然是人们的收入提高、生活富裕了。黄金首饰显然是一部分人显示富贵、身份、地位的象征。但从经济学的观点来看,黄金首饰热销,还包含了在通货膨胀的条件下人们实行资金保值的一种选择。因为黄金的价值比较稳定,价格变化不大。

大家知道,地壳中金元素的含量极少,据说只有十亿分之五,要获得几克黄金,就要处理一吨多金矿石,开采黄金所耗费的社会必要劳动时间太多了,所以它的价值大,价格高。黄金贵重,不仅因为它是光灿夺目、富丽堂皇的装饰品,还因为它有很大的使用价值。黄金具有极奇特的物理性能,即使在摄氏 1000 度的高温下,也不熔化,不变色,不氧化。它又能经受锻打而不折不断,具有极强的延展性,薄到一定程度其透明如玻璃。人们在制玻璃时,将极微量的黄金掺入,就可以制成名贵的金红玻璃,这样可以在夏季把阳光中 90% 的热量辐射出去使室内凉快;而到了冬季,又可以利用金薄膜将热量反射进来,使室内温暖。此外,黄金在高科技等方面也有广泛的应用。由于上述原因,自古以来人们都把黄金当作财富的象征,黄金的价值一直比较稳定。尤其在通货膨胀时,人们往往用购买黄金制品的办法来进行货币保值。世界上,人们也往往把一个国家的黄金储备量看作这个国家实力和货币稳定的一个标志。当然在目前的"购金热"中,也存在一些摆阔和超前消费的倾向,这是不可取的。

(原载 1996 年 6 月 29 日《安徽日报》 署名:言赅)

(8)同质不同价的启示

有这样一件事:我省某制衣公司,同样的技术工人,同样的生产线,同样的面辅料,挂上国外名牌"伦比",一件衬衣就可以卖 200 多元,而打上本厂的商标,售价则只是前者的 1/3。这种同质不同价的现象,有人抱怨不合理,有人愤愤不平。看来有必要对这种现象进行一番分析,并从中汲取有益的启示。

在市场经济条件下，名牌，是众多人长期进行创造性劳动的结果。他们从市场调查，到产品的设计，从工艺装备，到生产管理，从营销战略，到企业形象的策划和实施等等，无一不凝聚着创造者的汗水和心血。这一过程，短则几年，长则十几年，甚至几十年。时间越长，品牌的知名度越高，投入的物化劳动和活劳动就越多，创造的价值就凝聚在商品及其品牌上，因此，品牌是有价值的，有的甚至是价值连城。据说，美国的"可口可乐"品牌价值达数百亿美元。因此，在企业的合资或联合过程中，有一定知名度的品牌都是要作为无形资产作价的，即使质量符合某品牌的要求，挂人家的牌子，也是要付给商标费的。因为商标属知识产权范畴，商标有价值。

前面提到的某制衣公司，从表面看，同样的产品价格差异那么大，似乎很不合理。但从品牌有价这个观点来看又是合理的。其实，他们挂国外"伦比"这个名牌是有条件的，他必须接受"伦比"的管理和培训，严格按"伦比"的要求生产，这中间就包含了"伦比"品牌的价值投入在内，同质不同价的价差，就是"伦比"商标在一件产品上的价格。在这种情况下，气愤是无济于事的。正确的做法是立志创自己的名牌，在这方面服装业更为重要。据报道，目前，我国服装出口数量居世界首位，可单价还不到世界平均价的1/10。

下决心创自己的名牌，合肥荣事达公司为我们做出了样子。80年代中期，当时的合肥洗衣机总厂，为了打开自己产品的销路，"借船出海"，曾与上海洗衣机总厂联营，挂上了当时的名牌"水仙"的牌子，为此，每年都要付给上海方面巨额的商标费。后来，合肥生产的洗衣机质量已超过上海，但仍然要付出巨额商标费，而且上海方面还要限产。在这种情况下，合肥洗衣机总厂下决心创自己的牌子。经过三年多时间的努力，一个"如雷贯耳"的"荣事达"名牌终于在神州大地脱颖而出。

市场不理睬抱怨，市场也不害怕气愤，更不同情眼泪，唯一的选择是像荣事达那样，发奋创出属于自己的名牌，这就是某制衣公司同质不同价对我们的启示。

(原载1996年8月9日《安徽日报》 署名：言赅)

(9)增值税与专业化

初看起来，这两者似乎是风马牛不相及的两回事，仔细研究，人们却发现用增值税代替产品税，有利于推进生产的专业化。

新闻评论不神秘

  大家知道,在税制改革以前,税务部门对企业的最终产品一般按其产值征收5％的产品税。比如农用车是由数以千计的零部件组装起来的,总厂应以组装为主,但在开征产品税的年代,总厂总是要想办法由自己生产尽可能多的零部件,甚至底盘、后桥、离合器等难度大的部件也由自己生产,办法就是增加生产车间。总之,尽可能多地自己为自己配套形成最终产品,只征一次产品税。如果把上述大部件分开形成一个独立的生产厂家,则要多征一次产品税。这样就促使厂家搞小而全,小而全的后果是:产品质量得不到保障,劳动生产率低下。众多厂家都这样搞,整个社会就很难形成社会化专业化的大生产格局。而开征增值税,所有的企业一律只对产品增值的部分按比例征税,避免了多次征税,这样企业就不搞小而全了。

  所谓专业化分工,即每个劳动者只专门从事某一特定的劳动。这样有利于增加产量、提高质量和劳动生产率。亚当·斯密曾在《国富论》里描述英国别针制造业的情况,他写道:一个工人独自工作,也许一天也造不出一根别针,然而,如果将它分为18个工序,分工制作,则每人每日平均可制别针4800枚。由此可见专业化的巨大威力。

  社会的专业分工是历史的巨大进步,它已普遍存在于各种社会经济活动之中,国家调控的任务之一就是要进一步促进它的发展。增值税的功能不仅调节了社会分配,还有利于促进生产的专业化,这是一件值得庆贺的事。

(原载1996年8月10日《安徽日报》 署名:言赅)